本书出版获河南大学博士后科研基金资助

鼓楼史学丛书·区域与社会研究系列

河州土司何锁南家族研究

The Study of Family of
Chieftain He Suonan in Hezhou

何威○著

中国社会科学出版社

图书在版编目（CIP）数据

河州土司何锁南家族研究／何威著 . —北京：中国社会科学出版社，2016.7

ISBN 978 – 7 – 5161 – 8612 – 1

Ⅰ.①河…　Ⅱ.①何…　Ⅲ.①土司—家族—研究—甘肃省　Ⅳ.①K820.9

中国版本图书馆 CIP 数据核字（2016）第 170111 号

出　版　人	赵剑英
责任编辑	宋燕鹏
责任校对	董晓月
责任印制	李寡寡

出　　　版	中国社会科学出版社
社　　　址	北京鼓楼西大街甲 158 号
邮　　　编	100720
网　　　址	http://www.csspw.cn
发　行　部	010 – 84083685
门　市　部	010 – 84029450
经　　　销	新华书店及其他书店

印　　　刷	北京明恒达印务有限公司
装　　　订	廊坊市广阳区广增装订厂
版　　　次	2016 年 7 月第 1 版
印　　　次	2016 年 7 月第 1 次印刷

开　　　本	710×1000　1/16
印　　　张	16.5
插　　　页	2
字　　　数	285 千字
定　　　价	56.00 元

凡购买中国社会科学出版社图书，如有质量问题请与本社营销中心联系调换
电话：010 – 84083683

目　　录

第一章

绪　　论

一　选题缘由及意义

土司制度是中央王朝在西、南少数民族地区推行的一种特殊的统治方式。它渊源于中国传统的羁縻政策，形成于蒙古统一全国、建立元朝的过程中，发展并完善于明朝，衰落并延续至清代和民国时期。土司制度有三大特点：一是土司由中央政府任命，二是置于少数民族地区，三是实行世袭制。其核心思想是"因俗而治"，最终达到对边疆地区加强管理的目的。

本书选择河州地区（今甘肃临夏回族自治州）著名的土司何锁南家族作为研究对象，其原因有以下几点：

第一，鉴于元明时期河州地区地缘政治的重要性和民族构成的复杂性。

河州是一个少数民族聚集的地区，古为西羌之地，唐代宗宝应元年（762）之后，河州又为吐蕃所占领，凡300余年，直至宋神宗熙宁六年（1073），王韶收复河州。在元朝统治的百余年间，这里的民族构成又有了一些新变化，除藏族、蒙古族、汉族的成分有所增加外，中亚一些信仰伊斯兰教的部族也陆续迁入河州，形成了新的民族——回族和撒拉族。加上藏传佛教和伊斯兰教的传播，到洪武三年（1370）明朝兵克河州之时，当地民族成分的复杂程度更甚于以往。正如史书所载：西番"族种最多，自陕西历四川、云南西徼外皆是，其散处河、湟、洮、岷间者为中国患尤剧"[①]。

[①]　《明史》卷330《西番诸卫》。

　　元明时期，河州地区战略地位异常重要，恰好处于青藏高原和黄土高原的交界处，华夏文化圈和藏文化圈的边缘地区，"其地东连陇右，西控吐蕃"①，元朝时将管理藏区的三大机构之一——吐蕃等处宣慰使司②即设于此。明朝时河州乃中央王朝的西部边陲，是其治理西番的重镇。不仅任用了一批少数民族首领，使其相互牵制，无力与中央对抗，而且委派了大量的汉族流官，以土流参治、土控于流的方式进行管理，而河州卫正是明政府在西北最早设立的卫所。王继光先生曾这样论道："可以认为，河州卫的建置是一个模式，它标志着朱元璋在甘青地区创立土流参设制度的开始。"③ 可见，河州土司何锁南的设置对西北土司制度发展的重要意义。

　　第二，由于何锁南在西北尤其是河州地区特殊的历史地位和巨大影响力。

　　何锁南元末时任陕西等处行中书省平章政事，秩从一品，世袭吐蕃等处宣慰使都元帅，秩从二品，并加授荣禄大夫。吐蕃等处宣慰使司直属于宣政院，是元朝在甘青藏区的最高行政机构，其统属官员有"宣慰使五员，经历二员，都事二员，照磨一员，捕盗官二员，儒学教授一员，镇抚二员"④。朱元璋推翻元朝统治后，对少数民族采取剿抚并施的策略。洪武三年（1370）卫国公邓愈兵克河州，锁南普顺应形势，招抚归诚。"由是番酋日至"⑤，西北各族首领"或以元时旧职投诚，或率所部归命"⑥，于是"河州以西，朵甘、乌斯藏等部皆来归，征哨极甘肃西北数千里始还"⑦，可见何锁南当时在西番巨大的影响力。洪武三年（1370）明政府设立河州卫，授锁南普河州卫指挥同知，并赐姓何，准其世袭罔替，并颁

　　① 张维：《陇右金石录》卷6。

　　② 元朝中期时，整个青藏高原被划分为三个行政区域：一是"朵思麻"，设吐蕃等处宣慰使司都元帅府（亦称朵思麻宣慰司），管辖今青海省大部、甘肃省南部及四川省阿坝一带；二是"朵甘思"，即吐蕃王朝时的"多康"，设吐蕃等路宣慰使司都元帅府（亦称朵甘思宣慰使司），管辖今青海省玉树、四川省甘孜、云南省迪庆和西藏自治区昌都以及那曲专区的东部；三是卫藏阿里，设乌思藏纳里速古鲁孙等三路宣慰使司都元帅府（亦称乌思藏宣慰司），管辖乌思藏（即吐蕃王朝时的"卫藏四茹"）及其以西的阿里地区，亦即今西藏自治区所辖区域的大部。

　　③ 王继光：《明代的河州卫》，载《西北民族研究》1986年第1期。

　　④ 《元史》卷87《百官志》。

　　⑤ 《明史》卷330《西番诸卫》。

　　⑥ 杨应琚：《西宁府新志》卷24《土司》。

　　⑦ 谷应泰：《明史纪事本末》卷10《故元遗兵》。

赐篆龙金简。其弟汪家奴授河州卫指挥佥事，次子何敏授锦衣卫指挥佥事。何锁南是明朝在西北最早敕封的土司之一，且最初官职最高，为指挥同知，从三品，势力也最大。何土司家族自洪武四年（1371）授职，直至民国二十一年（1932），国民政府在西北地区实行改土归流，废除土司制度，最后一任土司何晋被罢黜官职。何土司家族共传承19代，雄踞西北达561年，历经明清两朝，对西北地区的政治、经济、文化等都产生了深远的影响。

第三，何锁南家族作为河州地区最大的土司，在汉文史料中却并未看到何锁南的传记，也没有对何土司家族系统而详细的记载。明嘉靖年间吴桢及清康熙年间王全臣的《河州志》都只是对何土司家族的几位代表人物（何锁南、汪家奴、何铭、何勋等）进行了简单记述。因此，研究河州土司何锁南家族对推动河州地方史研究的发展具有一定作用。

第四，学术界对何土司及其家族一直缺乏全面、系统的深入研究。据笔者所看到的材料，学者们对何土司的研究主要集中于其族属和家族世系等方面的研究，而少有对其整体性、全面性的论述。相比之下，如对西宁李土司、永登鲁土司及卓尼杨土司等的研究，却成果颇丰。

第五，对何土司的个案研究，可以通过解剖麻雀的方法，全方位、多角度地分析何土司家族的政治、经济、文化、宗教等问题，进一步深入挖掘我国土司制度的内涵和外延。并通过对何土司家族后裔的田野调查和访谈，发掘土司制度对当今社会和家族的持续影响和现实意义。

第六，在任何一个多民族国家中，民族问题都存在着重大影响，这是该国任何一个统治集团必须面临和必须解决的问题。如何处理好民族问题，关键在于处理好中央政府与地方基层民族政权的关系问题，而土司制度在西北地区对该问题的解决，可谓一个伟大的创举，凝聚了中华民族的智慧，并且为我们今天推行民族区域自治制度提供了历史借鉴。

第七，研究者个人的学术背景。一方面，笔者长期从事史学学习以及侧重于西部民族史研究，在学习当中对土司制度和河州地方史多有关注；另一方面，笔者也搜集了大量史料，不断探讨该问题，尤其是深入河州地区的调查，对河州地区产生了深厚的感情，而且一直强烈关注该地区社会进步、经济发展，从某种意义上说是一种使命感的驱动。

二 本书拟解决的主要问题

第一，长期以来，由于何锁南家族的家谱已失，学术界对于何锁南究竟是谁？他来自何方？他属于哪个民族等问题，始终没有一个统一而明确的答案。笔者将利用汉藏两种文献史料，并通过对何土司家族后裔的田野调查和访谈，系统考证何锁南的渊源、族属问题和家族的发展历程。

第二，本文将从宗法视角对何土司家族本身进行深层次的挖掘，窥探出宗法统治在其家族中居于主导地位，以宗法文化为基点的家族制度对该家族社会地位的巩固、家族本身的长盛不衰以及家族成员观念、思想素养的提升等方面都起着重要的制度保障作用，从中也可看出宗法文化在当时基层社会中具有极强的适应性和稳定性。

第三，何锁南家族的文化变迁是其在面对强势儒家文化涌入后的一种文化适应和必然选择，也是中央王朝积极"同化"的结果。这种文化变迁不仅使少数民族家族的民族认同、生存方式、教育制度等发生重大变革，而且对当地的文化格局、民族构成、政治局势等都产生了重要影响。

第四，家神崇拜对于一个家族的凝聚和延续具有重要的意义。本书拟以历史人类学的视角解读何土司家族的家神崇拜，探究处于族群边缘的何土司家族的认同危机。

第五，通过对何土司家族后裔现在聚居的村落——临夏何堡村的田野调查和深入访谈，寻找何土司统治时期的历史记忆，探究土司制度对当今一个社区或一个家族的持续影响和现实意义。

三 本书的创新之处

第一，家族是乡土社会联结的重要纽带，并与广泛的社会文化领域发生着密切而持续的互动，但综观已有研究，汉族是重点，而少数民族家族研究则相对薄弱。中国地域辽阔，生态环境多样，文化丰富，民族众多，家族不可能不打上地域特色与民族特征。陈德顺先生曾指出："少数民族中的家族与汉族相比，在结构与功能上有一定的特殊性，是一种不完全的家族。"① 其表现是少数民族家族人口相对较少，部分民族留有母权制，大多没有家族祠堂和成文的族谱，没有汉族意义上的族田等。但无论是汉族家族，还是少数民族家族，在强调血缘关系形成是家族系统的内在构造这一点上则是共同的。事实上，家族是在不断的再造过程中存在的，这一再造过程不仅反映在纵向的历史演变中——家族结构与功能的变迁，而且将在横向上显示出地域与民族差异。少数民族家族既有不同于汉族的"不完全"的一面，也有可能有其超越与扩大的一面。何土司家族自明初敕封，直至民国年间罢黜，世袭19代，雄踞西北达560余年，支系后裔散布河州四乡，具有一定的代表性。笔者希望通过本书的撰写，能为少数民族家族的研究提供一种范式。

第二，在河湟地区的政治舞台上，有许多影响深远的少数民族家族，他们雄踞一方，绵延发展，世袭罔替，生生不息，对这一地区的政治、经济、文化等的发展产生了举足轻重的影响，每个家族都涌现出了一批战功赫赫、叱咤风云的人物，他们在守土抗敌、开通边贸、发展生产等方面作出了重要贡献，可以说每个少数民族家族史就是河湟地区历史的一个缩影。因此，对于少数民族家族史的研究可以为民族史的研究开辟一个新的领域，提供一个新的视角。

第三，学术界对于少数民族家族虽有一些研究，但主要集中于家族的世袭传承、历史事迹、民族族属、政治制度等方面，而对于少数民族家族的家族文化、内部组织、管理系统、宗教信仰等问题的研究较少。家族文化可以说是一个家族的灵魂，是一个家族凝聚团结、赖以维系、绵延发展的基石，尤其是少数民族家族长期生活在多民族杂居的地区，各民族互相影响，互相融合，其文化自然会发生多种变迁。而正是在这种潜移默化的变迁中，各少数民族家族完成了其角色的转变。本书不仅对何锁南家族的历史进行考证，更加注重对该家族文化进行深入研究。

第四，少数民族家族基本上都长期生活在边疆地区，有自己所辖的区域，有自己所管的属民，更有自己的武装力量。历代中央政府在制定民族政策时均十分注意处理与这些非常有影响力的少数民族家族的关系，这也使这些少数民族家族的命运同历代中央政府的民族政策息息相关。

明王朝建立之初，朱元璋指出"朕既为天下主，华夷无间，姓氏虽

---

① 陈德顺：《民族地区村落家族的特征性分析》，《云南民族大学学报》2006年第2期。

异，抚字如一"。因此，明朝对西北地区并非一味地武力征讨，而是剿抚并举，如果元朝宗室旧臣或少数民族首领能够归降，"当换给印信，还其旧职，仍居所部之地，民复旧业，羊马孳畜，从便牧养"①。正是在这一民族政策的指导下，明朝以军事进攻为后盾，广行诏谕，何锁南遂率部归降，受封河州卫指挥同知。清代定鼎中原以后，基本沿袭了明朝的土司制度，在进军西北的过程中，"各处土司已顺者，加意绥辑，未附者布信招怀，务使近悦远来，称朕诞敷文德至意"②。清朝的这一政策使西北土司得以保留，第十世土司何永吉也率原属四十八户部落归附清廷。雍正年间清政府又在西南地区全面推行改土归流，鉴于西北地区特殊的政治地理环境，并未废除西北的土司制度，但实行了一系列限制土司权力的政策，使得西北土司"但拥虚名而无实权"③。

由此可见，中央政府的民族政策对少数民族家族的兴衰起到了至关重要的作用。因此，研究少数民族家族史在研究历代中央政府的民族政策以及中央政府与少数民族的互动关系方面同样开辟了一个新的领域，提供了一个新的视角。

四　研究方法和研究难点

1. 研究方法：史料整理法、田野调查法。

2. 研究难点：其一，关于何土司的史料很少且非常分散，需要逐条去挖掘、收集和整理；其二，何土司家族长期远离中国的权力中心，处于西北一隅，很多资料都只是口头传说，这就存在去伪存真的问题；其三，国民政府废除土司制度已经七十多年，关于何土司家族的大量珍贵史料、家谱、遗物等都已丢失；其四，何土司所属部落的后裔，散居甘肃临夏、兰州、青海贵德、民和等地，调查难度大。

五　相关研究述评

土司制度是封建王朝治理我国西、南少数民族的一种政治制度，也是

---

① 《明太祖实录》卷53，洪武三年六月戊午。
② 《清世祖实录》卷75，顺治十年五月庚寅。
③ 龚景瀚：《循化志》卷4《族寨工屯》。

研究相关少数民族史和地方史志必不可少的内容之一，在中国边疆史地研究中也占有重要地位，土司制度研究发端于 20 世纪初，是一个非常年轻而有潜力的研究课题，就是这一年轻的课题自从它诞生那天起就受到学人们的青睐。自 20 世纪 30 年代以来，有关这一论题的论文就已超过数百篇。

（一）对土司制度的总体性研究

蔡美彪等人编著的《中国通史》① 在第九分册"对南方诸民族的统治"中简单地概述了土司与改土归流问题，但并未明确地提出"土司制度"这一概念。由白寿彝总主编、于毓铨主编的《中国通史·中古时代·明时期（上）》② 第九章第四节"西南地区的土司制度与'改土归流'"，对土司制度和"改土归流"进行了概括性的论述，但仍然把土司制度纳入西南地区进行研究。由史仲文、胡晓林主编，毛佩琦、张自成著《中国全史·中国明代政治史》③ 则摆脱了"土司制度西南论"的观点，并单独把"土司制度与改土归流"作为一个条目列出，进行研究。吴永章《中国土司制度渊源与发展史》④ 和龚荫《中国土司制度》⑤ 系统地论述了土司制度的起源、形成、发展及衰落。尤其是龚荫的《中国土司制度》全面介绍了各省土司的治所、族属、承袭、事纂等。学术界也对元、明、清三代的土司制度分别进行了总体性研究。研究元代土司制度的有李干《略论元代土司制度中的几个问题》⑥ 和高士荣《蒙元政府推行土官制度的原因和特点》⑦ 等。研究明代土司制度的有王桃《明代的土司制度》⑧ 和龚荫《明代土司三题》⑨ 等。研究清代土司制度的有吴永章《清

① 蔡美彪等：《中国通史》，人民出版社 1992 年版。

② 白寿彝总主编，于毓铨主编：《中国通史·中古时代·明时期（上）》，上海人民出版社 1997 年版。

③ 史仲文、胡晓林主编，毛佩琦、张自成著：《中国全史·中国明代政治史》，人民出版社 1994 年版。

④ 吴永章：《中国土司制度渊源与发展史》，四川人民出版社 1988 年版。

⑤ 龚荫：《中国土司制度》，云南民族出版社 1992 年版。

⑥ 李干：《略论元代土司制度中的几个问题》，《民族研究》1984 年第 4 期。

⑦ 高士荣：《蒙元政府推行土官制度的原因和特点》，《兰州大学学报》1997 年第 4 期。

⑧ 王桃：《明代的土司制度》，《云南日报》1982 年 4 月 19 日。

⑨ 龚荫：《明代土司三题》，《云南师范大学学报》1991 年第 3 期。

代土司制度》①、张捷夫《清代土司制度》②、李世愉《清代土司制度考论》③ 等。

（二）对西北土司的研究

1. 总论性研究

李玉成的《青海土司制度兴衰史略》④ 系统论述了青海土司制度的由来、明清时期青海土司制度和 19 家土司情况以及衰落与废除。桑吉的《卓尼土司制度的特点及其历史作用》⑤ 认为清政府在甘青少数民族地区实行以流管土、以土治番的政策，在安定西北方面起到了一定积极作用。张维光的《明代河湟地区"土流参治"浅述》⑥ 认为河湟地区的土司大约形成于明朝中后期，明朝采取了不同于西南地区以土司统治为主、流官为辅的方式，而在河湟地区是以流官统治为主、土官为辅，并指出了河湟地区土官与西南、中南地区土司有别的根据，进一步论述了河湟地区"土流参治"的作用及影响。李建宁的《清代管理青海河湟地区方略简述》⑦ 论述了清代中央政府在河湟地区完善军政设置，政治上推行土流参治，对少数民族实行"因其教不易俗"的政策。高士荣的《西北土司制度研究》⑧ 系统阐述了西北土司制度产生的基础——羁縻政策，以及历经元、明、清三代，西北土司制度的发展历程、管理机构、统治特点、土司职责和历史作用等。李清凌的《元明清时期甘青地区的土司制》⑨ 着重介绍了甘青土司形成的特点、土司与流官的关系以及土司制在制度文化上的创新等内容。王继光的《安多藏区土司家族谱辑录研究》⑩ 辑录了安多地区的李土司、鲁土司、杨土司等著名土司的家谱原文，为我们研究这些土

① 吴永章：《清代土司制度》，《云南民族研究集刊》1985 年第 1 期。
② 张捷夫：《清代土司制度》，《贵州民族学院学报》1991 年第 4 期。
③ 李世愉：《清代土司制度考论》，中国社会科学出版社 1998 年版。
④ 李玉成：《青海土司制度兴衰史略》，《中央民族学院学报》1987 年第 4 期。
⑤ 桑吉：《卓尼土司制度的特点及其历史作用》，《甘肃民族研究》1989 年第 4 期。
⑥ 张维光：《明代河湟地区"土流参治"浅述》，《青海师范大学学报》1988 年第 3 期。
⑦ 李建宁：《清代管理青海河湟地区方略简述》，《青海民族学院学报》1997 年第 3 期。
⑧ 高士荣：《西北土司制度研究》，民族出版社 1999 年版。
⑨ 李清凌：《元明清时期甘青地区的土司制》，《云南社会科学》2003 年第 5 期。
⑩ 王继光：《安多藏区土司家族谱辑录研究》，民族出版社 2000 年版。

司提供了珍贵的第一手资料。朱普选的《青海土司制度研究》① 论述了青海土司建立的历史背景、空间分布特点及其历史作用。崔永红的《论青海土官、土司制度的历史变迁》② 着重论述了明代土官制度的多样化以及明代土官制度与清代土司制度的不同。刘继华的《民国时期甘肃土司制度变迁研究——以卓尼杨土司、拉卜楞寺土司群为例》③ 论述了在国民政府全面废除土司制度的大背景下，甘肃土司制度变迁的内容和特点，并以卓尼杨土司、拉卜楞寺土司群为例，详细介绍了甘肃土司改土归流的具体过程。李文学的《明代安多藏区土司制度略论》④ 指出安多藏区的土司制度主要可分为三类：典型土司制、卫所土司制和僧纲土司制，并根据正史、地方志和家族谱等资料，分析和诠释了各类土司制度的主要特点。王晓霞的《明清对湟水流域土司的管理方略概述》⑤ 介绍了明清两代湟水流域土司首次和末次授封的人名及职衔和时间，中央政府通过土流参治、严格土司承袭程序、强调土司义务等方法，加强对湟水流域土司的管理。

2. 个案研究

崔永红的《明代青海土官李文之籍贯及生平考略》⑥ 对明代青海土官李文的籍贯及生平做了深入考察和探讨。郭永利的《甘肃永登连城鲁土司家族的始祖及其族属辨正》⑦、《试论甘肃永登连城蒙古族土司鲁氏家族的宗教信仰》⑧ 以及《甘肃永登连城蒙古族土司鲁氏家族的衰落及其原

---

① 朱普选：《青海土司制度研究》，《青海民族学院学报》2005 年第 3 期。

② 崔永红：《论青海土官、土司制度的历史变迁》，《青海民族学院学报》2004 年第 4 期。

③ 刘继华：《民国时期甘肃土司制度变迁研究——以卓尼杨土司、拉卜楞寺土司群为例》，《兰州教育学院学报》2003 年第 2 期。

④ 李文学：《明代安多藏区土司制度略论》，《西北第二民族学院学报》2005 年第 2 期。

⑤ 王晓霞：《明清对湟水流域土司的管理方略概述》，《青海民族学院学报》2007 年第 3 期。

⑥ 崔永红：《明代青海土官李文之籍贯及生平考略》，《青海社会科学》1992 年第 4 期。

⑦ 郭永利：《甘肃永登连城鲁土司家族的始祖及其族属辨正》，《丝绸之路》2003 年第 1 期。

⑧ 郭永利：《试论甘肃永登连城蒙古族土司鲁氏家族的宗教信仰》，《青海民族研究》2002 年第 4 期。

因》① 全面、系统地论述了甘肃永登鲁土司的起源、宗教信仰、衰落及其原因。张生寅、崔永红的《由〈西夏李氏世谱〉看李土司宗族内部的组织管理体制》② 通过谱系研究，论述了青海民和李土司宗族内部土司与土舍的关系以及土舍的内部组织。李克郁的《土族土司研究——土族李土司家族史》③ 和《土族赵土司族系考》④ 论述了李土司和赵土司的家族历史和历代先祖的英雄事迹。吕建福的《李土司先世辩正》⑤ 主要对土族李土司家谱中关于其先世为李晋王的传说加以考证，认为李土司家族传说的晋王即是曾五次出征河湟的西夏晋王察哥，李土司初祖赏哥为晋王察哥子孙，所任之职为西夏齐王遵顼大都督府，出镇鄯州，夏封鄯善王。

（三） 对少数民族家族的研究

中国学术界对于汉族家族的研究成果已经十分丰硕，本书不再一一列举。而对于少数民族家族的研究，仍然比较薄弱，并主要集中于家族史方面的研究。

齐德舜的博士论文《唃厮啰家族世系史》⑥ 对在西北地区的历史中传承近千年并具有巨大影响的唃厮啰家族进行研究。该文以唃厮啰家族的世系传承为主线，以中央王朝在西北地区的民族政策为辅线，自北宋初期唃厮啰的出生一直写到新中国成立之后末代土司赵天乙的悲剧人生，时间跨度长达近千年。该论文分为上下两篇，上篇主要介绍了唃厮啰的生平事迹，下篇为唃厮啰历代后裔研究。值得一提的是该论文以非常翔实的史料为支撑，基本解决了唃厮啰研究中的诸多问题。如唃厮啰的出生地问题、唃厮啰所建城堡的考证、唃厮啰的思想研究，尤其是对旁支众多、时间跨度近千年的唃厮啰家族世系进行了全面而清晰的梳理，对于史籍可考的家族人物都进行了详细考证。可以说，该文是少数民族家族史研究的一篇

---

① 郭永利：《甘肃永登连城蒙古族土司鲁氏家族的衰落及其原因》，《青海民族研究》2004年第 3 期。

② 张生寅、崔永红：《由〈西夏李氏世谱〉看李土司宗族内部的组织管理体制》，《青海社会科学》2006 年第 2 期。

③ 李克郁：《土族土司研究——土族李土司家族史》，《青海民族研究》2002 年第 3 期。

④ 李克郁：《土族赵土司族系考》，《青海民族学院学报》2002 年第 1 期。

⑤ 吕建福：《李土司先世辩正》，《西北民族研究》2005 年第 3 期。

⑥ 齐德舜：《唃厮啰家族世系史》，兰州大学 2010 年博士论文。

力作。

扎西当知的博士论文《吐蕃噶氏家族研究》① 全文采用藏文撰写，对吐蕃历史上著名的政治家、军事家和外交家噶尔·东赞宇松（即汉文史料记载中的禄东赞）及其家族进行了多角度的研究，主要涉及三个方面的内容：第一，全面、系统、客观地研究了噶氏家族，填补了吐蕃早期世家大族研究的空白；第二，对松赞干布执政时期吐蕃社会的性质重新定位。该文认为这一时期是封建社会而非奴隶社会；第三，评述了噶尔·东赞宇松和其子赞聂多布、论钦陵、赞婆等重要人物的历史地位和功过得失。

李小凤的硕士论文《福建陈埭丁氏回族文学家族研究》② 将研究的视角转向了家族文化，从地缘和血缘两方面探讨空间地理和家族文化对丁氏家族的影响，分析该家族在保存民族文化历程中的不断调整，最后对古代回族文学家族的创作特征及成因作初步探讨。但令人遗憾的是该文对丁氏家族文化的研究仅限于文学层面，未作深层次的挖掘，尤其是伊斯兰教对于该家族的重要影响以及作为少数民族家族与周边闽南汉族家族间的联系与不同等未能展开，进行详细论述。

赵英的硕士论文《李土司家族制度研究》③ 将研究的重点放在了李土司家族内部制度的探讨，从李土司家族的婚姻与家庭、宗族管理体制与土司承袭、军事与经济制度、丧葬与祭祀、文化与信仰五个方面对该家族制度作了较为全面的宏观描述与微观论证。尤其是在李土司家族的组织结构和管理体制方面的研究有所突破，提出了支撑土司家族的官舍管理体系和官舍监督体系两大组织系统。

赵利生、谢冰雪、江波的《扩大的家族——藏族民间组织沙尼调查》④ 以全新的视角对藏区存在的类似于汉族家族，但又有自身特征的独特社区组织——沙尼进行了研究。该文论述了沙尼概念的界定、沙尼的类型、沙尼的结构及特征、沙尼的功能、沙尼的发展和趋势等问题。学术界一直关注于藏族的基层组织——部落，而对于这一以血缘关系为基础、类似于家族的藏族民间组织有所忽视。该文不仅对研究藏族的基层组织开辟

① 扎西当知：《吐蕃噶氏家族研究》，西北民族大学 2007 年博士论文。
② 李小凤：《福建陈埭丁氏回族文学家族研究》，北方民族大学 2008 年硕士论文。
③ 赵英：《李土司家族制度研究》，陕西师范大学 2007 年硕士论文。
④ 赵利生、谢冰雪、江波：《扩大的家族——藏族民间组织沙尼调查》，《民族研究》2009年第 2 期。

了一个新的领域，而且对于研究少数民族家族组织提供了一个新的视角。

对穆斯林家族的研究是学界的一个热点，但主要集中于对西北马家军阀家族的研究。其中的专著就有宁夏政协文史资料研究会主编的《宁夏三马》①、青海政协文史资料研究会主编的《青海三马》②、陈秉渊著《马步芳家族统治青海四十年》③、杨效平著《马步芳家族的兴衰》④ 等。这些著作主要是对诸马家族兴衰演变的历史过程进行论述。许宪隆的《家族构成与近现代穆斯林家族研究的若干问题》⑤ 以宏观角度从穆斯林家族社会组织的特点、穆斯林家族制度的文化深层背景、穆斯林习俗对家族制度的维护等方面进行了理论性的概述。乔曼的《试析马步芳家族封建宗法统治的主要特点》⑥ 则从宗法角度对马步芳家族进行了深入剖析。

（四）对何土司的研究

舍力甫的《何锁南的族属和东乡族族源》⑦ 首先探讨了何锁南的族属问题，认为何锁南是藏族中的老鸦族。但由于篇幅所限，未能展开。

马志勇的《河州土司何锁南》⑧ 首先列举了学术界对何锁南族属问题的三种观点：蒙古族、东乡族、藏族，然后批驳了何锁南为蒙古族和东乡族的谬误。认为从元英宗至治元年（1321）以后吐蕃宣慰使司都改由吐蕃上层人物来担任，何锁南是元末被任命为吐蕃等处宣慰使司都元帅的，当然不是蒙古人；由于东乡县首府为锁南坝就认为何锁南是东乡人，则缺乏史料。最后作者在分析比较大量史料的基础上得出何锁南应为藏族，且是藏族中的沙马族的结论。

李清凌的《元明清时期甘肃地区的土司制》⑨ 在论及元明清时期甘青土司与流官的关系时，以何锁南作为典型案例，简单介绍了其家族的世系

---

① 宁夏政协文史资料研究会：《宁夏三马》，中国文史出版社 1988 年版。

② 青海政协文史资料研究会：《青海三马》，中国文史出版社 1988 年版。

③ 陈秉渊：《马步芳家族统治青海四十年》，青海人民出版社 1986 年版。

④ 杨效平：《马步芳家族的兴衰》，青海人民出版社 1986 年版。

⑤ 许宪隆：《家族构成与近现代穆斯林家族研究的若干问题》，《中南民族大学学报》2006 年第 5 期。

⑥ 乔曼：《试析马步芳家族封建宗法统治的主要特点》，中央民族大学 2009 年硕士论文。

⑦ 舍力甫：《何锁南的族属和东乡族族源》，《西北民族研究》1988 年第 1 期。

⑧ 马志勇：《河州土司何锁南》，《甘肃民族研究》1990 年第 2 期。

⑨ 李清凌：《元明清时期甘肃地区的土司制》，《云南社会科学》2003 年第 5 期。

传承。

　　胡小鹏的《元代西北历史与民族研究》① 在第五章"元代对脱思麻地区的经营"中，也论及何锁南的族属问题，并认为何锁南是蒙古族的可能性更大，原因有四：其一，元代蒙古族为统治民族，历任吐蕃等处宣慰使司都元帅多为蒙古族；其二，吐蕃之俗，最重贵种；其三，何锁南家族不合藏族政教合一的传统；其四，很难找到何锁南的直属部落。

　　杨聪聪的硕士论文《〈河州志〉所见藏事辑考》② （中央民族大学2007 年硕士学位论文）通过与《明实录》和《明史》相关记载的比较，对明嘉靖年间吴桢所作《河州志》中所载何锁南及其子——何铭、何敏的事迹，进行了考证，并列举了何土司的家族世系。

---

① 胡小鹏：《元代西北历史与民族研究》，甘肃文化出版社 1995 年版。
② 杨聪聪：《〈河州志〉所见藏事辑考》，中央民族大学 2007 年硕士论文。

第二章

河州地区概况

第一节　河州的历史沿革

河州，即今甘肃省临夏回族自治州，位于黄河上游，甘肃省中部西南面，东临蜿蜒曲折的洮河与定西地区相望，西倚巍峨雄壮的积石山与青海省毗邻，南靠奇峻翠秀的太子山与甘南藏族自治州搭界，北濒湍流不息的湟水与省城兰州接壤，地处青藏高原与黄土高原的交接地带。临夏是全国两个回族自治州之一，辖临夏市、临夏县、永靖县、和政县、广河县、康乐县、东乡族自治县、积石山保安族东乡族撒拉族自治县，总人口190万，其中，回、东乡、保安、撒拉族等少数民族人口占56.4%，东乡族和保安族是临夏特有的少数民族。

河州历史悠久，《尚书·禹贡》记载，大禹治水，"导河自积石，至龙门，入于沧海"。"积石"指积石山县，故河州被誉为"大禹治水的源头"。这里古为西羌之地，雍州之域。《诗经·商颂》云："昔有成汤，自彼氐羌，莫敢不来享，莫敢不来王。"西羌在周武王伐纣灭商的战役中发挥了重要作用。春秋战国时期，强大的罕羌侯部落即生活在河州一带，并建立侯邑（位于今临夏县双城），这是河州最早的城市雏形。罕羌侯邑坐落在梁家山、大庙山、三法观、古城山四山相会之地，又位于大夏河、槐树关河、老鸦关河三河相交之处，战略位置异常重要，为兵家必争之地。

秦朝攻灭罕羌侯，设置枹罕县，县治即在罕羌侯邑，隶属陇西郡。汉初又为罕豪羌所据，汉武帝元鼎五年（公元前112）九月，先零、封养、牢姐合兵十万，通使匈奴，进围枹罕。元鼎六年（公元前111）十月，汉武帝征发陇西、天水、安定等郡军士十万，派将军李息、郎中令徐自为率军讨伐诸羌，枹罕之围得解。于是置罕开县，属天水郡。汉昭帝始元六年（公元前81），再置枹罕县，属金城郡。不久，又从枹罕县析出白石县，仍属金城郡。王莽时，改易县名，改大夏为顺夏，白石为顺砾。

东汉时枹罕县又属陇西郡。光武帝建武中元二年（57）烧当羌首领滇吾与其弟滇岸，率领骑兵五千攻打陇西郡，陇西太守刘盱与烧当羌战于枹罕，大败。光武帝再遣谒者张鸿率兵三千，前去增援，与羌战，再败。汉章帝建初二年（77）汉廷派行车骑将军马防、长水校尉耿恭率兵三万，征伐盘踞在陇西一带的烧当羌首领迷吾等，并屯兵于枹罕。建初三年（78）耿恭等大败诸羌，诸羌皆降。汉和帝永元九年（97）烧当羌首领迷唐率军三万再破陇西郡，汉廷急派行征西将军刘尚、越骑校尉赵世率军三万进击。第二年，汉以谒者王信领刘尚屯兵于枹罕，谒者耿谭屯兵于白石，诸羌多内附。汉灵帝中平元年（184），枹罕人宋建在枹罕建立割据政权，自称"河首平汉王"，立国号，置百官。汉献帝建安十九年（214），曹操派夏侯渊讨平之，杀宋建及丞相等百官，并将县城夷为平地，使枹罕遭受灭顶之灾。此后城池东移至今临夏县新集乡古城村。

晋武帝太康二年（281），西晋废除枹罕县，置枹罕护军。东晋十六国时期，凉州刺史张轨在河湟地区设置晋兴郡，枹罕县隶属该郡。前凉太元二十一年（344），张骏分凉州东界兴晋、大夏、永晋、武城、金城、武始六郡为河州，以张瓘为河州刺史。河州因黄河而得名，河州之名自此始。后赵石虎曾遣大将麻秋攻枹罕不克，退保夏水。石虎叹曰："吾以偏师定九州，今以九州之力围枹罕，彼有人焉，未可图也。"[1] 前凉太清五年（367）四月，前凉攻取陇西李俨的大夏、武始二郡，李俨兵败，退守枹罕，前秦王猛应李俨之请，进兵枹罕，大败前凉军队，从此河州为前秦政权控制。王猛初以彭越为平西将军、凉州刺史，镇枹罕。西秦永康元年（412）二月，西秦自金城迁都于谭郊（今积石山县刘集乡崔家村），同年八月，西秦国主乞伏炽磐率军民2300户，迁都河州，乞伏炽磐励精图治，苦心经营，大力发展生产，多次击败吐谷浑、南凉、后秦等军队，徙其族民数万户于河州，充实了边塞，促进了河州地区经济的恢复与繁荣，西秦在此立都达十九年之久。北魏太武帝神䴥四年（431）西秦为夏赫连定所灭，地入吐谷浑。北魏太武帝太平真君六年（445），秦州刺史

---

① 吴桢：《河州志》卷1《地理志》。

封敕文与安远将军乙乌头西逐吐谷浑，河州入北魏之域，置枹罕镇。北魏孝文帝太和十年（486），改枹罕镇为河州，领金城、武始、洪和、临洮4郡14县。西魏、北周沿袭。

隋初设置枹罕郡，隋文帝开皇三年（583），改立河州。隋炀帝大业三年（607）复为枹罕郡。隋朝末年，各地农民起义风起云涌。隋炀帝大业十三年（617）四月，金城校尉薛举自称西秦霸王于兰州，李轨自称河西大凉王于凉州。同年九月，薛举与李轨大战，薛举大败，李轨夺得凉州（今甘肃武威）、甘州（今甘肃张掖）、鄯州（今青海乐都）、肃州（今甘肃酒泉）、会州（今甘肃会宁）、兰州、河州等地。唐高祖武德二年（619），唐攻破李轨，再置河州，领枹罕、大夏二县。唐太宗贞观元年（627），唐朝划分全国为十道，河州属陇右道。唐玄宗开元二年（714）至开元二十一年（733），唐朝又设置陇右节度使，治鄯州，统辖河州等12州，并将河州改为安乡郡。唐玄宗开元二十六年（738），唐朝又在安乡郡设镇西军，领兵14000余人。安乡郡的郡治在河州城东二里的"东古城"（今临夏市东的后古城）。

唐朝初年保持了与吐蕃的友好关系，贞观年间，文成公主远嫁松赞干布，为唐蕃的友好交往做出了重要贡献。但自松赞干布死后，唐蕃同盟的关系破裂，战乱不断。唐高宗仪凤元年（676），吐蕃军大举进攻鄯（今青海乐都）、廓（今青海尖扎县）、芳（今甘肃迭部）、河等州。从此唐与吐蕃对河湟地区开始了长期的争夺战争。唐代宗广德元年（763）十月，吐蕃调集包括吐谷浑、党项、氐、羌等族在内的20万大军，由尚杰斯秀亭（汉文史料称尚结息）和达扎禄恭（汉文史料称马重英）等率兵渡凤林（今临夏永靖县西南黄河渡口）河桥，攻占河州。吐蕃于河州大夏川设东道元帅府，以尚塔藏为东道元帅。并继续挥戈东进，围攻泾州，泾州刺史高晖献城投降，并作为吐蕃向导，引兵攻陷邠州、奉天、武功，长安已危在旦夕。此时唐以李适为元帅，郭子仪为副帅，统兵前往咸阳拒守。但吐蕃已势如破竹，加之唐军内部矛盾重重，将帅之间互相猜忌，结果周至一战唐军大败，唐代宗不得已逃往陕州（今河南陕县），吐蕃攻入长安，逗留半个月之后，方才撤兵。从此唐朝再无力收回陇右、河西等地，河州为吐蕃所有近三个世纪。公元11世纪初期，唃厮啰政权在河湟一带兴起，并逐渐统一了河湟地区的吐蕃部落。唃厮啰家族分裂后，河州为唃厮啰之子瞎毡及瞎毡之子木征先后占领。宋神宗熙宁五年（1072），王韶发动熙河之役，连下渭源堡（今甘肃渭源）、武胜军（今甘肃临洮）、岷州（今甘肃岷县）等地。熙宁七年（1074）夏四月，"王韶进筑珂诺城，与蕃兵连战破之，斩首七千余级，焚三万余帐，木征率酋长八十余人谒军门降"[1]，最终宋朝取得熙河之役的胜利，收复熙、河、洮、岷、叠、宕等州。

南宋高宗绍兴元年（1131），金朝将领宗弼（即兀术）、阿卢辅率军攻破定、巩、河、乐、西宁、积石等州。高宗绍兴三十二年（1162），四川宣抚使吴璘遣兴州前军统领惠逢攻取河州，金将温特梭败逃，然不久金朝即举兵反攻，惠逢自知不敌，遂领兵败退，河州百姓不愿受金朝统治，遂合力守城，拼死抵御，但终因寡不敌众，城池陷落。金兵先屠宁河寨（今临夏和政），再毁河州城，数万百姓惨遭杀戮，河州再遇灭顶之灾。州城被洗劫一空后，金朝遂将州城迁往枹罕（今临夏市新集乡古城村）。明嘉靖《河州志》记载："西古城，州西三十里，州围墙垣犹存，乃宋城也。"[2] 这里的宋城即指被金军毁灭的河州州城。

公元 1227 年，蒙古军攻破河州，元至元六年（1269），"以河州属吐蕃宣慰司都元帅府"[3]。吐蕃等处宣慰使司都元帅府是元朝管理安多藏区的最高军政机构，直属于宣政院，下辖河州路、雅州、黎州、洮州等。其中河州路领县三：定羌、宁河、安乡。

明洪武三年（1370），卫国公邓愈兵克河州，吐蕃等处宣慰使司都元帅锁南普顺应形势，招抚归诚。同年，明政府决定设立河州卫，以大将韦正为指挥使，以锁南普为指挥同知，允其世袭罔替。从而形成了河湟地区土流参治、土控于流的管理模式。洪武七年（1374）在河州设立茶马司，置大使、副大使各一员，主司"收放茶斤，招易蕃马，给以边操"。洪武十二年（1379），河州卫指挥使徐景截河州旧城一半向南扩展，改筑卫城。新城周九里三分，高五丈、厚三丈。洪武二十六年（1393）明廷推行金牌信符制，河州卫纳马番族 29 族，得金牌 21 面，河州成为明代茶马贸易的中心地区。明成化十年（1474），巡抚督御史马文升奏改河州卫原治四十五里为河州，军民分治，州隶临洮府，卫仍为军民指挥使司。隆庆

---

① 《宋史》卷 15《神宗二》。
② 吴桢：《河州志》卷 1《地理志》。
③ 《元史》卷 60《地理三》。

三年（1569）知州聂守中再建南关新城。新城长五里、宽二丈五尺、高三丈，建有门楼。

清朝初年，沿袭明制，州卫并存。顺治十二年（1655）三月裁撤河州卫右、中、前、后四千户所。雍正四年（1726），省卫改州，隶临洮府。雍正十二年（1734）设河州镇，辖15营，属固原提督节制。乾隆二十七年（1762）移临洮府驻兰州，遂名兰州府，河州属之。又移河州同知驻循化营，管循化、保安、起台一带番族。

民国二年（1913）2月7日，河州改为导河县，属兰山道，以"导河积石"而得名。民国十七年（1928），导河县更名为临夏县，以濒临大夏河而得名。同年5月6日以马仲英为首的反国民军斗争在临夏爆发，7月16日河州镇守使赵席聘及陈毓尧纵兵大炮轰击、焚烧八坊回民聚居区，繁华的八坊毁于一旦。民国十八年（1929）3月8日，甘肃省政府决定在临夏莲花城设县，定名永靖。3月26日，决定在临夏宁河堡设县，定名和政。民国二十三年（1934）甘肃省政府决定设临夏行政督察专员公署，辖临夏、宁定、和政、永靖、临洮、夏河6县。民国二十四年（1935）改为甘肃省第五区行政督察专员公署。

1949年8月，和政县、宁定县、临夏县相继解放；9月，设立临夏分区行政督察专员公署。1956年11月19日改为临夏回族自治州至今。

第二节　河州卫的设置

一　河州卫的建制沿革

明洪武二年（1369），明军挥戈西进，同时采取"恩威兼施"的策略，招抚西北各少数民族。洪武三年（1370）六月，明政府派故元陕西行省员外郎许允德前往河州招谕"吐蕃十八族、大石门、铁城、洮州、岷州等处"各部首领归附明朝，[①] 但各族首领大多并不积极，持观望态度。不久，卫国公邓愈兵克河州，在强大的军事压力下，"故元陕西行省吐蕃宣慰使何锁南普等，以元所授金银牌印宣敕诣左副将军邓愈军门降，

---

① 《明太祖实录》卷53，洪武三年六月戊午。

及镇西武靖王卜纳剌亦以吐蕃诸部来降"①。由于吐蕃等处宣慰使司是甘青藏区的最高行政机构，而卜纳剌又是镇守吐蕃地区的主要藩王，"由是番酋日至"②，西北各族首领"或以元时旧职投诚，或率所部归命"③，于是"河州以西，朵甘、乌斯藏等部皆来归，征哨极甘肃西北数千里始还"④。

　　明朝在收复河州之后首先推行的是军事卫所制度。"明以武功定天下，革元旧制，自京师达于郡县，皆立卫所。外统之都司，内统于五军都督府。而上十二卫为天子者不隶焉，征伐则命将充总兵官调卫所军领之，既旋则将上所佩印，官军各回卫所，盖得唐府兵遗意。"⑤卫所制是一种兵农合一的制度。数府为一防区设立卫，下辖千户所、百户所。洪武七年（1374）四月"核诸将所部有兵五千者为指挥，满千者为千户，百人为百户，五十人为总旗，十人为小旗"⑥。洪武七年（1374）八月又"定兵卫之制，大率以五千六百人为一卫，而千、百户、总、小旗所领之数则同。遇有事征调则分统于诸将，无事则散还各卫"⑦。这是明廷规定的卫所基本兵数。卫指挥使司设指挥使一人，指挥同知二人，指挥佥事四人，镇抚司镇抚二人，其属官有经历、知事、吏目、仓大使、副仓大使各一人。千户所设正千户一人，副千户二人，镇抚二人，其属吏目一人。"凡军政、卫下于所，千户督百户，百户下总旗、小旗，率其卒伍以听令。"⑧

　　洪武三年（1370）明政府设立河州卫，隶属右军都督府陕西督司管辖。洪武六年（1373）正月，置河州府⑨，以府专掌钱粮，以卫专管戍兵。洪武七年（1374）七月："诏置西安行都指挥使司于河州，升河州卫指挥使韦正为都指挥使，总辖河州、朵甘、乌斯藏三卫。升朵甘、乌斯藏二卫为行都指挥使司。"⑩可以说，洪武八年前的河州卫不仅管辖着河、

①　《明太祖实录》卷53，洪武三年六月乙酉。

②　《明史》卷330《西番诸卫》。

③　杨应琚：《西宁府新志》卷24《土司》。

④　谷应泰：《明史纪事本末》卷10《故元遗兵》。

⑤　《明史》卷89《兵志》。

⑥　《明太祖实录》卷88，洪武七年四月辛酉。

⑦　《明太祖实录》卷92，洪武七年八月丁酉。

⑧　《明史》卷76《职官》。

⑨　《明史》卷42《地理志》。

⑩　《明太祖实录》卷91，洪武七年七月己卯。

岷、洮地区，而且还统领朵甘、乌斯藏等广阔区域，其统治区域和政治地位远远高于普通卫所，实际上相当于元代吐蕃等处宣慰使司都元帅府。然而此后明政府将西北的防御重心由招抚"南番"改为防御"北虏"，河州的战略地位开始下降。洪武八年（1375），改西安行都卫为陕西行指挥使司。洪武九年（1379），罢陕西行都指挥使司，后复置于庄浪（今甘肃永登），徙于甘州。河州卫属陕西都指挥使司。洪武十年（1377），分河州卫为左、右二卫。洪武十二年（1379），河州二卫之兵只留一卫，以一卫守洮州，又改河州右卫指挥使司为河州军民指挥使司，革河州府。明成化十年（1474），巡抚督御史马文升奏改河州卫原治四十五里为河州，军民分治，州隶临洮府，卫仍为军民指挥使司。清雍正四年（1726），省卫改州，隶临洮府。

河州卫初设时"置千户所八：曰铁城、曰岷州、曰十八族、曰常阳、曰积石州、曰蒙古军、曰灭乞军、曰招藏军；军民千户所一：曰洮州；百户所七；曰上寨、曰李家五族、曰七族、曰番客、曰化州等处、曰常家族、曰爪黎族；汉番军民百户所二：曰阶文扶州、曰阳砚等处"①。洪武四年（1371）十一月，又"置必里千户所，属河州卫，以朵尔只星吉为世袭千户，必里在吐蕃朵甘思界，故元设必里万户府，朵尔只星吉为万户。至是来降，河州卫指挥使韦正遣送至京，故有是命"②。永乐元年（1403）五月，明政府"升必里千户所为必里卫，以故千户哈即尔加第剌麻失加、千户阿卜束男结束为指挥金事"③。洪武八年（1375）正月，"河州卫请以喃加巴总管府为喃加巴千户所，酋长阿乩等六人为千百户，从之"④。同年，"置失保赤千户所，以答儿木为正千户，世袭其职，隶河州卫"⑤。洪武九年（1376）九月，"设河州西番木哑些儿孙等处千户所，以元达鲁花赤锁南巴等充正、副千户，隶朵甘都指挥使司"⑥。洪武十一年（1378）六月，明王朝又

---

① 《明太祖实录》卷60，洪武四年春正月辛卯。
② 《明太祖实录》卷69，洪武四年十一月丁丑。
③ 《明成祖实录》卷20，永乐元年五月辛巳。
④ 《明太祖实录》卷96，洪武八年正月辛巳。
⑤ 《明太祖实录》卷96，洪武八年正月丙戌。
⑥ 《明太祖实录》卷109，洪武九年九月丁未。

"命西平侯沐英率陕西属卫军士城岷州，置岷州卫镇之"①。第二年，岷州卫除直属的左、中、右、前、后五个千户所外，明廷又将阶州、汉阳、礼店、洮州、岷州、十八族番汉军民千户所等原本由河州卫管辖的千户所全部转归岷州卫节制。洪武十二年（1379）沐英镇压洮州蕃酋叛乱，又置洮州卫。永乐元年（1403）五月，"设川卜族千户所，隶河州卫，以头目令奔真等为千百户，给印诰，赐冠带，织金文绮袭衣"②。永乐四年（1406），河州卫中左千户所十屯调往归德（今青海贵德县），为归德守御千户所，仍归河州卫调配。③ 河州卫的内部建制多有变迁，使得明政府对河州地区的管辖不断完善。

二　河州卫的特点

作为明政府在边疆设立的一个重要的军事卫所，河州卫又有着一些鲜明的特点。

（一）河州卫是明朝西番诸卫中最先设立的，是明廷经略河湟地区的开始

河州地处青藏高原与黄土高原的交界处，是汉文化圈与藏文化圈的交汇、边缘地带。早在元代时中央政府就将吐蕃等处宣慰使司都元帅府设于河州，河州成为安多藏区的政治中心。元亡明兴后，河州既是内华夏外夷狄的一条缓冲地带，又是内地进入藏区腹地的门户，更是中央政府控制藏区、抚御诸番的前哨阵地，隔绝羌胡、稳定边疆的南翼防线，所以其战略位置异常重要。正如史书所载，河州"东连陇，西控吐蕃，积石诸山屹其上，河出昆仑，东流导其下，实西鄙雄藩也"④。于是，明王朝把河州作为经略河湟地区的起点。洪武四年（1371）首先在此建卫立所，河州卫"东有临洮之倚，北有兰、庄之厄，南有洮州之塞，西有西宁之环，四塞内地，独以一隅临边，非如他卫孤悬斗立者比也"⑤。自河州卫设立之后，西番诸卫逐步一一建立。洪武六年（1373），明朝在"西夷重地"西宁设卫，以李喃哥为指挥，置千户所五，守御千户所一。洪武十一年

---

① 《明太祖实录》卷119，洪武十一年六月辛巳。

② 《明成祖实录》卷20，永乐元年五月辛巳。

③ 龚景瀚：《循化志》卷4《族寨工屯》。

④ 王全臣：《河州志》卷5《艺文》。

⑤ 梁份：《秦边纪略》，青海人民出版社1987年版，第34页。

（1378）、洪武十二年（1379）又先后设立了岷州卫、洮州卫。所以，河州卫的设立具有明显的率先示范作用。

　　鉴于河州卫极其重要的战略地位，明政府在河州卫派驻重兵。明代军卫建制一般是五千六百人，而河州建卫时，额定官军人数在史籍记载中主要有三组数据：一是嘉靖《河州志》卷二《官政志·秩官》云：明初河州卫官军人数达 9888 名，明弘治、正德以后，卫所军丁大量逃亡，嘉靖时仅余 5559 名。二是《读史方舆纪要》卷一百三十《舆图要览》云：河州镇有马步官兵 9217 人，其中河州卫有马步官兵 7700 人，归德所 148人，积石等关 293 人，大通河等堡 976 人。这大致是明嘉靖、隆庆年间河州卫的官军人数。三是《甘肃通志稿》卷二十三《民族》云：明嘉靖时河州有军卫户 4211 户，6533 口。由此可见，明初河州卫的人数达近万人，是一般卫所的两倍。即使明朝后期，军卫人数也与一般卫所相当。

　　（二）土流参治，以流管土，以土治番。

　　明政府在河州卫里安排了大量的故元官吏和少数民族首领担任指挥、千户、百户等职。据统计，河州卫主要土司有指挥同知 1 人，指挥佥事 4人，正副千户 11 人。① 实际上河州卫中土司的数量远不及此，《循化志》卷一《疆域》就有所谓"二十四关土司之说"，但河州之土司大都不是独立地治理一方或一族。而是具有双重身份。他们一方面是可以世袭的少数民族首领，另一方面又是卫所中的军事将领，并大多被委以副职，卫所中的实际大权均掌握在汉族流官手中。如河州卫在设立之后，即以大将韦正为指挥使，锁南普、朵尔只、汪家奴等仅为指挥同知。这种"土流参治"制度是明代西北边防卫所建设中的一个突出特点。明政府之所以实行"土流参治"，主要是基于两方面的原因。其一，为了保证明朝中央政权的巩固。北元势力虽已退居漠北草原，但始终是明王朝的主要威胁。明政府最担心的就是北虏与西番连成一片，使中原腹背受敌，难以应付。正如《明史》卷三百三十《西番诸卫》中记载："原夫太祖甫定关中，即法汉武创河西四郡隔绝羌、胡之意，建重镇于甘肃，以北拒蒙古，南捍诸番，俾不得相合。"而河州又是明王朝经略河湟、控制西番的前哨阵地，更是其隔绝羌虏、抚番拒虏的南翼防线，加强对河州地区的管理直接关系到明王朝西北边疆的安定乃至整个政权的巩固，所以明廷不愿意也不可能把如

---

① 　王继光：《明代河州卫》，《西北民族研究》1986 年第 1 期。

此重要的战略要地完全交给当地少数民族去管理；其二，河州历史上长期是少数民族聚居的地区，基本上处于居无定所的游牧经济形态，所以以农业经济为基础的明王朝不可能对其直接实行内地的府、州、县的管理模式。元朝时中央政府对河州地区各民族的统治主要是通过部落化的管理来实现的。所谓部落化的管理就是通过任命当地少数民族的部落首领为政府官员，使其成为元朝中央统治阶级的一分子来管理当地百姓。例如，元末吐蕃等处宣慰使司都元帅何锁南，就是河州地区藏族的部落首领。再如临洮府的赵氏家族、巩昌府的汪氏家族，等等。这些家族世居此地，盘根错节，形成了一股强大的政治经济势力，对当地具有举足轻重的影响。所以中央王朝也不得不依靠这些世家大族来统治河州地区。明王朝在吸取了前代统治河州地区的利弊得失之后，创造性地推行"土流参治"的管理模式，按照"分其势而杀其力，使不为边患"① 的原则，广封众建，把归降的故元官吏、土官和部落首领安插于河州卫中任职，既充分发挥了土官熟悉本地民族、语言、宗教、风俗的特长，强化了对民族地区的统治，对迅速贯彻朝廷和各级官府的政令提供了很大的方便，同时又有效地防止了土司专权和生变。

"土流参治"是一个多民族、多层次的系统而复杂的格局，这种管理体制包含三层含义：一是"土流参政"；二是"土流参任"；三是"土流参设"。

其一，"土流参政"。通过授予少数民族首领土千户、土百户等职务，从而将少数民族首领纳入明朝官僚体系之中，使其成为明朝统治阶级的一分子。伴随着部族首领进入明朝管理体系，其所属族民或编入卫所旗军，或组建少数民族千户所，这样使得整个民族都被纳入卫所管理之中。即使是在成化年间，河州设府，军民分治，但少数民族始终由所属卫所实行军民合一的直接管理。但在"土流参政"中流官是基础，河州卫指挥使一职一直由汉族流官担任，初以大将韦正为指挥使，执掌卫事。韦正升任都指挥使后又以安徽凤阳寿州人徐景任指挥使。所以明政府最终还是要"以流管土，以土治番"，广立土司，使其各据山隘，守土一方，在流官的监控下治生业、纳贡赋、听调遣，完成中央政府交给的各项任务。

其二，"土流参任"。在河州卫中既有少数民族担任首领的，也有当

---

① 《明史》卷 331《西域三》。

地土著汉族担任首领的，还有汉族与少数民族混合编制以及汉族土官与汉族流官混合编制的千百户所。至于土流参任的比例，西北各边防卫所不尽相同，以庄浪卫为例，万历《庄浪汇记》卷一记载：庄浪卫有"汉官指挥、千、百户共五十九员"，"土官指挥、千、百户二十六员"。据《五凉考治六德全集》卷五《平番县志·秩官》载：庄浪卫指挥使汉官 4 员，土官 2 员；指挥同知汉官 5 员，土官 2 员；指挥佥事汉官 10 员，土官 3 员；千户汉官 5 员，土官 1 员；副千户汉官 7 员，土官 4 员；实授百户汉官 10 员，土官 7 员；试百户汉官 12 员，土官 6 员。① 综合两则史料来看，庄浪卫汉族流官人数大致是土官人数的两倍多。河州卫土流参治的具体比例已难考证，但由于河州卫乃边疆卫所，是少数民族聚居区，元代时又为安多藏区的政治中心，有大量故元官吏和少数民族首领需要安置，所以其土官人数明显较多，土官所占的比例明显较大。《明史》卷三三〇《西番诸卫》记载：河州卫"设千户所八，百户所七，皆命其酋长为之"。明初河州卫可考的土官就有：指挥同知：何锁南；指挥佥事：朵儿只、汪家奴、马梅、汪瓦尔间；正千户：孛罗罕、朵立立答儿；副千户：克什巴卜、卜颜歹；镇抚百户：管不失结；百户：神宝；西番十八族千户所：正千户：包完卜乩，副千户：七汪肖；必里千户所：正千户：朵儿只星吉，阿卜束等十五人为千百户；喃加巴千户所：阿乩等六人为千百户；失保赤千户所：正千户：答儿木；川卜簇千户所：令奔真等为千百户。② 由此可见，明初河州卫额定两名指挥同知中有一人为土官，额定四名指挥佥事全部是土官，八名正千户中至少有六人是土官。

其三，"土流参设"。河州卫除六个正规的戍边千户所外，还管辖着众多的土千户所、百户所。如蒙古军千户所、灭乞军千户所、招藏军千户所、必里千户所、喃加巴千户所、失保赤千户所、川卜族千户所等。因此，在河州卫中形成了两种军事力量，一种为正规的戍边屯军，一种为少数民族归附后组建的千户所。从这种混合编制来看，显然有以正规戍边屯军监督、制约少数民族的意图。

不管"土流参治"制度如何复杂，如何完善，有一个前提不容忽视，那就是大量戍边将士的到来，以国家军队的支持来实现对边疆地区的军事

---

① 张之浚：《五凉考治六德全集》卷 5《平番县志·秩官》。
② 根据《明实录》《明史》《河州志》《循化志》等整理所得。

威慑或重点打击。但河州的农业经济并不发达，又地处西北边陲，因此，解决众多流官和军士的粮饷问题，迫在眉睫。实行屯垦无疑是河州卫能够实行"土流参治"的根本保障。这一点在洮州卫的设立过程中表现得尤为突出。洪武十二年（1379），洮州十八族番酋三副使等叛乱，李文忠、沐英等在平叛之后，对于是否设置洮州卫与朝廷发生分歧。"文忠等言，官军守洮州，饷艰民劳"，欲放弃洮州。但朱元璋坚持认为："洮州西控番戎，东蔽湟、陇，汉、唐以来备边要地。今番寇既斥，弃之不守，数年后番人将复为患。虑小费而忘大虞，岂良策哉。"于是，将"所获牛羊，分给将士，亦足充两年军食"①。洮州卫才最终得以保留。由此可见，有效解决戍边将士的粮饷问题是在边疆设立卫所的前提，如果没有戍边军屯的保障，"土流参治"是难以实行的。

明代在河州乃至整个西北地区推行的"土流参治"制度与西、南地区的土司制度有着明显的不同。其一，西、南地区的土司是独立地治理一方或一族，并世居此地，势力强大，接近于地方封建割据，但当然要定期向中央政府纳贡，听从调遣，实则也只是一种羁縻统治，而西北土司则是在流官的监管下治理所属番民，其属民分散各地，势力弱，几乎没有独立性和自主性。其二，西、南地区的土司是行政建制，土司多文职，称宣慰使、宣抚使、安抚使、招讨使等，属吏部验封司；而西北土司是军事建制，全为武职，称指挥使、指挥同知、指挥佥事、千户、百户等，属兵部，武选司管土司的选授、袭替、升调、功赏等，职方司掌土司的征调、守卫、朝贡等事宜。其三，西、南有的地区也实行"土流参治"，但以土为主，以流为辅。如贵州芒都，"该府开设之初，设土知府一员，流官通判一员，经历一员，随司办事"②。而西北地区则以流为主，以土为辅，以流管土，以土治番。正因为如此，清代在编修《明史》时，并未将西北土司列入《土司传》，而是编入《西域传》。其四，西北地区的"土流参治"制度与西、南地区的土司制度相比还有一个明显的区别就是西北土司在明朝前期没有俸禄。如宣德四年（1429）九月，岷州卫都指挥佥事后能奏："臣祖后朵儿只，初为岷州宣慰司土官同知……土官例无俸

---

① 《明史》卷330《西番诸卫》。

② 《明经世文编》卷101《陈芒部事宜疏》。

给，臣父祖旧有田地、房屋、水磨、今悉为人占据，乞令还臣，以代俸禄。"① 至正统二年（1437），明政府才格外开恩，"给陕西河州等八卫备边土官俸。旧制土官不给俸，至是，选调赴边策应，遂暂给之，如汉官制"。② 明朝前期国家不给土官以俸禄，说明明政府对土司只是予以名义上的承认，在物质上并未给予支持，而土司的主要经济来源是靠征收租税和额外收入，包括属民的"孝敬"、官司钱等，收入也是相当可观的。

明代河州卫"土流参治"模式的创制，对国家民族的进一步形成奠定了坚实的基础。河州自古以来就是少数民族聚居的地区，羌、鲜卑、吐蕃、蒙古、回等民族先后入居河州，中央王朝虽然早在秦朝就设置陇西郡管理此地，但由于其处于国家政权与国家民族的边缘地区，始终叛服无常，若即若离。直到明代，土流参治制度的创设，将少数民族首领纳入国家政权之中，这使得河州当地的少数民族将对本民族的认同感逐步上升为对国家政权的归属感。另外，伴随着流官和大量戍边军士进入河州地区，边疆与中原汉族之间的政治、经济、文化交流加剧，这也使得河州少数民族在心理上对国家民族的认同感加深，并作为国家民族的重要组成部分长期稳定下来并延续至今。所以，"土流参治"作为明代管理边疆少数民族地区的一种特有模式，在河州首先创制，并推广到西番诸卫，成为明代维持边疆稳定，巩固统一的多民族国家的重要手段。

（三）河州卫的戍边军屯中有大量少数民族参加。

军屯是明代卫所兵制的一项重要内容。明代把屯田作为减轻财政负担，巩固边防的重要手段。正如朱元璋所言："屯田守边，今之良法，而寓兵于农，亦古之令制，与其养兵以固民，莫若使民力耕而自卫。"③ 明代军屯的基本原则是"边地三分守城，七分屯种……每军受田五十亩为一分，给耕牛、农具，教树植，复租赋，遣官劝输，诛侵暴之吏。初亩税一斗。三十五年定科则：军田一分，正粮十二石，贮屯仓，听本军自支，余粮为本卫所官军俸粮"。④ 嘉靖时，为了调动军民屯田的积极性，规定："凡治边地有能佃种者，无论军民、籍贯、顷亩，悉与为业，永不起

---

① 《明宣宗实录》卷58，宣德四年九月癸丑。

② 《明英宗实录》卷27，正统二年二月壬戌。

③ 《明太祖实录》卷220，洪武二十五年八月丁卯。

④ 《明史》卷77《食货一》。

科"①，"荒田能耕种者，悉蠲原税"②。河州卫中除了有大量移民戍边的汉族军士外，也有少数民族参与屯田，这是河州卫军屯中的一大鲜明特色。

河州卫存在两种军事力量，一为正规的戍边屯军，一为少数民族归附后组建的千户所，并参与戍边屯田，如铁城、十八族、常阳、积石州、蒙古军、灭乞军等千户所，以后增置的必里千户所、南加巴千户所、失保赤千户所、川卜族千户所等也皆为少数民族千户所。由此足见河州卫中参与屯田的少数民族不在少数。

嘉靖《河州志》卷二《人物志·国朝武功》云："长福，本州木叶里人。父长吉帖木。天顺年间，任本卫中左所副千户。福善骑射，勇悍过人，屡因军功，历迁陕西都司指挥佥事，寻充游击将军。"长福父子所在的河州卫中左所是在永乐四年（1406）迁往归德居住守御的，其居住的木叶里"在州西六十里"，③ 即归德境内。中左千户所共有十屯寨，其中就包括今天青海同仁县土族居住的四寨子④，即季屯、吴屯、上下李屯、脱（妥）屯保安四屯⑤，今已成为吴屯、加查玛、年都乎、郭玛日、尕沙日、脱加六个自然村。其中的季屯、上下李屯、脱（妥）屯都是少数民族聚居的屯寨。

岷州卫初为河州卫一千户所，洪武十二年（1379）升为岷州卫军民指挥使司。《岷州志》卷十《兵卫》记载："按前朝岷州官旗汉番军役共四千六百二十九名"，其中"东西等路把隘汉军九百四十五名，番军八百八十一名"。可见在河州卫中有大量少数民族军户，并参与屯田。

（四）河州卫不仅管军、领土、治民，而且在洪武初年还起着联系明政府与藏区的桥梁作用。

河州卫具有军政合一的性质，实际上是一种军事型的地方行政机构。明初河州亦设州县，司民事，掌钱粮，然"寻罢之"⑥。"自设州以后，征

---

① 《明世宗实录》卷269，嘉靖二十一年十二月丙申。
② 《明世宗实录》卷271，嘉靖二十二年二月壬辰。
③ 吴桢：《河州志》卷1《地理志》。
④ 芈一之：《同仁四寨子（五屯）土族历史考察》，《青海土族社会历史调查》，青海人民出版社1985年版。
⑤ 龚景瀚：《循化志》卷4《族寨工屯》。
⑥ 《明太祖实录》卷78，洪武六年正月庚戌。

发繁重，人亦困敝，且番人恋世官，而流官又不乐居……仍撤州设卫如故。"① 洪武十二年（1379），明政府即"改河州右卫指挥使司为河州军民指挥使司，革河州府"②。因此，河州卫又具有政府的行政职能，不仅管军，而且治民。由于河州卫是明政府经略西番的开始，所以河州卫最初的职能还有所扩大，起着一些特殊的作用。

洪武五年（1372）四月，河州卫言：

"乌斯藏帕木竹巴故元灌顶国师章阳沙加，人所信服。今朵甘赏竹监藏与管兀儿相仇杀，朝廷若以章阳沙加招抚之，朵甘必内附矣。"中书省以闻。"诏章阳沙加仍灌顶国师之号，遣使赐玉印及彩缎表里，俾居报恩寺化导其民。"③

洪武六年（1373）二月：

以摄帝师喃加巴藏布为炽盛佛宝国师，先是遣员外郎许允德使吐蕃，令各族酋长举故官至京授职，至是喃加巴藏卜以所举故元国公南哥思丹巴亦监藏等来朝贡，乞授职名……未几，喃加巴藏卜等辞归，命河州卫镇抚韩加里麻等持敕同至西番，诏谕未附土酋。④

洪武六年（1373）十月，河州卫言：

"朵甘司宣慰赏竹监藏举西域头目可为朵甘卫指挥同知、宣抚司、万户、千户者二十二人。"诏其所请，命铸分司印与之。⑤

从以上史料我们可以看到，河州卫或向明朝中央政府反映藏区情况，或代表中央政府前往藏区招谕吐蕃番部，甚至藏区某些国师、卫所官员的

---

① 张维：《陇右金石录》卷10。
② 《明太祖实录》卷125，洪武十二年七月丁未。
③ 《明太祖实录》卷73，洪武五年四月丁酉。
④ 《明太祖实录》卷79，洪武六年二月癸酉。
⑤ 《明太祖实录》卷85，洪武六年十月丁酉。

任命亦由河州卫申报。可见，河州卫起到了联系中央政府和藏区的桥梁作用。

（五）寓兵于农，家属共守，从而形成了独具特色的屯堡文化。

自明以来，政府实行移民实边政策，驱使江苏、晋冀一带居民，大量迁往河州地区。明洪武十二年（1379），沐英带领回回兵进驻洮州，在河、洮一带戍边屯垦，后逐渐编辑入户成为当地居民。如河州第一任指挥使宁正，系凤阳寿州人；洪武十二年首任河州卫指挥使徐景，亦为凤阳寿州人；永乐五年镇守河州的刘钊，系滁州全椒人。同时为了防止军士的逃亡，明政府往往强迫军户家室一同前往，明政府规定"如原籍未有妻室，听就彼完娶。有妻在籍者，着令原籍亲属送去完娶"①。就是为了让军士世代安心屯戍。因此明代卫所实行家属同守的世袭兵制，军士、军余人等便是携带家属同赴驻地的。据《明宣宗实录》卷八一宣德六年七月记载：四川都司诸卫所"今但正军、余丁一二人在营，其余老幼有五六人至二三十人者，各置田庄散处他所"。如果我们以正军一人，有军余、家属、老幼等十人计算，明初河州卫有军丁近一万人，那么随同迁往河州的家属等就有十万人之多。而嘉靖年间河州总共只有民户五千二百八户，九万八百四十五口，② 河州迁徙而来的军户人口与民户人口大致相当。清代河州卫废除后这些军户都被改为民籍，彻底成为当地百姓。1938 年 5 月，顾颉刚先生在甘肃临潭考察时，曾说："此间汉、回人士，问其由来，不出南京、徐州、凤阳三地，盖明初以戡乱来此，遂占地为土著，其有家谱者，大都皆都督佥事、指挥佥事及千户、百户之后。当时将领以金朝兴、李达秩最高，然其后裔亦式微矣。宋氏，明指挥佥事宋忠之后，克家自云系徐州屯头堡人。若赵、若马、若杨，皆自谓南京绒丝巷人。此间有民歌：'你从哪里来。我从南京来。你带得什么花儿来？我带得茉莉花儿来。'洮州无茉莉花，其为移民记忆中语无疑也。"又云："河州人相传为南京大柳树巷人，洮州人相传为南京绒丝巷人，俱谓自明初迁去，西宁人亦云然。"③ 大量戍边军士及其家属从东部迁往河州，对当地产生了极其深远的影响。

① 郑颙、陈文：《云南图经志》卷 2，中华书局 1984 年版。
② 吴桢：《河州志》卷 1《食货志》。
③ 顾颉刚：《明初西北移民》，《责善半月刊》1941 年第 1 卷第 23 期。

其一，河州戍边将士及其家属移民的到来，对河州地区的农业开发作出了重要贡献。河州卫有一万左右的军队，朱元璋令"陕西诸卫军士留三分之一御城池，余皆屯田给食，以省转输"①。那么以此推算，河州卫就有六千多名将士参与屯田，这可是一支非常庞大的农业生产大军。据明嘉靖《河州志》卷二《食货志·户口》载：嘉靖时本州民地三千五百五十八顷八十四亩有奇，而此时本卫屯田共三千四百五十二顷七十三亩，与民地田亩数大致相同。河州夏税小麦一万四千六百五石六升有奇、秋粮粟米共两千九百六石一升有奇。而本卫屯粮共二万六百九十二石三斗八升有奇，比河州夏秋民粮的总和还要多出三千余石。由此可见河州移民对当地农业和经济的发展起到巨大的推动作用。洪武三年（1370）宁正为河州卫指挥使，当时河州"城邑空虚"，他督率军民"勤于劳徕"，屯垦荒地，不数年"河州遂为乐土"②。洪武二十二年（1389），河州、岷州、洮州等地沃野千里，粟麦丰收，"米价日减，每石至五百文"③，一片欣欣向荣的景象。原本生活在农业发达地区的戍边移民还将先进的科技因子带到河州地区，将先进的生产工具和生产技术带到当地，从而使内地先进的农业文明扩展到边疆地区，带动了当地少数民族的文化进步和历史进程。所以说戍边移民是河州地区先进科技的传播者，他们在此开垦荒地，建设家园，繁衍生息，耕地面积由此大大增加，改变了当地的经济结构，使河州由游牧文明逐渐向农业文明转变。

其二，戍边移民的到来促进了河州商业的发展和城镇化的建设进程。汉藏之间不同的经济文化类型提供了巨大的商业空间，而河州恰好处于农业文明与游牧文明的中间地带，使得茶马贸易异常兴盛，成为河湟地区重要的贸易集散地。尤其是河州的穆斯林，以重商的文化传统，悠久的经商历史，吃苦耐劳的奋斗精神，奔波于汉藏之间，走出了一支远近闻名的河州穆斯林商帮。明代戍边移民的到来，不仅给这里带来了大量的定居人口，改变了当地民族的构成，而且带动了河州地区与内地的政治、经济和文化交流，促进了当地商业的进一步繁荣。河州城中大十字街即设有粮货市，在这里，"五谷充积，贸易至午而散"，城中小十字街有畜类市，"六

---

① 《明太祖实录》卷133，洪武十三年九月癸丑。

② 《明史》卷134《宁正传》。

③ 《明太祖实录》卷195，洪武二十二年正月丁亥。

畜咸集，贸易至午而散"。南关又有客店一十八座，"四方商贾居焉"，乃一综合性的市场。不仅如此，还形成了一些固定的市。如河州辖内的"宁河镇，在州南 60 里，居民 500 余家，弘治乙卯立市，每三日一聚；定羌镇，在州南 120 里处，居民 500 余家，弘治乙卯立市，每三日一聚"①。正如马特拉斯所言："都市化在很大程度上而言是一种移民现象。"② 元代时洮州只是吐蕃等处宣慰使司都元帅府下的一个元帅府，明初为河州卫属下的一个千户所。洪武十二年（1379）沐英等在平定洮州番族叛乱后，上奏明廷，欲放弃洮州，但在朱元璋的坚持下，大量军丁留于此地，屯田戍守，始建洮州新城。"洮州古城，有废弃而为荒野者，有开垦而为田亩者，故址尚存，然皆非今治也，今治成于有明。"③ 随着时间的推移，洮州的军丁成为定居人口，并不断增加，商业、手工业和服务行业开始出现，而且按照汉族文化理念修建了官署、楼阁、寺庙、学校等。可以说是戍边移民的到来使得洮州城在西北边疆迅速崛起。河州卫所属的一些屯堡也相继发展成为当地重要的城镇。如归德、积石、保安、宁河、康乐等，戍边移民的到来大大推动了这些地区的城镇化进程，而这些城镇的出现对于促进明朝边疆地区的经济发展以及扩大明朝的疆域都发挥了重要作用。

其三，河州的戍边移民大多来自江左一带，共同的文化背景和风俗习惯使他们相互之间更具认同感。迁入河州之后他们大多聚居在卫所城池之内或者是附近的堡塞之中，由于卫所人口属军户，为了避免军役波及自己，普通百姓一般不愿同卫所军户通婚，再加上河州又是少数民族聚居区，所以戍边移民的通婚圈更小。正是由于卫所的特殊性质，使戍边移民对河州地域文化的发展产生了深刻的影响，以至于卫所屯堡成为一个不同于周围地区的独特的文化地理单元，形成了一种别具风格的屯堡文化。民国时期张其昀在《青海之山川人物》一书中写道："今吾人在西宁附近所见妇女之弓鞋，犹存明代之遗风。甘肃临潭、岷县一带妇女亦着弓鞋，《洮岷志》称之曰凤阳婆，盖明初军队多安徽凤阳籍，开抵洮湟，移民屯

---

① 吴桢：《河州志》卷 1《地理志》。

② ［以色列］裴德·马特拉斯：《人口社会学导论》，方时壮、汪念郴译中山大学出版社 1988 年版，第 213 页。

③ 张彦笃修，包永昌纂：《洮州厅志》卷 3《建置》。

田，淮上妇女随之俱来，故一部分女子服饰犹存故风。"① 正是屯堡文化有着很强的独立性和排他性，犹如一个文化孤岛，才使其不同于当地的风俗得以完整保留，历经数百年，仍未改变。

戍边移民又将江左文化带到河州地区，为当地注入了新鲜的汉族文化的血液。早在洪武五年（1372），作为边疆少数民族地区的河州即设立儒学，有师儒五员，廪增各四十名。② 明初至嘉靖年间，也就是大量戍边将士迁入河州的主要时期，河州共有 23 人考中举人，有 5 人考中进士，其中王竑、朱绅、赵士元、马应龙四人可以肯定是戍边移民的后代。③ 这些读书才俊对于当地文化的影响是不可估量的。尤其是王竑，正统年间殿试二甲，初任户科给事中，后升兵部尚书，可以说是位极人臣，"提学杨一清以尚书王竑大孝孤忠元勋苦节，著于天下，奏立神像，竖碑。正德丙子，赐谥庄毅"④，建有庄毅公祠，享祀无穷。王竑不仅是戍边移民的杰出代表，而且是河州先进文化发展的一面旗帜，成为历代河州人不断学习的楷模。这说明了戍边移民不仅将汉文化嵌入河州地区，甚至成为当地文化的重要组成部分，引领着当地文化的前进方向，使得明初河州文化一度呈现出欣欣向荣的景象，正如时人所云：河州"革旧鼎新，文风丕振"。文化的兴盛大大拉近了河州与内地文化上的联系，避免了河州文化被边缘化的危机，随着时间的推移，河州移民文化大致在明中叶以后已渐渐融入当地文化之中，使得河州文化更加呈现出丰富性与多元化的特色。

其四，戍边移民的到来，为河州地区带来了不同的宗教信仰。明代以前，河州地区主要是藏族聚居区，百姓几乎全部信奉藏传佛教。但自河州建卫以来，带有浓郁汉族宗教信仰特色的寺庙相继建立。如社稷坛、风云雷雨山川坛、郡厉坛，"以上三坛，系洪武初年建"。东岳庙、武安王庙、二郎庙，"以上三庙，俱洪武十六年，指挥徐景建"⑤。这些道观庙宇的建立，使得道家文化在这里蔚然成风，河州宗教体现出百花齐放、百家争

---

① 张其昀：《青海之山川人物》，《西陲宣传公署月刊》1936 年第 1 卷第 4、5 期，第 213 页。

② 吴祯：《河州志》卷 2《学校志》。

③ 吴祯：《河州志》卷 2《选举志》。

④ 吴祯：《河州志》卷 2《学校志》。

⑤ 吴祯：《河州志》卷 2《典礼志》。

鸣的特色。其中最为典型的就是河、岷、洮一带的湫神祭祀。湫神祭祀实际上是汉族对民间地方神祇的崇拜，其原型一般来自民间英雄人物，以祈求风调雨顺、五谷丰登、祛病禳灾为主。光绪《洮州厅志》卷二《风俗》云："五月五日……择月厌日，由官给札，请十八位龙神，上朵山禳雹，回至西关外赛会，男女皆喜赴之。"卷三《建置·寺院》载："龙王庙，邑龙神有十八位，庙宇建造极多，几乎庄堡皆有。天旱禳雨于神池，其应如响，乃一方之神福矣。"《岷州志》卷七《合祀附》也载："诸湫神庙，每岁五月十七，众里民各奉其湫神像，大会于二郎山。"1938年，顾颉刚先生在甘青地区考察时，在《西北考察日记》中写道："临潭十八乡有十八龙神，其首座曰常爷，即常遇春。其他亦并明初将领……盖此间汉人皆明初征人之后裔，各拥戴其旧主为龙神，以庇护其稼穑。"①

河、岷、洮的湫神祭祀正是戍边移民将他们所崇拜的明朝功臣和贵戚带到西北边陲，并融入当地民众的信仰之中，得到了广泛的支持和认可，这是靠国家的意志权力所无法做到的。如果没有戍边移民文化的强势推动，湫神祭祀肯定会被淹没在藏传佛教的汪洋大海之中，这恰恰折射出明代河州地区戍边移民逐步融入当地文化并由军户转变成民户的历史过程，移民文化甚至超越并引领着本土文化，成为本土文化的主流，从而完成了河州文化的历史嬗变。湫神祭祀已不是一次次简单的民间祭祀活动，而是一种包含着汉族文化与少数民族文化，江南文化与西北文化等诸多文化因素与情感的民间神学体系。而湫神也不再是一个个原始形态的民间神祇，而是将河州地方政权与国家政权，民间风俗与国家意志水乳交融、完美结合在一起的纽带，从而进一步强化了民族的凝聚力和向心力，巩固了民族团结。直至今日，河、岷、洮一带村落仍然供奉着各自信仰的湫神，遇病或灾祸时，则前往烧香祈福。每位湫神都有各自的祭祀日，届时将有迎神、祭神、游神、赛神、送神等祭祀仪式，形成规模盛大的庙会。

（六）以茶御番，与土司制度相互补充，加强对西北番族的统治。

西部游牧民族生活习俗受生态环境影响，藏族的饮食皆以肉食和乳品为主，含高蛋白和高热量，需要助消化的饮料，而"茶性通利，能荡涤

---

①　顾颉刚：《西北考察日记》，《西北通讯》第6期（1947）。

之"。自宋起，藏族的嗜茶风俗即已形成，"不得茶则困以病"①，可见当时藏族地区存在着巨大的茶叶需求。

与此相对，藏族地区盛产的马又是明朝政府的急需之物。朱元璋虽然推翻了元朝，但已退居北方草原的蒙古族仍对其政权构成极大威胁。终明之世，蒙古势力始终是明朝的心腹大患。蒙古族乃马背上的民族，在战争中骑兵占有绝对优势，蒙古骑兵一旦南下，一次决定性的胜利就可能使明帝国跨台。若要抵御强悍的蒙古骑兵，没有充足的战马是不行的。"盖胡之胜兵在马，中国非多马亦不能搏胡。"② 故马政成为明朝"国之要务"。藏区需茶而中原缺马，于是在西部边境进行茶马贸易也就不可避免地产生了。

明政府对茶马贸易实行高度垄断政策，并与西北的土司制度互相补充，成为治理西番的一种经济制度。它不仅仅是一种商贸活动，更具有重要的政治作用，"联属西番，须复茶马"，是明廷朝野上下的共识，因为他们深知西番"彼得茶而常怀向顺"之理③。明王朝要用有限的茶叶换取更多的马匹，同时在政治上达到以茶御番，笼络番族，巩固边疆的目的，正如梁材在《议茶马事宜疏》中所言"盖西边之藩篱，莫切于诸蕃；诸蕃之饮食，莫切于吾茶。得之则生，不得则死，故严法以禁之，易马以酬之。禁之而使彼有所畏，酬之而使彼有所慕。此所以制番人之死命，壮中国之藩篱，断匈奴之右臂者，其所系诚重又大，而非可以寻常之处也"④。为此，明政府严禁民间贸易，并特设茶马司作为主持茶马贸易的最主要机构。在西北地区，洪武五年（1372），首先设置了秦州茶马司收四川巴茶，易买西宁、洮、岷等处番马。洪武七年（1374）即设置河州茶马司。后又设置有洮州茶马司（洪武十二年置，十六年罢。永乐九年重置）、西宁茶马司（洪武三十年置）、甘肃茶马司（永乐十一年置）、甘州茶马司（嘉靖四十二年置，《明会要》作嘉靖四十一年）、庄浪茶马司（万历十一年置）、岷州茶马司（万历二十三年置）等，共八处。下表是洪武年间根据《明实录》所载整理所得各茶马司的市马情况。

① 《明史》卷80《食货四》。
② 归有光：《说郛续》，《马政志》卷9。
③ 《皇明九边考》卷9《甘肃镇经略考》。
④ 梁材：《议茶马事宜疏》，《明经世文编》卷106。

表1 洪武年间各茶马司市马情况一览表

时间	地点	马匹量
洪武九年十二月	秦州、河州茶马司	171匹
	庆远裕民司	294匹
	顺龙盐马司	403匹
洪武十一年十二月	秦州、河州茶马司及庆远、顺龙茶盐马司	686匹
洪武十二年十二月	秦州、河州茶马司	1691匹
	庆远裕民司	192匹
洪武十三年九月	河州茶马司	2050匹
洪武十四年十二月	秦州、河州茶马司	181匹
	洮州卫	135匹
	庆远裕民司	181匹
洪武十五年十二月	秦州、河州、洮州茶马司及庆远裕民司	585匹
洪武十七年十一月	秦州、河州茶马司	560匹
洪武十七年十二月	四川碉门茶马司	马、骡596匹
洪武十八年正月	四川、贵州二都司	11600匹
洪武十八年十二月	秦州、河州茶马司及叙南、贵州乌撒、宁川、毕节等卫	6729匹
洪武二十年六月	四川碉门、雅州茶马司	驼、马、骡170余匹
洪武二十七年十二月	雅州、碉门及秦州、河州茶马司	240余匹
洪武三十年四月	西番	1560匹

分析上表我们可以得出以下结论：

其一，明初与西北番族的茶马贸易主要是通过茶马司来进行的。

其二，河州茶马司是设立最早的茶马司之一。比较各茶马司的市马量也可看出，河州茶马司的市马量较大，在各茶马司中处于主导地位，河州是明代茶马贸易的中心地区。

河州茶马司初设时地位崇高，洪武十六年（1383）七月，曾一度罢洮州茶马司，由河州茶马司总领其茶马事务，直至永乐九年（1411）

才复设。洪武、永乐年间，河州茶马司贮茶充足，明政府预先在四川保宁（治今四川阆中）等府运茶 100 万斤于西北三茶马司，其中仅河州茶马司一处就贮存茶叶达 450430 斤之多，占西北三茶马司贮存量的近一半。[1]

为进一步垄断茶马贸易，防止一些地方官吏、军官以明政府的名义，私自向少数民族索要马匹，洪武二十六年（1393）二月，明太祖开始推行"金牌信符制"，即将金牌颁予诸番，"每三年一次，钦遣近臣赍捧前来，公同镇守三司等官，统领官军，深入番境扎营。调聚番夷，比对金牌字号，收纳差发马匹，给与价茶。如有拖欠，次年催收"[2]。明太祖令制金牌信符 41 面[3]，发放范围是：洮州火把藏思囊日等族 4 面，纳马 3050匹；河州必里卫西番 29 族 21 面，纳马 7705 匹；西宁曲先、阿端、罕东、安定四卫，巴哇、申中、申藏等族 16 面，纳马 3050 匹。其中，河州占金牌总数的二分之一强，纳马数也超过了洮州卫与西宁卫之和。由此足见河州官营茶马贸易的兴盛。

河州作为明代推行茶马贸易的核心地区，其重要性可见一斑。从某种意义上说，茶马贸易的政治意义更为重要。以茶御番，与土司制度互为补充，相得益彰，从而加强对番族的统治，稳定西北边疆局势，才是明廷推行茶马贸易的根本出发点和落脚点，"国家设立三茶马司，收茶易马，虽所以供边军征战之用，实所以系番人归向之心"[4]，可谓一语中的。弘治年间督理陕西马政的明朝名臣杨一清在奏疏中亦云："国安处降夷，各分部落，随所指拨地方，安置住扎，授之官秩，联络相承，以马为科差，以茶为酬价，使知虽远外小夷，皆王官王民，志向中国，不敢背叛。且如一背中国，则不得茶，则病且死，以是羁縻。"[5]

---

① 《关中奏议》卷 3《茶马类为修复茶马旧制以抚驭番夷安靖地方事》第 2 条，载《杨一清集（上册）》卷 3，中华书局 2001 年版，第 77 页。

② 杨一清：《为修复茶马旧制以抚驭番夷安靖地方事》，《明经世文编》卷 115。

③ "金牌信符"的数量学术界主要有三说：第一，"十六面"说。《甘州府志》《甘宁青史略》《肃州新志》等主要持此说；第二，"四十一面"说。《明史》《明经世文编》《甘肃通志稿》《陕西通志》等持此说；第三，"四十三面"说。《明会典》等持此说。笔者采纳第二种说法。

④ 梁材：《梁端肃公奏议》卷 5《议茶马事宜疏》，《明经世文编》卷 106，中华书局 1962年影印本，第 955 页。

⑤ 杨一清：《为修复茶马旧制以抚驭番夷安靖地方事》，《明经世文编》卷 115。

第三节　河州地区的土司概况

明代沿袭了元朝的土官制度，并在此基础上加以改进、完善，形成了更为完整、系统的土司制度。从制度演变上看，土司制是郡县制、羁縻制、世官制的集大成者。从管理方式上看，它是"因其俗顺其制"的完美体现。从社会学的角度衡量，土司制的核心与实质是权力的交换与分享。但这种权力的分享是在同一政权框架下的分享，绝不是分立，更不是独立。中央政府与土司之间相互利用，又相互依存，土司以其对中央王朝的忠诚为资本，在当地的政治体系中换取中央政府的认可，土司又凭借这种认可来维护自己在部落中的特权。反过来中央政府又依仗土司来管理边疆，维护稳定。《明史》卷三一〇《土司传》记载："迨有明踵元故事，大为恢拓，分别司郡州县，额以赋役，听我驱调，而法始备矣，然其道在于羁縻，彼大姓相擅，世积威约，而必假我爵禄，宠之名号，乃易为统摄，故奔走惟命。然调遣日繁，急而生变，恃功怙过，侵扰益深，故历朝征发，利害各半。其要在于抚绥得人，恩威兼济，则得其死力而不足患。"这已将明代土司制度实施的方针、政策、目的等一语道破。但朱元璋在河州地区推行土司制度，还有几点原因不容忽视：

其一，时局所迫。洪武初年，朱元璋虽然已经攻破大都（今北京），在应天（今江苏南京）称帝，但北元蒙古仍很强大，四川还盘踞着明昇的大夏政权，云南仍被元朝宗室梁王所控制，辽东还有元太尉纳哈出势力。可以说，明朝虽然已经问鼎中原，但还未站稳脚跟，在这种时局下，朱元璋急需解决的问题是荡平割据势力，真正统一全国，巩固大明政权。所以对于西番，明朝并不益于过多用兵，"盖驭戎之道，抚绥为先，抚之不从，然后用兵"[①]。明王朝在向河州进军的过程中，采取"恩威并施"的策略。一方面派徐达、邓愈率领重兵，挥戈西进，连克巩昌、安定、临洮等军事重镇；另一方面又派故元陕西行省员外郎许允德前往河州，招谕吐蕃各部。只要故元官吏和当地少数民族首领主动归降，承认和支持新建立的明政权，这是朱元璋求之不得的。洪武三年（1370）镇西武靖王卜纳剌和吐蕃等处宣慰使司都元帅何锁南等主动上交元朝官印，接受明朝封

---

① 《明史》卷330《西蕃诸卫》。

号，这对于统治整个藏区，分化和瓦解北元势力都有重要意义，这也适应了明朝尽快稳定局势、统一全国的要求。所以明朝对于归降的西番首领采取了"多授原官"的策略，只要"西鄙来降者，辄授以职"①。朱元璋说得明白，"天下守土之臣，皆朝廷命吏，人民皆朝廷赤子。汝归善抚之，使各安其生，则汝可长享富贵"②。西北局势的快速稳定对朱元璋统一全国、坐稳江山起到了关键作用。

其二，怀柔政策。终明一朝，对明政权构成最大威胁的是已经退居漠北的以元顺帝为首的蒙古集团，明军需要集中有限兵力消灭这股势力。元朝作为全国性的封建政权虽已覆灭，但仍然控制着东到松花江、脑温江（今嫩江）、辽河流域，西至天山、衣烈河（今伊犁河）流域，北抵也儿的失河（今额尔齐斯河）、谦河（今叶尼塞河）流域，南临明长城的广大地域，其"引弓之士不下百万众"③，蒙古试图凭借手中的实力，复辟元朝的统治。蒙古骑兵倏忽往来，踪迹莫测，而包括河州在内的西北地区恰恰是蒙古军历次南下的西路。如果单纯依靠武力征服河州地区，反而会迫使西番诸族与北元结盟，对明朝形成包围之势。因此只有推行怀柔政策，用优厚待遇怀柔远人，以高官厚禄笼络番族，才会使河州番族感恩戴德，心甘情愿地归顺明朝，并为其守边疆，纳贡赋，达到以柔克刚的效果。正如朱元璋所言："推诚心以待人，路人可使如骨肉；如嫌猜而御物，骨肉终变为仇雠。"④

其三，因俗而治。河州地处西北边陲，自然条件恶劣，自古又是少数民族聚居的地区，民族成分复杂。在元朝统治的百余年间，河州地区的民族构成有了一些新变化。除藏族、汉族的成分有所增加外，中亚一些信仰伊斯兰教的部族陆续迁入，形成了新的民族——回族和撒拉族。加上藏传佛教和伊斯兰教的传播，到洪武三年明朝兵克河州之时，当地民族成分的复杂程度更甚于以往。正如史书所载：西番"族种最多，自陕西历四川、云南西徼外皆是，其散处河、湟、洮、岷间者为中国患尤剧"⑤。在明代之前这些民族虽已先后进入封建社会，但其经济形态仍然处于封建领主制

---

① 《续文献通考》卷129《职官考十》。
② 《明史》卷316《贵州土司传》。
③ 谷应泰：《明史纪事本末》卷10《故元遗兵》。
④ 《明太祖实录》卷60，洪武四年春正月乙酉。
⑤ 《明史》卷330《西番诸卫》。

经济阶段。河州地区的经济属于农牧兼营。在牧业区，部落制是基础，牧民逐水草而居，但要听从部落首领的命令，随同首领作战。在农业区，则是以封建的土地所有制和农奴主对农奴的人身占有制为基础的封建农奴制度。农奴被束缚在土地上，没有人身自由，并要向农奴主缴纳赋税。这一经济形态恰恰与土司世袭统治相适应。明王朝曾在此设置州县，但"自设州之后，征发繁重，人日困敝，且番人恋世官，而流官又不乐居，遥寄治他所"。正如当时的总制边务太子太保、都察院左都御史王越所言："镇边疆者当率旧部，服夷狄者当用世族。"① 因此，对于明王朝来说，只是加以官职，就可统治河州；无须用兵，便可稳定边疆，继续推行土司制度，实属上策。明朝政府需要利用土司家族对西番巨大的影响力，"使率其部落以卫边塞"②，这是对当地实行直接统治所达不到的效果。而对于河州地区的番族而言，面对明朝的大军压境，自身显然是势单力薄，无力抵抗，不失时机地投靠明朝，一方面自己的政治特权可以继续维持，甚至还会加官晋爵，世世代代，永享富贵；另一方面，也可以得到番族必不可少的茶叶、布匹等，所以他们纷纷率部归附，请官授爵。

明王朝在河州敕封的土司较多，主要有两类：卫所土司和僧职土司。卫所土司即以卫所官职授予当地少数民族首领，将土司纳于军事卫所的体系之中，主要被授予指挥使，正三品；指挥同知，从三品；指挥佥事，正四品；还有千户、百户等职。据统计，河州卫主要有指挥同知1人，指挥佥事4人，正副千户11人。③

另一类是僧职土司。明王朝在河州地区推行僧纲制度。僧纲制度源于元朝，元朝统治者非常尊崇藏传佛教，以藏传佛教为手段，僧俗并用地治理藏区。明王朝也看到了藏传佛教领袖在河州地区的巨大影响力和号召力，在建立军事卫所，实行土流参治的同时，也采取了多封众建、尚用僧徒的政策。洪武二十六年（1393）三月，立河州卫汉番僧纲司，"河州卫汉僧纲司，以故元国师魏夫拉坚藏为都纲；河州卫番僧纲司，以僧月监藏为都纲。盖西番崇尚浮屠，故立之俾主其教，以绥远来人。复赐以符曰：自古帝王致治，无间远尔，设官以理庶务。稽诸典礼，复有僧官以掌其教

---

① 王越：《王威宁文集·处置夷情复国土以继封爵书》。
② 《续文献通考》卷129《职官考十》。
③ 王继光：《明代的河州卫》，《西北民族研究》1986年第1期。

者，非徒为僧荣也，欲其率修善道，阴助王化。非其诚，寡欲澹泊自守者，奚足以称斯职？今设僧纲司，授尔等以官，给尔符契，其体朕之心，广佛功德，化人为善"①。除总领河州藏传佛教事务的僧纲司之外，大的部族亦多有僧职土司。如康熙《河州志》卷2即载："珍珠族，世袭国师一，禅师一；弘化族，世袭国师，灵藏族，世袭禅师。"

僧职土司同样实行的是单一的家族世袭制，一般为父子相传或叔侄相传，形成家族承袭的政教合一的体制。如河州弘化寺于明正统七年（1442）奉敕建立，赐张星吉藏卜世袭都纲之职，总理该寺政教事务。其都纲一职，历代由张家长子继承。该家族占地2000余亩，分布在今青海民和县的马营、转导和甘肃永靖县的孔家寺一带，一直延续到解放前夕。② 据康熙《河州志》土司条记载："河州喇嘛最多，寺院最盛，族大之家，必有佛寺，寺中喇嘛，尽属鸿化、马营二寺管辖……河俗生有二子，必将一人披剃为喇嘛，其父置田产，一概均分，以自来纳粮之民产，与为僧之子带入寺内，名为香田，止供鸿化、马营二寺之差，而正供钱粮不纳分粒。"足见弘化寺在当地巨大的政治经济实力。僧职土司中还有一种僧官与土司结合的双重家族统治体系，即一个家族中既有人承袭世俗土司，又有人承袭僧职土司，所谓"兄为土司，弟为僧纲"，将世俗权力与宗教权力紧密结合，从而进一步巩固自身统治。最典型的就是河州珍珠族韩土司家族。

河州分封的土司众多，然而随着时代的推移，因战乱、坐罪、更调、免职等多种原因，大多失去承袭，数代即废。"清康熙四十一年（1702），尚有土司、国师、禅师十九家"③，但现在多已不可考，本书主要介绍河州珍珠族土指挥使韩氏、河州乩藏族土指挥佥事王氏、河州撒拉族土千户韩氏等。

一　河州珍珠族韩土司

河州韩土司家族系西番珍珠族土司，后打剌族也受其管束。珍珠、打剌二族皆为河州招番中马十九族之一。

---

① 《明太祖实录》卷226，洪武二十六年三月乙丑。
② 蒲文成主编：《甘肃藏传佛教寺院》，青海人民出版社1993年版，第33页。
③ 张维遗稿，张令瑄辑订：《甘肃、青海土司志》，载《甘肃民族研究》1983年第12期。

关于韩土司家族姓氏的由来,《循化志》作者龚景瀚曾探访韩土司家族第十三世祖韩成璋,"成璋云,番族称其主皆为汉(汗),转为平音则为韩"[①]。唐代时突厥、回纥等族称其首领为可汗,而吐蕃称其首领为赞普,所以此说有待进一步考证。

韩土司所辖番汉土民居址共一十八处,主要分布在今临夏回族自治州临夏市和临夏县等地,分别是珍珠沟、韩家集、失巴庄、绿水池庄、纳吉庄、撒庄、思巴两庄、南公庄、扎麻两庄、阿里观庄、铁哈隆庄、丹麻庄、普纲寺、永乐寺等。共种地一千三百五十二段,岁纳粮二十七石一斗四合。清乾隆年间共有番户七百三十八户,四千一百三十口,民庄院、寺院达十五处,土兵六十名。

河州韩土司家族是集政教权力于一身,实行政教合一的统治方式,即其家族内既有人承袭土司职务,又有人承袭僧官职务。河州普纲、永昌二寺都纲的始祖端月坚藏,系河州珍珠族僧人,洪武年间被授予都纲,其弟韩哈麻永乐年间被任命为河州卫镇抚,于是形成"兄为都纲,弟为土司"的双重家族统治体系。本书将韩氏家族世系分为僧职土司和俗职土司两个体系,现考证如下:

韩氏家族僧职土司世系:

一世祖:端月坚藏。本为川卜族番僧,明洪武六年(1373),率领所部番众归附明朝,并在河州阿撒川金佛寺讲经说法。洪武二十二年(1389),升为都纲执事。洪武二十四年(1391)即协助内官尔尼、御史朵尔只招抚番族,以茶易马。洪武二十五年(1392)金佛寺失火,化为灰烬。朱元璋特许其前往河州老鸦关自建佛寺一座,即普纲寺,后病故。

二世祖:领占巴,端月坚藏之侄。永乐六年(1408),奉敕赐领占巴经卷一藏、象牙图书一方,升其为喇嘛。永乐十四年(1416),领占巴亲自前往南京朝贡,朱棣赐号真修禅师,并赐圣旨一道,银印一颗,象牙图书一方。宣德二年(1427),皇帝又亲封其所在寺院为普纲寺。

三世祖:扎什巴,领占巴之侄。正统六年(1441)袭职禅师,再建佛寺一座,正统九年(1444),明廷赐额永昌。成化六年(1470)卒。

---

① 龚景瀚:《循化志》卷5《土司》。

四世祖：领占藏卜，扎什巴之弟，成化八年（1472）袭职。

五世祖：汪东班丹，领占藏卜之侄，成化二十二年（1486）袭职。

六世祖：南哈矢宁卜，汪东班丹之侄，嘉靖六年（1527）袭职。

七世祖：韩罗汉，南哈矢宁卜之侄，万历十八年（1590）青海蒙古火落赤部谋攻河州，韩罗汉导引明军，直抵敌穴，大获全胜。韩罗汉因功袭职，且免于进京朝拜。不久，思打令族勾结外番再掀战端，明廷令韩罗汉与其侄韩完卜招抚番族。并查勘敌情。万历二十四年（1596）韩罗汉引官兵从河州土门关深入敌境，直达古尔半昆都鲁，使敌番措手不及，明军再奏凯歌，韩罗汉与韩完卜还亲斩番酋首级一颗。韩罗汉因功升为国师。万历三十一年（1603）明廷给敕一道，铜印一颗。

八世祖：韩索南，韩罗汉之侄，袭职国师。

九世祖：韩班麻，韩索南之侄，袭职国师。

十世祖：韩官住加，韩班麻之侄，加袭禅师。

十一世祖：韩且令扎矢，韩官住加之弟，清康熙年间袭职国师。

十二世祖：韩巴麻索南，韩且令扎矢之侄，袭职国师，雍正五年（1727）诏回印敕，改为都纲。

十三世祖：韩峨坚旺坚参，韩巴麻索南之侄，袭职都纲。

十四世祖：韩理，韩峨坚旺坚参之侄，袭职都纲，道光六年（1826）卒。

以后世系无可考，至清光绪末年断袭。

韩氏家族俗职土司世系：

一世祖：韩哈麻。端月坚藏之弟，于洪武六年（1373）随兄归附明朝。因其招抚番族，以茶易马有功，明永乐年间授其珍珠族镇抚之职，[①]允其世袭罔替。

二世祖：韩礼，领占巴之兄，袭镇抚之职。

三世祖：韩巴麻加，扎什巴之三弟，袭镇抚之职。

四世祖：韩令真，汪东班丹之弟，袭镇抚之职。

五世祖：韩南堪巴，南哈矢宁卜之弟，袭镇抚之职。

六世祖：韩宗奔，韩罗汉之兄，袭镇抚之职。

---

① 龚景瀚：《循化志》卷5《土司》记载："赐韩哈麻安抚司之职"，明朝军事卫所中未有安抚司一职，应为镇抚司之误。

　　七世祖：韩完卜，韩索南之兄。明万历十八年（1590）火落赤入犯河州，韩完卜招抚番族，阿力等一百余族归降，纳马一千余匹。万历十九年（1591）韩完卜跟随固原总兵从莽剌川南山直捣青海蒙古火落赤部驻地，大获全胜，斩首一百二十余级。万历二十四年（（1596）三月又随临巩道副使由河州土门关至莽剌川，再袭火落赤和昆都鲁夕成之巢穴。斩首或生擒敌番一百三十余名，获得兵器一千余件，马牛羊等牲畜三万余头。韩完卜还亲斩敌酋首级一颗，其部下斩获首级二十余颗，明廷特命加升两级，授指挥金事之职。万历二十六年（1598）五月临巩道副使命韩完卜代理参营右哨千总。万历二十八年（1600）三月韩完卜又俘获川藏六部等降番两千一百余人以及账房、牲畜一千余头。万历三十年（1602）正月韩完卜领兵至昆都鲁，与敌大战，斩获敌首六十二级。九月火真等番族入犯明朝边境，韩完卜率部迎战，斩首二百一十三级。万历三十七年（1609）正月韩完卜领兵战于杓端城，再斩敌首六十余级。四月，韩完卜再升两级，任指挥使。七月被任命为河州卫印务。十二月调任宁夏石空寺堡守备。万历三十九年（1611）韩完卜因病，请求告老还乡，宁夏巡抚挽其留任，署理西路参将。万历四十年（1612）再次因病辞职，二月得还河州卫。

　　八世祖：韩千贯。完卜之子。清初河州战乱中将土司的印札信符遗失，世袭无凭，清廷特授其外委土司之职，总理河州十九族招中茶马事务。

　　九世祖：韩永嘉，千贯之子，袭外委土千户之职。

　　十世祖：韩世公，永嘉之子，初袭外委土千户之职，雍正元年（1723）八月，青海罗卜藏丹津反清，韩世公与其兄国师韩且令扎矢率领族民，把守老鸦关大山岭隘口，防范青海蒙古部落。乾隆六年（1741）特奉旨仍袭指挥使之职。乾隆十二年（1747）卒。

　　十一世祖：韩雯，世公之子，乾隆六年（1741）袭指挥使之职。

　　十二世祖：韩成璘，雯子。袭指挥使之职。乾隆二十六年（1761）河州爆发苏四十三起义，韩成璘跟随兰州知府杨士玑在防御撒拉族的起台堡战役中，不幸遇难，死后无子。

　　十三世祖：韩成璋，成璘之弟。乾隆二十七年（1762）袭指挥使之职，后因违例修建寺院被革职查办。乾隆四十九年（1784）川匪犯境，韩成璋带领部落防御景古城一带，有功被任以外委土司。乾隆五十年

（1785）卒。

十四世祖：韩玉凤，成璋之子，袭指挥使之职。咸丰元年（1851）卒。

十五世祖：韩璠，玉凤之子，袭指挥使之职，咸丰十一年（1861）卒。

十六世祖：韩廷佐，璠之子，咸丰十一年（1861）袭职。

十七世祖：韩钧，廷佐之子，袭指挥使之职。同治年间河州爆发回民起义，死于战乱。

十八世祖：韩廷俊，钧子，同治年间袭指挥使之职，曾立有军功。

十九世祖：韩海，廷俊子，袭指挥使之职。

清光绪末年停袭。

韩土司家族自明洪武年间受封都纲，在河州地区建立起土司统治，至清光绪末年停袭，历经明清两朝，共传承19代，雄踞西北达500多年，不仅是河州而且是整个西北地区著名的豪门大族。韩土司家族官至正三品的指挥使，其官阶甚至超过了河州著名的何土司家族，这在西北土司中是极为少见的，可见其深受皇恩，荣宠之至。其家族还集政权和教权于一身，无疑大大巩固和加强了其土司统治，这也是其历经数百年仍然能够长盛不衰、生生不息的重要原因。

二　河州乩藏族王土司

河州王土司家族系西番乩藏族土司，管理河州乩藏、红崖、端言、迭古、回回、仰化等六番族，拥有土兵二百名。

始祖：王且禄。明洪武三年（1370），邓愈兵克河州，王且禄招抚归诚，安置于河州银川里，并以且禄为抚番头目。

二世祖：王官卜矢加，且禄之子。洪武三十年（1397）[①]，明廷颁给乩藏族招番中马金牌一面，招中茶马。并令王官卜矢加把守乩藏、乌能、红崖三关及火烧岭隘口，总领乩藏、红崖、端言、迭古、回回、仰化六族招中茶马，死后无嗣。

三世祖：王赏卜，官卜矢加之弟，剿房有功，特授军卫总旗。

---

① 龚景瀚：《循化志》卷5《土司》记载："嘉靖三十年，（王官卜矢加）奉旨发金牌一面。"王官卜矢加是王且禄之子，所以此处应为洪武三十年所误。

四世祖：王桑吉，赏卜之子。通晓番语，奉命前往番境侦探敌情。蒙古火落赤部进犯边境，王桑吉随军出征，亲斩敌首三颗。

五世祖：王揣目，桑吉之子，多次前往番境，斩获敌首，因功升为河州卫世袭百户，再升河州卫正千户，又升起台堡守备。

六世祖：王国柱，揣目之子。崇祯元年（1628）袭百户之职，剿贼有功升指挥佥事。清顺治二年（1645）王国柱与其子王拱斗率领所属部落投诚于靖远大将军英王多铎麾下，被任命为河州副将，搜捕流贼有功。顺治五年（1648）回民米喇印、丁国栋在甘州、凉州发动反清起义，河州东乡人"闯塌天"响应反清，王国柱率领土兵守御边关四月有余，克尽职守，战功卓著，特加授游击。顺治七年（1650）故。

七世祖：王拱斗，国柱之子。顺治九年（1652）奉旨向清廷具呈历任土司所获军功，得袭指挥佥事，并颁给敕书一道，号纸一张。康熙十四年（1675），吴三桂叛乱，河州西部番族趁势而起，拱斗任保安堡守备，防御有功。清廷又征调拱斗之子吉臣，自备武器、战马，领土兵二百，随军出征，在收复临洮的战役中多次立功，特命其防守河州位于洮州和岷州交界处的景古堡，并敕封拱斗为明威将军。

八世祖：王吉臣，拱斗之子，守御景古堡三年，未能袭职。

九世祖：王镇海，吉臣之子，康熙二十八年（1689），授职河州卫世袭百户，领敕书一道，号纸一张。康熙三十六年（1697），噶尔丹叛乱，镇海奉命领兵防守边隘。雍正元年（1723），青海爆发罗卜藏丹津叛乱，镇海与子王统西领兵镇守关隘。乾隆元年（1736）故。

十世祖：王统西，镇海之子。乾隆四年（1739）袭百户之职，死后无嗣。

十一世祖：王车位，镇海弟。乾隆十五年（1750）袭百户之职，乾隆三十九年（1774）故。

十二世祖：王斌，车位之子，乾隆四十年（1775）袭职，赏五品顶戴。

以后世系由于史料缺乏，无可考。

三　河州撒拉族韩土司

明代前期撒拉族土司只有韩宝一系，属于长房，明嘉靖年间撒拉族次房之祖韩沙班协助长房管理"外姓五族"。外姓五族指由周边地区移入后融合于撒拉族的百姓，主要是马姓、沈姓、苏姓等撒拉族人，其中马姓十居其九。嘉靖三十二年（1553）明廷整饬"金牌信符制"，韩沙班领金牌一面，并受封世袭百户，但此时撒拉族的两位土司并非并驾齐驱，因为韩宝一系在正统元年（1436）已升任副千户，所以韩沙班一系仍为其所属。清康熙年间撒拉族两房土司韩炳、韩大用又被地方官委以"外委土司"，雍正年间，清廷在平定罗卜藏丹津叛乱之后，改变了明朝"招番中马"的羁縻政策，而是加强了对撒拉族的直接管理。川陕总督岳钟琪上奏雍正帝："撒喇回民，虽系土目韩炳、韩大用所辖，而系外委土司，职守轻微，回民奸悍者多不服。今请将韩炳、韩大用二人各给土千户号纸，令分辖回族，则不法回民既畏营员，又见韩炳等系奉旨设立之土职，自必共相警惕，将来编查户口、输纳粮钱等事，亦易办理。"① 雍正七年（1729）清廷正式封授韩炳、韩大用撒拉族世袭土千户之职。韩炳驻街子，管辖城西的街子、草滩坝、查加、苏只、别列五工和城东的清水工，称"上六工土司"②，主要管理撒拉"四房"。"四房"是撒拉族始祖尕勒莽的第一、第二、第三、第四儿子的后裔，属于撒拉族的"根子"——韩姓撒拉族人。韩大用驻崖曼，管辖城东的张尕、崖曼、孟达、西厂、打速古五工和城西的查汗大寺工，称"下六工土司"，主要管理"撒拉五族"，因其中马姓居多，也被称为"马土司"。乾隆四十六年（1781）循化爆发苏四十三起义，提出了"杀老教，灭土司"的口号，给予当时的土司以沉重打击。起义失败后，清政府对参加起义的人民实行残酷镇压，"逆党皆正法，妇女遣伊犁给兵丁为奴，男孩遣云南监毙"。在撒拉族十二工中，除查汗大寺、孟达、夕厂三工无新教教民外，其余九工凡新教九百七十六户，"皆剿尽无余"。经过这次屠杀，撒拉族人口锐减，原来的十二工，合并为八工。③ 光绪二十一年（1895）在河湟地区又爆发了一次回族、撒拉族的反清起义，史称"河湟事变"。这次起义使撒拉族土司势力再次遭到沉重打击，而河州马家军阀却日益壮大，如马占鳌之子马安良在这次起义中就占领了积石关内外的土地，撒拉族土司势力的存在日益成为马家军阀扩大

---

① 龚景瀚：《循化志》卷1《建制沿革》。
② "工"是 Kand（干）的对音，"干"是城镇之意。"工"相当于乡的行政区划，每工之下领若干村庄。
③ 龚景瀚：《循化志》卷8《回变》。

地盘的障碍。另外，韩土司并未起到为清王朝管束族民，维持当地稳定的作用，因此在这次事件之后，清政府革除了撒拉族土司制度、世袭哈尔制度和孕最制度，而大力推行乡约制，每工设乡约一名，三年一换，由官府委任，各村哈尔，改由各户轮流担任。这无疑既加强了清政府对撒拉族的直接管理，又推动了当地社会的进步。现将韩土司家族世系分列如下：

长房韩宝一系：

始祖：韩宝，原名神宝，元代撒剌尔世袭达鲁花赤。明洪武三年（1370）投诚于邓愈麾下。洪武六年（1373）受封河州卫撒剌尔世袭百户，不久征讨番族有功，再封昭信校尉、管军百户，赐世袭诰命一道。

二世祖：韩撒都剌，宝之子。洪武二十五年（1392）随军远征罕东卫等部番族。洪武二十六年（1393）明廷特赐招番中马金牌一面，纳马一百二十匹，调往云南建昌。洪武二十七年（1394）征番有功，再赐诰命一道，昭信校尉百户之职。第二年，又征洮州上答立等族，立下赫赫战功。

三世祖：韩贵，撒都剌之子。永乐二十二年（1424）袭百户之职。宣德十年（1435）调往凉州，跟随指挥使刘永与蒙古鞑靼部作战，追敌至黑山一带，大败阿鲁台、朵尔只伯等。正统元年（1436）因功升河州卫副千户，调往凉州巴沙等处，剿贼有功，赏狐帽一顶，胖袄一件。正统二年（1437）跟随总兵官赵安征伐扳井等处。

四世祖：韩琦，贵之子。正统十四年（1449）袭副千户之职，跟随总兵官王敬前往甘州，与鞑靼作战，立有军功。景泰六年（1455）又随总兵萧敬远征亦令真集，追鞑靼至可可脑儿。天顺元年（1457）再随总兵刘杰与蒙古大战，追敌至三十里铺，遇蒙古大将亭罗，战有功。

五世祖：韩恺，琦之弟。成化五年（1469）袭职，跟随抚宁侯朱勇出征延绥、庆阳等地，大败鞑靼。

六世祖：韩清，恺之子。弘治十一年（1498）袭职，调往甘州，防御边关。

七世祖：韩通，清之子。正德十一年（1516）袭职，并被任命为甘宁等处沿边把守。嘉靖四十四年（1565）故。

八世祖：韩勇，通之次子，依例当由韩通之长子韩仲福袭职，但其久病不愈，不能理政。于是其弟韩勇于万历十九年（1591）袭职，被委以龙沟堡中军，再任命为归德堡把总。万历三十二年（1604）故。

　　九世祖：韩增，仲福之弟。万历四十三年（1615）袭职，调往甘州，防御边关。

　　十世祖：韩进忠，增之子。天启三年（1623）袭职，被任命为何营千总，调往黑章、咂汉、南沔等县，剿贼有功。崇祯七年（1634）授风县守备之职，又调往岐山、宝鸡、麻岭关等地戍守。崇祯十年（1637）因功加授都司金书衔，管汉羌游击，后阵亡。

　　十一世祖：韩愈昌，进忠之子，孤弱不能立，未能袭职，暂理副千户事务。抚番有功。康熙十六年（1677）靖逆将军张勇委任愈昌随征都司之职。

　　十二世祖：韩炳，愈昌之子。未袭职。康熙四十四年（1705）西宁总兵殷泰委任韩炳守备之职。雍正元年（1723）大将军年羹尧又调韩炳征讨阿尔加囊索。雍正二年（1724）前往桌子山、黄羊川剿番有功。雍正六年（1728）十二月，韩炳以本族刁蛮强悍，请设官弹压。川陕总督岳钟琪上奏雍正，得以批准。雍正七年（1729）六月，兵部授韩炳保安堡撒拉族土千户之职。乾隆元年（1736）故。

　　十三世祖：韩文广，炳之子。乾隆三年（1738）袭职，乾隆十一年（1746）故。

　　十四世祖：韩旭，文广之子。乾隆十三年（1748）袭职，乾隆二十八年（1763）故。

　　十五世祖：韩昱，旭之弟，乾隆二十九年（1764）袭职，时年三十岁。乾隆四十六年（1781）苏四十三起义爆发，韩昱率领老教（虎夫耶）土兵前往兰州剿灭新教（哲赫忍耶）教民作战有功，奏明朝廷，特赐三品顶戴花翎。乾隆四十九年（1784）领土兵剿灭私贩盐茶的回族有功，加级一等。嘉庆二年（1797），韩昱及其子辉宗，韩光祖及其弟光泽率领土兵3200人到陕南兴安、汉阴等地随清军征战，韩光祖"阵殁行间"[①]。

　　十六世祖：韩辉宗，昱之子。

　　十七世祖：韩福，辉宗之子。

　　十八世祖：韩廷佐，福之子。

　　十九世祖：韩起忠，廷佐之子。

　　光绪二十二年（1896）停袭。

---

① 《清仁宗实录》卷22，嘉庆二年九月己巳。

次房韩沙班一系：

始祖：韩沙班，长房第八世祖韩勇之次子。嘉靖三十一年（1552）八月，协办茶马有功，明廷特赐其招番中马金牌一面，并授世袭百户之职。

二世祖：韩清谏，沙班之子。

三世祖：韩承恩，清谏之子。清初投诚，仍授世袭百户之职。

四世祖：韩大用，承恩之子。康熙四十四年（1705）西宁总兵殷泰委任大用为守备。雍正元年（1723）大将军年羹尧又调大用与其兄韩炳共同征讨阿尔加囊索。雍正二年（1724）前往桌子山、黄羊川一带剿番有功。雍正七年（1729）六月，韩大用同样因撒拉族"番性强悍，不服约束"，需设土司弹压，特授其保安堡撒拉族土千户之职。乾隆三年（1738）故。族人韩天禄上告朝廷，与大用之子韩振武争土司之职，乾隆五年（1740）审结此案，仍由韩振武袭职。

五世祖：韩振武，大用之子。乾隆九年（1744）袭职，乾隆十四年（1749）故。

六世祖：韩玉麟，振武之子。乾隆十五年（1750）袭职，乾隆二十八年（1763）故。

七世祖：韩光祖，玉麟之子，乾隆二十八年（1763）袭职，时年二十岁。乾隆四十六年（1781）三月，率领土兵前往兰州剿灭苏四十三起义有功，赏戴四品花翎。乾隆四十九年（1784）九月，查剿私贩盐茶的回族有功，仍加职衔一等。

八世祖：韩卿，光祖之子。

九世祖：韩忠魁，卿之子。

十世祖：韩源，忠魁之子。

十一世祖：韩膺禄，源之子。

光绪二十二年（1896）停袭。

河州循化除韩宝、韩沙班两系世袭土司之外，还有土都司——韩玉璘，为崖嵌工回民。由土外委把总、千总、守备递升至土都司。乾隆四十六年（1781）在苏四十三起义中，搜剿起义回民有功，大学士阿桂特赏土都司之职。不能世袭，无所管土民。

土守备：韩六十三，后改名韩福，为街子工回民。乾隆四十九年（1784）哲赫忍耶阿訇田五在固原、通渭一带起义，韩福在通渭石峰堡进剿起义军时立功，陕甘总督福康安特赏其土千总之职，后加封土守备。无世袭，无所管土民。

土千总四名：韩尼牙思。乾隆四十九年（1784）在镇压田五起义的石峰堡战争中立功，赏六品顶戴。韩光前、韩光成、韩有祥皆为乾隆四十九年委职。

土把总五名：韩光福、韩光禄、韩义龙、韩位、韩玉成，俱在镇压田五起义中立功而得职。

四　河州土司制度的历史作用

土司制度在河州地区的推行，有力地促进了西北地区政治的稳定，经济的发展和民族的融合。

（一）稳定边疆、巩固政权

边疆的稳定安宁直接关系到一个国家的长治久安和一个民族的团结繁荣。正如雍正帝所指出的，"边境一日不宁，内地之民一日不得休息"①。因俗而治、因地制宜，是历代王朝处理边疆问题的基本原则。明清统治者在西北地区大力推行土司制度，实行"修其教不易其俗，齐其政不易其宜"的方针，因而收到了各族"旷然更始而不惊，靡然向风而自化"的良好效果。② 总体而言，西北边疆是比较稳定的。这表明，明清统治者推行土司制度是比较成功的。正因为实行了土司制度，既安抚了包括河州在内的西北地区的少数民族僧俗势力，又体现了中央王朝对该地区的主权管辖。有明一代，"诸番恋贡市之利，且欲保世官，不敢为变"，使"西陲晏然，终明世，无番蔻之患"③。《殊域周咨录》卷十亦载："祖宗百年之间，甘肃西顾之忧无矣。"

（二）招抚诸番，守卫边塞

明代在河州地区敕封的土司皆为故元官吏或少数民族首领，所以他们在当地都具有很强的影响力和号召力。他们归附中央王朝，并受到册封，加官晋爵，荣宠之至，起到的是一种榜样作用和示范效应。只有归附的番族首领受到朝廷礼遇，才能真正体现中央王朝善待番族，怀柔远人的博大胸怀，其他部族也才会真心实意地纷纷投降，接受统治。如洪武三年

---

① 《清世宗实录》卷105，雍正九年四月庚子。

② 祁韵士：《皇朝蕃部要略·序》。

③ 《明史》卷331《朵甘乌思藏行都指挥使司》。

（1370），河州乩藏族土司王且禄降明后，朝廷即"以且禄为抚番头目"①。河州珍珠族韩土司始祖端月坚藏在洪武二十四年（1391）也被命"同内官尔尼、御史朵尔只赍敕抚番纳马"②。撒拉族土司韩宝于洪武三年（1370）归降于邓愈门下，"其所自言功绩，一云收集撒喇尔，一云撒喇地方抚番有功"③。可见中央王朝的招抚政策正是通过这些久居番地、熟悉番族的土司去执行的，许多少数民族首领也正是通过他们为媒介而归附中央王朝。

　　河州地处要冲，所以土司保塞尤其重要。邓愈攻克河州之后，即在河州沿白石山—太子山—小积石山脉，选择山巅、谷口、高阜，由东而西，由西而北，设置了数十座关隘，作为捍卫西陲重镇河州、抵御西南游牧民族"入侵"劫掠的屏障，这就是所谓的"明代河州二十四关"。它们依次是积石关、崔家峡关、樊家峡关、大峡关、五台关、红崖关、乩藏关、老鸦关、莫尼关、土门关、石嘴关、尕只巴关、川半岭关、槐树关、西儿关、乔家岔关、牙党关、沙麻关、思巴关、陡石关、大马家滩关、小马家滩关、麻山关、俺陇关等。雍正元年（1723），青海罗卜藏丹津叛乱，珍珠族土司韩"世公同国师韩且令扎矢领族民守隘，报知河营，领兵到关，日夜防范，于是始有老鸦关隘口之责"④。乩藏族王土司二世祖王官卜矢加同样被令"辖守乩藏、乌能、红崖三关，火烧岭一隘"⑤。因此，把守关隘是土司的重要职责。正如《岷州志》所云："土司之设，原为把守隘口，约束番人。"⑥ 实际上，河州土司将守边与护家紧密地结合在一起。河州既是国家的边陲重地，同时更是朝廷敕予土司的属地，是土司安身立命的家园，是土民世代居住的地方。在这里，家、国利益紧密地联系在一起。这正是土司忠肝义胆、誓死守卫的重要原因。正如《撒拉族档案史料》中所载："世受皇恩，遵守供职，谨遵纪法，弹压番回，化导该族，严加约束，番族回民纳粮供差，凛遵法纪，地方安静。"⑦

---

①　龚景瀚：《循化志》卷5《土司》。

②　同上。

③　龚景瀚：《循化志》卷4《族寨工屯》。

④　龚景瀚：《循化志》卷5《土司》。

⑤　同上。

⑥　岷州志编纂委员会：《岷州志校注》之《岷州志》第3卷《舆地下·藩属》，1995年。

⑦　青海民族学院民族研究所编印：《撒拉族档案史料》，1981年，第4页。

"自古兵马精劲，西戎之所长也。"① 西北土兵是明朝一支重要的军事力量。如明朝末年，西宁李土司"所辖仅万人"，东西祁土司所辖土民"十数万人"②。虽然河州土司军事实力远不及此，额设土兵仅"五十六名"，但西番乃马背上的民族，自幼学习骑射，如若战争需要，全民皆兵。所以河州土司多次参加中央王朝平定西北边疆的叛乱。何土司、珍珠族韩土司、乩藏族王土司、撒拉族韩土司等都曾多次听从征调，随军出征。例如，永乐十年（1412）凉州土酋老的罕叛乱，明廷派丰城侯李彬、西宁侯宋琥等前往征剿。何土司家族二世祖何铭随同出征，何铭勇猛异常，追虏至沙金城（今青海大通县境内），对敌而亡。又如，乾隆四十六年（1781）苏四十三起义爆发，撒拉族土司韩昱与其弟韩光祖率领土兵前往兰州，协助朝廷平定起义，并因功受赏。西北地区地域广阔，路途遥远，民族成分复杂，战乱频繁，仅仅靠从中原调兵或在当地屯兵是远远不够的。尤其是明代，北部防御蒙古的压力非常巨大，中期以后，满族兴起，倭患不断，明政府疲于应付，无力抽调大批军队在西北布防，所以明政府不得不倚重于西北土司，稳定西北统治。明嘉靖年间，担任都指挥使的庄浪土司鲁经，因病请休，朝廷不准。甘肃巡抚许凤翔上奏明世宗，"世将敢战，知名异域，今边患棘，不易听其去"。于是"帝乃谕留，且劳以银币"③。由此足见土司在西北边务中不可或缺的重要作用。

（三）招中茶马，促进河州地区民族贸易的兴盛

明代的河州地区畜牧业经济发达，当地亦农亦牧，农牧结合，马匹品种精良。正如史书所载，河州卫"出马特多，由土人、熟番、回回、生番俱以孳牧为业"④。永乐八年（1410）十一月，镇守河州卫陕西都指挥同知刘昭上奏："陆续收到河州卫各番族马七千七百一十四匹……已选配牝马千四百三十四匹，发陕西、甘肃二处苑马寺孳牧。今以马六千四百八十匹送北京。"⑤ 河州卫一次就向明廷输送几千匹战马，这在西北诸卫中也是绝无仅有的，所以向朝廷招中茶马就成为河州土司的重要职责。韩土司第八世祖韩千贯被朝廷委以"在河厅衙门总理一十九族

① 慕寿祺：《甘宁青史略》卷 17。
② 梁份：《秦边纪略》卷 1《西宁卫》，青海人民出版社 1987 年版。
③ 《明史》卷 174《鲁鉴传》。
④ 梁份：《秦边纪略》卷 1《河州卫》，青海人民出版社 1987 年版。
⑤ 《明太宗实录》卷 73，永乐八年十一月己丑。

招中茶马事务"①。乩藏族王土司，撒拉族两系韩土司都有招番中马金牌各一面。

然而，官营茶马贸易一经实施，以走私为形式的民间贸易也随之兴起，且难以禁止，愈演愈烈，对明政府的官营茶马贸易体制形成巨大冲击。史书记载"陕西官民所趋利者，莫过于茶"②。洪武十七年（1384），陕西都司在"巴山西乡，由子午谷入山，越秦岭之南"抓捕贩运私茶者"凡百四十人，并私茶运至京师"，太祖怜其"以衣食饥寒之故，免其死罪，发配充军"③，茶叶走私屡禁不止的原因主要在于：

其一，明廷推行贵茶贱马的政策。永乐八年（1410），河州卫易马7714匹中，执行的易马标准为："上马每匹六十斤；中马四十斤；下马递减之。"后由于"西番"的抵制，朝廷不得不提高易马中茶叶的数量。宣德十年（1435），茶叶数平均增至84斤，正德三年（1508）为87斤，万历时期上马易茶量更增加至100斤左右。由此可见茶马贸易中巨大的利润空间。

现以明代陕西地区的货币比价为例，试析茶马贸易中的不等价交换：当时朝廷若用银购马，每匹马需银十两，而川茶每百斤，在产地芽茶为银一两五钱，运往陕西还得加上各种加工、包装、运费等，其成本不过三四两。若以当时银本位的货币为标准，则每匹马至少应易茶200余斤。如此巨大的利润差额，必然刺激民间进行茶叶走私贸易。而且，这种极不合理的茶马比价，使藏族居民根本不愿意将马以低于十几倍的价格交给官府来换取茶叶，而更倾向于民间贸易。这常常使茶马司的库茶积存日久，甚至变质霉烂，也无人问津。

其二，明廷与藏族之间的茶马贸易，并不是在绵长的边境线上进行广泛的、大规模的交易，而只是集中于少数几个边镇城市，如河州、洮州等。也正是官方间的这种"弱商业联系"，诱使民间商业的"强商业联系"。藏族与汉族间商品交易的市场极其广阔，游牧经济与农耕经济之间需要互通有无，才能共同发展，但官方交易却非常有限，于是"番商与牙侩私市"，从山间密道穿行，逃避官兵哨卡的盘查，进行走私贸易。从

---

① 龚景瀚：《循化志》卷5《土司》。
② 《明宪宗实录》卷225，成化十八年三月乙亥。
③ 《明太祖实录》卷168，洪武十七年十一月乙酉。

另一方面来看，这种走私贸易也具有其合理性。

其三，茶运逐渐成为明政府的一项沉重负担。来自四川和陕西的易马之茶，要运抵西北的河州、洮州、西宁等地，路途遥远，其艰难程度可想而知。洪武时期，朝廷对百姓的控制极为严厉，尚能招夫运茶。永乐时，国家刚经战乱且又多事，人民疲惫，运茶困难便日益突出。明成祖在永乐十九年（1421）的"罪己诏"中，就把运茶作为罢废不及之物的内容之一。正统九年（1444）陕西都督同知郑铭奏："陕西起纤军夫运至各茶马司，用军夫二万一千七十余名。"① 一次运茶就调用如此之多的民力，可见茶运之艰。不得已，明廷只好采用了"茶引法"，即由国家印制一种称为引的运销凭据，凭据上载明数量，每"引"允许采购茶十篦，重一百斤。每"引"外给获茶十四斤，为商人脚费。商人凭"引"去茶叶产地采购，运回当地后，一半交给官府同少数民族易马，一半由商人出售盈利。其具体操作办法隆庆时陕西巡按御史褚铁有所表述："旧例召商中茶，上引五千斤，中引四千斤，下引三千斤，蒸晒一篦，运至茶司，官商对分，官茶易马，商茶给卖。每上引，仍给附茶一百篦，中引八十篦，下引六十篦，名曰'酬劳'，此外还量免差役，厚加犒赏。"② 虽然，明政府对商人销售茶叶的地域和数量都有严格的限制，然而在巨大经济利益的驱使下，商人在中茶的幌子下，恃文凭恣私贩，通番卖茶，私茶贩运愈演愈烈。

作为茶马贸易中心地区的河州，不管是官营茶马贸易，还是以走私形式出现的民间贸易，都极大地促进了当地商业经济的发展，贸易繁荣，商贾云集。清雍正三年（1725），川陕总督岳钟琪建议，青海蒙古二十九旗中居牧黄河以东之五旗"向来原在河州、松潘两处贸易"，"河州定于土门关附近之双城堡，松潘定于黄胜关之西河口，此二处地方俱有城堡房屋，地方宽阔，水草俱好，利于互市，可为永久"。此议得到清政府批准。③

河州南关市专门设有"客店八座，商贾居焉"④。此外，并设有专为

① 《明英宗实录》卷118，正统九年六月癸酉。
② 《明经世文编》卷386《诸司农文集》。
③ 《清世宗实录》卷31，雍正三年四月丙申。
④ 吴祯：《河州志》卷1《地理志》。

少数民族贸易建立的住所——番场。有"正厅七间，大门三间，二门三间，厢房一百二间"①，颇具规模。皮毛、畜产品、药材、粮食、生活用品等，都成了商人往来贸易的重要产品。其中大宗商品是牛、羊、马皮毛及骆驼毛等。不仅成交量巨大，而且品种繁多。较为珍贵的则为"貂鼠、白狼、艾叶豹、猞猁狲、毛狐、沙狐、鹿、麋"② 等。其次是药材，以鹿茸、麝香驰名中外。清时河州"麝香自蒙番猎取来售，经商人贩至各省销售……竟每两售银至二十两"③。植物药材约有 20 余种，以甘草、冬虫夏草、当归、大黄等为主。其中"惟大黄为一大宗"，"每年约出四五万斤至十余万斤不等"④。再次是粮食，"每年约市量五千余石，青稞每年约市量二千石，小黄米每年约市量百余石"⑤，足见当时贸易量之巨大。

正是由于民族贸易的繁荣，使得河州成为西北地区重要的贸易集散地，长途贩运必不可少，于是从这里走出了一支享有盛誉的河州脚户队伍。河州脚户多数是跑短脚，所谓"跑短脚"，就是在农闲时驮运一些面粉、红枣、大蒜、盐、碱、核桃、辣子、农具和刀子等到青海藏区的隆务镇、甘肃藏区的夏河拉卜楞一带贩卖，换回一些皮毛、酥油等畜产品，待资金积累到一定程度，生活富裕后，脚户们就吆喝着骡子进行长途贩运。他们贩运的路线向南到四川中坝、松潘，再远到西藏、印度加尔各答；向东到陕西西安、汉中、三原、泾阳、略阳；向北到塞上天府宁夏、黄河河套的呼和浩特等地，有的甚至远到天津；向西到青海循化、西宁、玉树等地，再向西则到了口外的新疆，而甘肃境内的兰州、洮州、岷州以及广袤的藏区则无处不留下他们的足迹。一个较大的贩运驮队一般都有自己的组织。分为三帮，每帮由五六只驮骡组成。三帮的头人分别称头帮、二帮和三帮。头帮在前带队，作用显赫。驮帮向前行进时，头帮要负责地形侦察、安全保护、传递信息、沿途还要做好标记等。整个驮帮的总统领，被称为掌柜的，是驮帮的实际所有者。他们既经营长途贩运，也从事来往贸易的行商。另外，还有"揽头"，他是从各驮帮的脚户中推举出来的赶骡

---

① 吴祯：《河州志》卷 2《官政志》。

② 梁份：《秦边纪略》卷 1《西宁卫》，青海人民出版社 1987 年版。

③ 杨冶平：《丹噶尔厅志》卷 5《商务出产类》。

④ 同上。

⑤ 同上。

能手，具体负责率领头帮骡子前进，并负责指挥整个骡队。

河州民族贸易的繁荣甚至辐射到周边地区，最典型的就是河州土门关南的拉卜楞寺。拉卜楞寺是和硕特蒙古河南亲王察罕丹津出资于康熙四十年（1701）建成的，是安多藏区最大的佛教寺院。拉卜楞寺东通内地，西接西康，南达四川，北邻青海，地处要冲。再加之，常年络绎不绝的朝拜者和频繁举行的各种庆典、法会，都为拉卜楞的商贸繁荣和经济发展创造了便利条件。清代时河州人已在拉卜楞设立商号，其中实力较为雄厚者如"同心盛"（经理马福林）、"同心马"（经理牟来福）、"义兴马"（经理马五子）、"世兴锡"（经理马乐天）、"德兴元"（经理马云清）、"公兴元"（经理马仁轩）、"天顺祥"（经理马曼巴）等。① 清代至民国，拉卜楞成为甘南地区最负盛名的民族贸易市场。

河州民族贸易的兴盛带动了当地及其周边地区经济的发展，为河州赢得了"旱码头"的美誉，成为河湟地区重要的商贸中心。通过贸易活动，河州各少数民族与内地汉族之间互通有无，改善了当地生产、生活及宗教文化的条件。同时，加强了民族联系，有利于民族团结，大大增进了河州土司对中央王朝的向心力和凝聚力。

（四）促进了民族融合

土司制度的推行促进了河州地区的民族融合。其中既有少数民族汉化，又有汉族融入少数民族之中，也有少数民族之间的融合。

通过推行土司制度，中央王朝大大加强了对河州地区的管辖，增进了边疆与内地的联系，使河州进一步融入中华民族的大家庭之中。清代时"内地番人颇染汉风，其俗务稼穑，习工作，事畜牧，高楼暖炕，皆与汉无异"②。雍正四年（1726），河州"各族俱纳粮当差，与汉民无异"③。就连当时的土司也向慕汉风，学习儒学。如西宁东伯府十四世土司李世泰，于乾隆四十一年（1776）袭职，自幼唯好中医，"其赋性仁慈，尤慕医学，年弱冠师事巨，口传手授，如有所悟，虽书方时有讹字，然服其药，功效立著。无论贫富，从不受谢。五十后辞职，居郡城纸房坡，就医

---

① 赵忠：《河湟随笔》，甘肃民族出版社1997年版，第79页。
② 张彦笃修，包永昌等纂：《洮州厅志》卷16《番俗》。
③ 龚景瀚：《循化志》卷4《族寨工屯》。

者接踵相接，毫不殚烦，其从心济世有如此者"①。

　　从内地迁往河州的汉族，生于斯，长于斯，也渐染夷风，如归德"保安四屯……屯兵之初，皆自内地拨往，非番人也。故今有曰吴屯者，其先盖江南人，余亦有河州人。历年既久，衣服、言语渐染夷风，其人自认为土人，而官亦目之番民也"②。

　　在河州各民族之间也是呈"大杂居、小聚居"的居住格局，不同民族交错居住在一起。如临夏珍珠族韩土司属下的他班的族中就有"土户六户，回民七户"；马圈岭族中有"回民八户"；扎麻族中有佃户"回民十三户"③。而撒拉族韩土司"所辖名撒拉回，语言与缠头同，然番民亦有附入撒拉者"④，这些都大大促进了各民族之间的交流、融合与团结。

---

① 杨应琚：《西宁府新志》卷7《人物》。
② 同上。
③ 龚景瀚：《循化志》卷4《族寨工屯》。
④ 张维：《甘肃通志稿》卷23《民族》。

第三章

何锁南及其家族世系

第一节 吐蕃等处宣慰使司略考

元代在安多藏区的管理相当复杂，体现出多重管理、政出多门的特点。但总体而言主要有两种途径：一是设置机构，二是封王镇戍。元代在安多藏区设置的机构可分为民政和军政两个系统。前者如河州总管府、脱思麻路总管府、嗬加巴总管府、铁州、洮州等，其官员多是朝廷派出的流官；后者如洮州元帅府、十八族元帅府、积石州元帅府等，其官员多是当地部族首领世袭的土官。也有军民兼管的机构，如脱思麻路军民元帅府、礼店文州蒙古汉儿西番军民万户府等。而吐蕃等处宣慰使司都元帅府则是元朝设在安多藏区的最高军政机构，军政兼理，管理包括今青海省大部、甘肃省南部及四川省阿坝一带的广大藏区。另外，元朝又对安多藏区实行封王镇戍。主要有两大王族系统：一是西平王系统；二是宁濮郡王系统。最晚在至元六年（1269）忽必烈封其第七子奥鲁赤为西平王，驻军汉藏交界处，开府"朵哥麻思地之算多木城"（今青海互助县松木多乡）。[①]至元九年（1262）正月，"敕皇子西平王奥鲁赤、阿鲁帖木儿、秃哥及南平王秃鲁所部与四川行省也速带儿部下，并忙古带等十八族、欲速公弄等土番军，同征建都"[②]。至元十二年（1265）三月，"仍敕安西王忙兀剌、诸王只必帖木儿、驸马长吉，分遣所部蒙古军从西平王奥鲁赤征吐蕃"[③]。从此，西平王系一直负责吐蕃的军事。奥鲁赤死后，幼子八的麻的加袭父

---

① 达仓宗巴·班觉桑布著，陈庆英译：《汉藏史集》，西藏人民出版社1986年版，第266页。

② 《元史》卷7《世祖纪四》。

③ 《元史》卷8《世祖纪五》。

职封西平王，八的麻的加之子贡哥班于顺帝至元三年（1337）封西平王。
奥鲁赤的另一个儿子铁木儿不花又于大德元年（1297）封镇西武靖王。
铁木儿不花有两子，搠思班袭父职为镇西武靖王，老的于顺帝至元五年
（1339）封云南王。搠思班曾多次率兵平定吐蕃叛乱，至治三年（1323
年）三月丁未，"西番参卜郎诸族叛，敕镇西武靖王搠思班等发兵讨
之"①。至顺元年（1330）六月丙申，"发朵甘思、朵思麻及巩昌诸处军万
三千人，人乘马三匹，彻里铁木儿同镇西武靖王搠思班等由四川、教化从
豫王阿剌忒纳失里等由八番，分道进军"②。搠思班之子党兀班被西番所
杀，卜纳剌袭父职成为最后一任镇西武靖王。洪武三年（1370），邓愈兵
克河州，卜纳剌请降。洪武四年（1371）正月，"置武靖、岐山、高昌三
卫指挥使司，以卜纳剌为武靖卫指挥同知"③。虽然元代吐蕃地区由宣政
院管辖，但直接镇守吐蕃的西平王系统实际上成为吐蕃地区的最高统治
者，这从帝师八思巴与西平王奥鲁赤之间的密切关系就可见一斑。至元十
一年（1274）九月，八思巴为西平王奥鲁赤写了《十万般若颂》。至元十
二年（1275）又写诗为奥鲁赤祝贺阳火鼠年新年。至元十三年（1276）
九月，八思巴又给奥鲁赤之子铁木儿不花写了《授王子铁木儿不花教
诫——月亮之光》，等等。

　　另一王族系统是宁濮郡王——岐王系统。该王族镇守西宁州，管辖范
围大体在湟水和庄浪河一带。《元史》卷六十《地理志三》载："西宁
州……元初为章吉驸马封地。至元二十三年（1286）立西宁州等处拘榷课
程所。二十四年（1287）封章吉为宁濮郡王，以镇其地。"宁濮郡王在该地
的食邑达到四千户。《史集》第一卷第二分册第373页记载："阿剌赤那颜
的儿子弘吉剌惕部人失窟驸马千户（章吉驸马的先祖）。失窟娶成吉思汗的
女儿秃马仑暗敦。成吉思汗从弘吉剌惕部拨出这四个千户赐给他，派到吐
蕃地方去。他们还全部在那里。在那里任箭筒士长的巴牙兀带，曾来过此
邦。由于这支军队自古以来就是他的产业，故由他亲自指挥千夫长。"

　　章吉，出自与孛儿只斤氏世代联姻的蒙古弘吉剌部。《元史》卷109
《诸公主表》中记载了章吉驸马的世系传承：

---

① 《元史》卷28《英宗纪二》。
② 《元史》卷34《文宗纪三》。
③ 《明太祖实录》卷60，洪武四年春正月己丑。

秃满伦公主，适赤窟驸马。瓮吉八忽公主，适赤窟孙怀都驸马。
采真公主适都弟爱不哥驸马。郓国大长公主忙哥台，适爱不哥子宁濮
郡王昌吉。大长公主桑哥不刺，适爱不哥子岐王脱脱木儿。

大德十一年（1307），章吉之弟脱脱木儿受封濮阳王。延祐四年
（1317）晋封岐王，镇守庄浪河一带。脱脱木儿之后，还有锁南管卜、阿
剌乞巴、朵儿只班三人先后承袭岐王之位，史籍中对其均有记载：

《元史》卷一〇八《诸王表》载："琐南管卜，泰定四年（1327）封
（岐王）。"

> 《元史》卷四二《顺帝纪》载：至正九年（1349）闰七月，"命
> 岐王阿剌乞巴镇西番"。十二年（1352）秋七月，"庚寅，以杀获西
> 番首贼功，赐岐王阿剌乞巴钞一千锭"。
> 《明太祖实录》卷五五，洪武三年（1370）八月，明军攻克兰
> 州，"故元高昌王和尚、岐王桑哥朵儿只班以其所部来降"。
> 《明太祖实录》卷七六，洪武五年（1372）九月，"故元右丞朵
> 儿失结会河州卫指挥徐景等领兵至西宁息利思沟闪古儿之地，攻破故
> 元代岐王朵儿只班营，朵儿只班遁去，获岐王金印一，司徒银印一及
> 其士马还"。

元代对安多藏区重要官吏的任命也是多途径的，归纳起来，主要有三
个方面：一是由宣政院或帝师推荐当地藏族僧俗头目，由朝廷授予金牌、
银牌或宣敕，这类官员主要有宣慰使、都元帅、元帅、招讨、安抚、达鲁
花赤、万户等；二是镇戍吐蕃地区的蒙古军，主要是世袭的万户、千户、
元帅等，由皇帝或亲王直接任命袭职；三是由朝廷任命的地方长官。

综上所述，元代对安多藏区的管理，在上层建置上体现出行省化、统
一性的一面，但在基层建置上则以族而设，俾以世袭，显示出羁縻性、地
方性、民族性的一面。但部落化的管理是其基本特征，元朝并不打破当地
的部落组织，管理者与被管理者同样以部落形态出现。作为安多藏区最高
行政长官的吐蕃等处宣慰使司都元帅，既是朝廷命官，也是部族首领，拥
有自己的所属部落。其下属的元帅、万户、千户等，大多是当地的僧俗头
目，世代承袭。同样，镇守诸王所属部落也会随同迁往亲王受封之地。他

们一方面是诸王的直接部属，另一方面又是诸王武装力量的中坚，是诸王赖以统治封地的支柱。可见，在安多藏区这一地理封闭、部落林立、民族成分复杂的特定环境下，蒙古统治者推行以部落制为基础的千百户制度，也是因俗而治、因地制宜的体现。明代在甘青藏区实行的土流参治模式，实际上在元代已经初见端倪。

以下对吐蕃等处宣慰使司都元帅府作重点考述：

一　机构性质

吐蕃等处宣慰使司都元帅府是一个军政合一的机构，军民兼理，"宣慰司掌军民之务，分道以总郡县。行省有政令则布于下，郡县有请则达于省。有边陲军旅之事，则兼都元帅府"[①]。所以吐蕃等处宣慰使司都元帅府既是安多藏区的最高军事机构，又是最高一级行政单位。《元史》卷九一《百官志七》宣慰使司条下载吐蕃宣慰使司所属主要军事机构有：

（1）李店文州元帅府；（2）帖城河里洋脱元帅府；（3）朵甘思元帅府；（4）（当）[常]阳元帅府；（5）岷州元帅府；（6）积石州元帅府；（7）洮州路元帅府；（8）脱思麻路元帅府；（9）十八族元帅府。

《元史》卷六○《地理志三》陕西行省吐蕃等处宣慰使司都元帅府条下载其所属行政机构主要有：

河州路，下。领县三：定羌，下。宁河，下。安乡，下。

雅州，下。领县五：名山，下。泸山，下。百丈，下。荣经，下。严道，下。

黎州，下。领县一：汉源，下。

洮州，下。领县一：可当，下。

贵德州，下。

茂州，下。领县二：汶山，下。汶川，下。

脱思麻路。

---

① 《元史》卷91《百官志七》。

岷州，下。

铁州，下。

碉门鱼通黎雅长河西宁［远］等处宣抚司。

礼店文州蒙古汉儿军民元帅府。

吐蕃等处宣慰使司的下设机构相当庞杂，其管辖对象也很复杂，有的是州，有的是县，还有的被称为族。《元史》卷六十《地理志三》云："朵甘思、乌思藏、积石州之类尚多，载籍疏略，莫能详录也。"可见该机构之复杂已经令明初纂修《元史》者都难以考证清楚。

二　领导机构

（一）宣政院直接领导

吐蕃等处宣慰使司都元帅府在中央直接受宣政院管理。至元二十五年（1288），丞相桑哥"以总制院所统西番诸宣慰司军民财谷，事体甚重，宜有以崇异之，奏改为宣政院，秩从一品，用三台银印"①。忽必烈接受了桑哥的建议将整个藏区的军政统归宣政院管理，这使得宣政院的地位与中书省、枢密院并驾齐驱。吐蕃等处宣慰使司都元帅府的各级军政长官一般由宣政院"自为选。其为选，则军民通摄，僧俗并用"②。万户以上的僧俗官员，要由帝师直接推荐，皇帝任命。万户府以下官职，一般由当地僧俗首领世袭，宣慰使以下的官员镇西武靖王也有推举的资格。如遇重大突发性事件，宣政院有权设立临时性权力机构——行宣政院并派员担任院使前往处置。如元顺帝至元三年（1337）五月，"西番贼起，杀镇西王子党兀班。立行宣政院，以也先帖木儿为院使，往讨之"③。至正十四年（1354）正月，"以答儿麻监藏遥授陕西行省平章政事，实授行宣政院使，整治西番人民"④。但是，如遇大征伐，宣政院须同枢密院商议。"遇吐蕃有事，则为分院往镇，亦别有印。如大征伐，则会枢府议。"⑤

---

① 《元史》卷 205《桑哥传》。
② 《元史》卷 87《百官志三》。
③ 《元史》卷 39《顺帝纪二》。
④ 《元史》卷 43《顺帝纪六》。
⑤ 《元史》卷 87《百官志三》。

（二）陕西行省监管

《元史》卷八七《百官志三》载"吐蕃等处宣慰司都元帅府，秩从二品。宣慰使五员，经历二员，都事二员，照磨一员，捕盗官二员，儒学教授一员，镇抚二员"。而陕西行省长官，秩从一品，所以吐蕃等处宣慰使司都元帅府并要受所在陕西行省的监管。延祐二年（1315），"中书省咨兵部，议得西僧泛滥，宜从都府札付，宣政院行下土蕃宣慰司都元帅府移咨陕西行省，令临洮府等处脱脱禾孙钦依累降诏书，分拣禁约，毋致泛滥"①。正是由于吐蕃等处宣慰使司还要受陕西行省的监管，所以宣政院在行文吐蕃等处宣慰使司时，还要移文陕西行省，共同处理西僧泛滥的问题。《元史》卷十二《世祖纪九》载：至元二十年（1283）秋七月，"丁酉，命按察司照刷吐蕃宣慰司文卷"。可见吐蕃宣慰使司都元帅府还要受陕西行御史台按察司的监察。在军事方面，陕西行省同样有权协助吐蕃等处宣慰使司都元帅府平叛，史籍中就记载了陕西行省特别是其下属的巩昌都总帅府多次派兵协助平叛：

成宗大德元年（1297）三月甲戌，"西番寇阶州，陕西行省平章脱列伯以兵进讨，其党悉平，留军五百人戍之"。②

武宗至大四年（1311）闰七月乙酉，"吐蕃寇礼店、文州，命总帅亦怜真等讨之"③。

仁宗延祐七年（1320）九月壬辰，"土番利族、阿娥等五种寇成谷，遣巩昌总帅以兵讨之"④。

泰定二年（1325）闰正月乙卯，"阶州吐蕃为寇，巩昌总帅府调兵御之"⑤。

三　吐蕃等处宣慰使司的始设年代及治所

河州初为巩昌便宜总帅府管辖，至元六年（1269），"以河州属吐蕃

---

① 姚广孝等：《永乐大典》卷19425。
② 《元史》卷19《成宗纪二》。
③ 《元史》卷24《仁宗纪一》。
④ 《元史》卷27《英宗纪一》。
⑤ 《元史》卷29《泰定帝一》。

宣慰司都元帅府"①。由此推断，吐蕃等处宣慰使司都元帅府的设置应不晚于至正六年。自此，河州也成为吐蕃等处宣慰使司都元帅府的治地所在，终元一世，未有改变。《元史》卷六三《地理志六·河源附录》载，黄河"至贵德州，地名必赤里，始有州治官府。州隶吐蕃等处宣慰司，司治河州"。《明史》卷三三〇《西番诸卫》也记载元代"于河州设吐番宣慰司，以洮、岷、黎、雅诸州隶之，统治番众"。不仅如此，镇守西番之镇西武靖王的斡尔朵同样在河州，斡尔朵是蒙古语，乃"王帐"之意。《红史》记载第四世噶玛巴乳必多杰于猪年（1359）被迎请到河州后，"达玛靖王把他请到索雅的斡尔朵住了两天，以靖王官却贝为首的王族前来皈依，他为行院的官员们举行了灌顶……在河州住了八天，住在王子官却贝在山腰修建的寺院附近扎下的帐篷中"②。这里提到的"靖王"即指以镇西武靖王为首的王族。嘉靖《河州志》卷二《典礼志》亦载，至大三年（1310）武靖王卜纳剌在河州城内建造城隍庙。河州在元代始终是安多藏区的政治中心。

关于吐蕃等处宣慰使司都元帅府的历任最高长官，胡小鹏③以及张云④都有详细研究，史籍可考的历任宣慰使有叶仙鼐、都实、史侍、辇真术纳思、沙的、亦怜真、钦察台、着吉思巴、醮八儿监藏、赵世荣、阿□□速氏菊定□公、何锁南等。

第二节　何锁南及其家族世系

一　何锁南其人考

何锁南，原名锁南普，投降明朝后，朱元璋赐姓何，是元代最后一任吐蕃等处宣慰使司都元帅，但关于何锁南担任此职以前的事迹，史料中未见详细而明确的记载。本书根据《元史》及地方志等史籍，考述如下：

明嘉靖年间吴桢的《河州志》卷二《人物志·国朝武功》中有如下一段文字：

---

①　《元史》卷60《地理志三》。

②　陈庆英、周润年译：《红史》，西藏人民出版社1988年版，第100页。

③　胡小鹏：《元代西北历史与民族研究》，甘肃文化出版社1999年版，第114—118页。

④　张云：《元代吐蕃等处宣慰司史地考证》，《西北民族研究》1997年第2期。

何锁南，亦名锁南普，本州右丞里人。好习弓马。元末，任吐蕃
等处宣慰司宣慰使。洪武三年，卫国公邓愈大兵至境，锁南
普率众归
附。太祖嘉其诚，钦授河州卫指挥同知，赐姓何氏。弟汪家奴，授河
州卫指挥佥事。次子何敏授锦衣卫指挥佥事。

何锁南不可能因"好习弓马"即由一介布衣一跃成为官居从二品的
宣慰使。可见他此前的生平事迹《河州志》未能记录，但《元史》中的
几则文字引起了笔者的注意：

　　《元史·顺帝二》：至元二年（1336）秋七月，"以定住、锁南参
议中书省事"。
　　《元史·顺帝四》：至正六年（1346）三月，"山东盗起，诏中书
参知政事锁南班至东平镇遏"。至正七年（1347）十二月，"以中书
参知政事锁南班为中书右丞，道童为中书参知政事"。
　　《元史·顺帝六》：至正十三年（1353）夏四月，"以甘肃行省平
章政事锁南班为永昌宣慰使，总永昌军马，仍给平章政事俸。先是，
永昌愚鲁罢等为乱，锁南班讨平之，至是复起，故有是命"。至正十
四年（1354）十二月，"以中书平章政事定住为左丞相，宣政院使哈
麻、永昌宣慰使锁南班并为中书平章政事，进阶光禄大夫"。

根据以上史料，我们可以看到，锁南班于至元二年（1336）入值中
书省，参议政事，至正六年（1346）调往山东东平，整肃匪乱，第二年
即升迁为中书右丞，后调往西北，任永昌宣慰使、甘肃行省平章政事，率
兵平定永昌愚鲁罢等叛乱，因功于至正十四年（1354）升中书平章政事，
进阶光禄大夫。此后《元史》中未有关于锁南班的记载。而恰在此时，
即至正末年，何锁南成为元朝最后一任吐蕃等处宣慰使司都元帅。那么这
两人是不是同一人呢？
锁南在藏语中有"福气"之意，由于藏传佛教的传播，广大藏族、
蒙古族都有起这个名字的习惯，所以叫"锁南"的人不在少数，仅河湟
地区的历史上，就有西宁卫指挥使叫祁锁南，西宁卫指挥同知叫阿锁南坚
赞的，等等。但是笔者认为，锁南班就是何锁南，其原因如下：
其一，明朝开国不久即在全国推行里甲制度，洪武十四年（1381），

朱元璋诏"以一百一十户为里,一里之中,推丁粮多者十人为长,余百户为十里,甲凡十人。岁役里长一人,甲首十人,管摄一里之事,城中曰坊,近城曰厢,乡都曰里。凡十年一周,先后则各以丁数多寡为次,每里编为一册,册之首总为一图,其里鳏、寡、孤、独,不任役者,则带管于一百一十户之外,而列于圈后,名曰畸零"①。河州最初共设四十五里,"嘉靖丙戌,知州张宗儒因人丁消乏,奏攒三十一里"。何锁南正是河州右丞里人,"右丞里,在州东三里"②,今临夏市东川折桥乡。何锁南的家乡为何被称作"右丞里"?这应与《元史》中记载锁南班曾于元至正七年(1347)任中书省右丞有关。家乡的百姓为了纪念表彰当地所出的显贵名人,而以其姓名或所任官职作为该村或该里甲的名称,这在历史上并不少见。正因为何锁南曾任中书省右丞一职,所以明初在推行里甲制度时为表彰其功勋,即以何锁南曾任官职来命名他所在之里,故何锁南的家乡被称作右丞里。可见,锁南班与何锁南是同一人。

其二,《元史》卷一一二《宰相年表二》记载,锁南班于元至正十四年(1354)到至正十五年(1355)担任中书省平章政事,但自至正十六年(1356)直至元朝灭亡,在中书省的宰相年表中再未见到锁南班的名字,而且《元史》中也未有其被参劾、降职或罢免的记载。因此,锁南班很有可能是被平级调往地方任职。乾隆《循化志》卷五《土司》记载:"何氏,河州右丞里人,始祖何锁南元授荣禄大夫,陕西等处行中书省平章政事,世袭吐蕃等处宣慰使司都元帅。"元代中书省与行中书省平章政事同级,皆为从一品,光禄大夫和荣禄大夫也同属从一品的文散官,③ 笔者疑《循化志》此处应为光禄大夫所误。由此可见,锁南班就是何锁南,并于至正十六年(1356)后由中书省平章政事调任陕西行省平章政事、吐蕃等处宣慰使司都元帅之职。另据胡小鹏先生的考证,何锁南是在至正末年成为元廷最后一任吐蕃等处宣慰使司都元帅④,这也与前之考证相符。

其三,《元史》中所载锁南班曾任永昌宣慰司宣慰使,其"地方接连西番,自脱脱木儿既没之后,无人承嗣,达达人口头匹,时被西番劫掠杀

---

① 《明太祖实录》卷135,洪武十四年正月丙辰。
② 吴桢:《河州志》卷1《地理志》。
③ 《元史》卷91《百官志七》。
④ 胡小鹏:《元代西北历史与民族研究》,甘肃文化出版社1995年版,第117页。

伤，深为未便"①，锁南班就曾平定过西番愚鲁罢等叛乱。正因为如此，至正十三年（1353）锁南班以甘肃行省平章政事复为永昌宣慰使，可见其在治理西北边务上，尤其是对西番的管理上卓有建树，且得到了中央王朝的认可。于是在至正末年将曾长期在西北任职，并熟谙西番事务的锁南班调回西北，担任管理甘青藏区番族的吐蕃等处宣慰使司都元帅，乃顺理成章之事。

倘若以上考证不谬，锁南班与何锁南当为同一人，元顺帝至元末年，锁南普由中书省平章政事，调任陕西等处行中书省平章政事，世袭吐蕃等处宣慰使都元帅，但此时的元朝已是日薄西山，各地起义风起云涌。洪武元年（1368），朱元璋推翻元朝统治，在应天府称皇帝，元顺帝败退漠北。洪武二年（1369），明廷在平定陕西之后，即派故元陕西行省员外郎许允德前往河州，招谕吐蕃各部归附明朝，宣布"其各族酋长，举故有官职来京师，授官赐印，俾因俗以为治"②。但锁南普等吐蕃首领并不积极，持观望态度。洪武三年（1370）正月，朱元璋以徐达为征虏大将军，李文忠、冯胜、邓愈、汤和副之，分道北征。四月，徐达大破扩廓帖木儿于沈儿峪，尽降其众，扩廓帖木儿败走和林，这一战役的胜利对明朝统一西北起到了决定性的作用。五月，徐达分遣邓愈招谕吐蕃。不久邓愈兵克河州，锁南普顺应形势，招抚归诚。同年十二月，锁南普前往南京向明太祖朱元璋进贡方物马匹，"帝喜，嘉其诚，赐袭衣"③。洪武四年（1371）正月，明政府决定设立河州卫，授锁南普河州卫指挥同知，并赐姓何，准其世袭罔替。其弟汪家奴授河州卫指挥佥事，次子何敏授锦衣卫指挥佥事，颁赐篆龙金简。关于何锁南亲带家小，再次前往南京，受到朱元璋嘉奖之事，史籍中的记载略有不同。嘉靖《河州志》卷二《人物志·国朝武功》载："（洪武）五年，命中书劳西域指挥何锁南，敕曰：'君子守信，以义从仁。所以仁者盛，义者兴，此理道之行者也。今西番指挥何锁南，自附以来，信义甚坚，前岁命往乌思，宣布朕意，远涉万里，不殚劳苦，至乌斯，所言朕命如敕，今年以家小来京，命加礼待，使足养其亲，下程米三十石，麦如之。其镇抚刘温，官职虽微，心亦怀诚，眷属亦至，

---

① 《元史》卷92《百官志八》。

② 《明西北归化人世系表》，甘肃图书馆藏，抄本。

③ 《明史》卷330《西番诸卫》。

下程米一十石，麦亦如之。'"①《明史》卷三三〇《西番诸卫》载："（洪武十二年）秋，何锁南普及镇抚刘温各携家属来朝。谕中书省臣曰：'何锁南普自归附以来，信义甚坚。前遣使乌斯藏，远涉万里，及归，所言皆称朕意。今以家属来朝，宜加礼待。乃赐米、麦各三十石，刘温三分之一。'"《明太祖实录》卷一二五，洪武十二年七月戊申亦载此事，"洪武十二年，河州卫指挥同知何锁南普、镇抚刘温各携其家属来朝。谕中书省臣曰：'君子贵守信而行义。今何锁南普自归附以来，信义甚坚，前遣使乌思藏宣布朕命，远涉万里，不惮勤劳。及归，所言皆称朕意。今与刘温各以家属来朝，宜加礼待，其赐何锁南普米、麦各三十石，刘温米十石，麦如之。'"《实录》与《明史》均记载何锁南第二次朝见朱元璋的时间为洪武十二年（1379），应该可信。洪武十五年（1382），锁南故，朱元璋亲遣行人贾勉谕祭于锁南之灵曰："惟尔世居西土，慕义而归。朕知尔诚，俾任军职。边陲辑睦，予惟汝嘉。何期婴疾，遽然长逝。讣音来闻，深用磋悼，已教有司，优给尔后。仍以牲酸致祭，尔其享之。"②

何锁南的一生可谓是戎马倥偬、功勋卓著的一生。他连侍元、明两朝，都能深受统治者的信赖，位极人臣，荣宠之至。他能征善战、勇略过人，多次率军平定叛乱，立下赫赫战功，但同时又非一介武夫，对于瞬息万变的时局，他洞若观火，识时务，重大局，使得河州百姓免于浩劫。何锁南居于河州二十余年，忠于朝廷，勤于政事，安抚西北边陲各族，维护了当地的稳定，人民得以休养生息。居边数年，烽火不惊。百姓爱戴，边人怀之，正如明太祖亲赐何锁南的谕祭文所言："边陲辑睦，予惟汝嘉。"

二　何锁南的家族世系

何土司家族自始祖锁南普于洪武四年（1371）世袭河州指挥同知，至民国二十一年（1932）最后一任土司何晋被去职，经明清两朝，历时561年，传承19代，是河州地区著名的豪门大族，对整个西北地区的政治、经济和文化都产生了深远影响。何土司家族原管向化一族，地域广阔，包括循化厅南番二十一族，即甘家寨、火尔藏寨、上南喇寨、黑错

---

① 吴桢：《河州志》卷 2《人物志》。
② 吴桢：《河州志》卷 3《文籍志上》。

寨、下哈家寨、下则盖寨、咱又寨、多尔替寨、常刚寨、木垛寨、其暗寨、希利宁巴寨、那力工寨、思计寨、员户洞寨、章哇寨、波合拭寨、果芒寨、波拉寨、哈恰寨（下辖群课寨和高达寨）、上哈家寨。清时统计，共4214户，这二十一寨后归拉卜楞寺管辖。

现将何土司家族世袭传承情况简述如下：

始祖：何锁南。

弟：汪家奴。嘉靖《河州志》卷二《人物志》载："汪家奴，授河州卫指挥金事。"《明太祖实录》卷六〇，洪武四年正月辛卯亦载，"以何锁南普为河州卫指挥同知，朵儿知、汪家奴为金事"。而龚景翰《循化志》卷五《土司》却载："汪家奴授岷州卫世袭指挥金事。"河州卫于洪武四年（1371）建卫，而岷州当时还只是河州卫下辖一千户所，直到洪武十一年（1378）才建立岷州卫。且在《岷州志校注》所载岷州卫指挥金事中未见汪家奴及其子孙姓名，当是《循化志》记载有误。

明初朱元璋对西北地区采取的是威德兼施，剿抚并举，但以抚为主的方针政策，因此，只要故元宗王官吏能率众来朝，"当换给印信，还其旧职，仍居所部之地，民复旧业，羊马孳畜，从便牧养"①。汪家奴受封河州卫指挥金事，不可能只是因为他是何锁南的弟弟，他在元代肯定也担任一定的官职。《明史》卷三三〇《西番诸卫》载："（洪武）四年正月设河州卫，命（何锁南）为指挥同知，予世袭。知院朵儿只、汪家奴并为指挥金事。设千户所八，百户所七，皆命其酉长为之。"《明太祖实录》卷六七亦载，洪武四年（1371）八月，"故元宗王子巴都麻失里、沙加失里、院使汪家奴等来降，贡马二十匹，及献铠甲器仗。上命中书赐巴都麻失里、沙加失里、汪家奴及知院锁南辇真金绣衣人一袭，文绮七匹，平章孙让等四人金绣衣一袭、文绮五匹，宣政副使海寿和尚马儿等三十人，文绮人三匹及衣靴，金事也失里等十人文绮人二匹，僚从一百三人悉给绵布及绵战袄"②。从以上史料可以看出，汪家奴曾担任宣政院知院或院使一职。在元代顺帝朝还有一人名汪家奴，且官至宰相。

《元史》卷三九《顺帝二》：至元二年（1336）三月戊申，"以汪家奴为宣政院使，加金紫光禄大夫"。

---

① 《明太祖实录》卷53，洪武三年六月戊午。
② 《明太祖实录》卷67，洪武四年八月癸卯。

《元史》卷四十《顺帝三》：至元六年（1340）二月乙亥，"（以）御史大夫脱脱为知枢密院事，汪家奴为中书平章政事，岭北行省平章政事也先帖木尔为御史大夫。"

《元史》卷四三《顺帝六》：至正十四年（1354）二月丙申，"章三上，诏令也先帖木尔出都门听旨，以宣徽使汪家奴为御史大夫。"

《元史》卷四四《顺帝七》：至正十五年（1355）二月，"戊辰，命太傅、御史大夫汪家奴为中书右丞相，中书平章政事定住为左丞相，诏告天下"。

"三月甲午，命汪家奴摄太尉，持节授皇太子爱猷识理达腊玉册，赐以冕服九族，祗谒太庙。辛丑，改窜脱脱于云南镇西路，籍其家。是月，中书右丞相汪家奴罢。"

《元史》卷一一一《三公表》中记载，至正十四年（1354）汪家奴受封太傅，第二年即晋封为太师，并一直担任至至正二十三年（1363）。这位官至太师、右丞相的汪家奴是不是就是何锁南的弟弟，还有待发掘新的史料，做进一步的考证。

二世祖：何铭，字德新，何锁南长子。洪武三十年（1397）袭河州卫指挥同知，并加授镇国将军、洮阳节度使。建文四年（1402）因功迁陕西都指挥同知。关于何铭前往乌斯藏，设立驿站，迎回大宝法王之事，史籍中的记载略有不同。嘉靖《河州志》卷二《人物志》载："永乐四年（1406），命往乌思藏摆立站驰，至今道路赖以通焉。"龚景翰《循化志》卷五《土司》亦载："永乐四年（1406），命往乌斯藏迎大宝法王。"然《明实录》中明确记载：永乐五年（1407）三月，"敕都指挥同知刘昭、何铭等往昔凡、朵甘、乌思藏等处设立站赤，抚安军民"①。永乐七年（1409），何铭等人完成使命从乌思藏返回，明成祖还对其进行嘉奖，"赐钞币、衣服有差"②。《明实录》的可信度应该更高。永乐十年（1412）凉州土酋老的罕叛乱，何铭出征甘肃，何铭勇猛异常，追虏至沙金城（今青海大通县境内），对敌而亡。《明史》卷一五四《李彬传》亦载此事，"（永乐）十年，命甘肃与西宁侯宋琥经略降酋。（李）彬与柳升严兵境上，而令土官李英防野马川。凉州酋老的罕叛，都指挥何铭战死，

① 《明成祖实录》卷48，永乐五年三月辛未。
② 《明成祖实录》卷61，永乐七年二月辛巳。

（李）英追摄，尽俘其众。老的罕走赤斤蒙古。帝欲发兵，（李）彬言道远饷难继，宜图缓之。明年代琥镇甘肃，赤斤蒙古缚老的罕以献。帝嘉彬功，赐赉甚厚"。为了表彰何铭之功勋，永乐帝亲遣行人程远谕祭于都指挥同知何铭之灵曰："尔等本皆善战头目，一时不能中机合节，以致尔等失陷，须于战争。讣音来闻，良深悯悼。虽然，死生者人之常理，尔等尽忠国家，殁于王事，传名青史，虽死何憾。今特遣人祭以牲酸，尔其有知，服斯谕祭。"①

　　何敏：何锁南次子。宣德二年（1427）五月，"升行在鸿护寺承何敏为行在锦衣卫指挥佥事"，当时四川松潘蛮夷叛乱，因"敏习番语，始由通事进，至是命与都指挥佥事蒋贵往同松潘卫指挥吴玮招抚番寇"②。何敏充分利用了自己精通番语的优势，采用抚化向导的方式，妥善处理了松潘蛮族的叛乱。宣德四年（1429）三月，因敏平叛有功，特"赐行在锦衣卫指挥佥事何敏等四人钞，以招抚松潘番蛮还也"③。同年，何敏上奏分析了松潘等处番蛮叛乱的原因，并针对原因提出了治理该地的意见："四川松潘等处关堡接连生熟西番、布罗、韩胡等类番蛮。洪武中置官严备，番蛮不敢为非。近来卫所官旗多纵家属在堡居住，与番人往来交易，及募通晓汉语番人代其守堡，而己则潜往四川什邡、汉州诸处贩鬻，经年不回，致番蛮窥伺，乘虚作耗，烧毁官堡，劫虏人财。今虽降附，亦宜榜谕诸处贩鬻者各还营堡，仍依宁夏官军更替备御，庶番蛮畏服，边卫宁妥。"④此建议虽未被明宣宗采用，但足见何敏杰出的政治谋略和军事才能。何敏后致仕，返回河州。正统十年（1445），何敏卒，英宗念其抚番之功，遣礼部主事林璧赐祭锦衣卫致仕指挥佥事何敏曰："尔以克通译语，累使外夷。历迁要职，复补外任。方遂退休，速尔云忘。爱念旧劳，特遣赐祭，其欲承之。"⑤

　　三世祖：何忠，铭之子，永乐十年（1412）袭指挥同知。

　　四世祖：何英，忠之子，初袭指挥同知，调遣防守，时有军功。正统六年（1441），迁都指挥佥事，镇守洮州。

　　①　吴桢：《河州志》卷3《文籍志上》。

　　②　《明宣宗实录》卷28，宣德二年五月丙午。

　　③　《明宣宗实录》卷52，宣德四年三月丁未。

　　④　《明宣宗实录》卷59，宣德四年十月辛巳。

　　⑤　吴桢：《河州志》卷3《文籍志上》。

五世祖：何端，英之子，袭指挥同知，曾领兵守备甘（今甘肃张掖）、凉（今甘肃武威）一带。

六世祖：何勋，字朝用，端之子，袭指挥同知。正德九年（1514），领兵征西宁，作战勇猛，斩番首十五。嘉靖五年（1526），又征洮州（今甘肃临潭县），守碾伯（今青海乐都县），斩虏首五。嘉靖九年（1530），再戍甘州，众敌临境，同百户孙福，先锋对敌而亡。

七世祖：何巩，勋之子，袭指挥同知，无嗣。

八世祖：何珽，巩之弟，袭指挥同知。

九世祖：何樟，珽之子，袭指挥同知，曾领兵在甘、凉一带防御，屡有战功。

十世祖，何永吉，樟之子，于天启四年（1624）袭职。清顺治二年（1645），永吉率子何扬威及原属四十八户部落归附清廷，随同河州副将平定河州乱贼，缴获马骡、兵器等物。

十一世祖：何扬威，永吉之子。顺治五年（1648）三月，驻守甘州的回族降清将领米喇印、丁国栋，为反对清政府民族压迫政策，率领甘肃地区回民举行起义。杀死甘肃巡抚张文衡等，连克凉、兰等州，西宁、河州也趁势起义，扬威同国师韩官住率领部众，在老鸦关（今甘肃临夏县麻尼寺沟乡唐尕村）一带迎击，有功，请给号纸，世袭原职。康熙十三年（1674）九月，准予袭授指挥同知之职。康熙十八年（1679）六月故。

十二世祖：何承袭，扬威之子，于康熙二十一年（1682）袭职，康熙四十一年（1702）六月故。

十三世祖：何福慧，承袭之子，年幼，清政府规定土司承袭年龄至少为15岁，故由其妻祁氏代管土务。康熙五十九年（1720）三月，祁氏故，福慧暂管土务。雍正元年（1723），青海罗卜藏丹津叛乱，岳钟琪派福慧与官军在老鸦关小南岔防御，有功。乾隆四年（1739）七月仍授世职，乾隆三十六年（1771）故。

十四世祖：何武，福慧之子。何武与其子何大臣在老鸦、南岔等关隘守御49年。乾隆四十八年（1783），爆发了田五领导的撒拉族反清起义，在石峰堡战役中，何武与何大臣作战勇猛，防御有功。嘉庆四年（1799），白莲教起义军由川入甘，何武患病，令子何大臣在南界景古城、瞎哥滩防堵。次年，何武卒。

十五世祖：何大臣，武之子，嘉庆六年（1801）袭职，道光元年

（1821）故。

十六世祖：何华，大臣之子，道光年间袭职，咸丰二年（1852）卒。

十七世祖：何其清，华之子，咸丰年间袭职。同治二年（1863）卒。

十八世祖，何柄，其清之子，在城防及收抚洮州等战役中立功，并俘获贼首李法正，于光绪四年（1878）承袭祖职，赏花翎五品衔。

十九世祖，何晋，柄之子，光绪末年袭职。民国二十一年（1932），国民政府废除土司制度，遂罢职，成为当地一普通乡绅。何晋不学无术，又吸食鸦片家庭势力走向衰落。何晋共有三子：何凤清、何凤祺、何凤勋。1947 年，何凤勋将土司公馆（现为临夏回族自治州武警支队，位于临夏市民主东路）以 5 万块大洋卖与马步青，马步青只付了 2 万大洋后即派兵占领土司公馆，何晋气愤而终，享年 59 岁。后其子在临夏市凤林路购买新宅居住，1955 年为家庭生活所迫，何凤祺与何凤勋迁往临夏和政县两关集村务农，现已过世。①

三 何土司家族长期统治的原因

何土司自洪武四年（1371）世袭河州卫指挥同知，至民国二十一年（1932）罢职，历时 561 年，经明清两朝，传承 19 代，直至今天在甘肃临夏、青海贵德等地仍然生活着何土司家族的后裔。何土司家族存在时间之长，影响力之大，势力之强对于中国的汉族家族来说是很难望其项背的，但在中国西北的历史舞台上，这样的少数民族家族并不少见，如西宁的李土司家族、庄浪的鲁土司家族、临洮的赵土司家族、卓尼的杨土司家族等。以何土司家族为代表的西北少数民族家族为何能够长期雄踞于西北，历经百年沧桑，仍然生生不息，笔者认为有以下几点原因不容忽视：

（一）中央政府政策的连续性和一致性

中国自建立第一个统一的多民族王朝秦朝开始，对西北少数民族就采取了羁縻统治的政策，直到元、明、清时期实行的土司制度，实际上也是对羁縻政策的继承和发展。

秦朝伊始即推行羁縻政策，对少数民族进行管束，但重在笼络，使之不生异心。如"秦惠王并巴中，以巴氏为蛮夷君长，世尚秦女，其民爵

---

① 访谈何土司的直系后裔——何晋的孙女何明，整理所得。

比不更，有罪得以爵除"①。两汉时期则逐渐建立起一整套统治少数民族的羁縻政策。在西北地区任命其首领为王、侯，统治本族人民。如汉景帝时，匈奴王徐卢等五人前来归附，景帝封他们为千户侯，②并设立属国都尉、护羌校尉和西域都护等，管理西北地区。唐代时，羁縻政策走向成熟、繁荣，"自太宗平突厥，西北诸蕃及蛮夷稍稍内属，即其部落列置州县，其大者为都督府，以其首领为都督、刺史，皆得世袭。虽贡赋版籍，多不上户部，然声教所暨，皆边州都督、都护所领，著于令式"③。元、明、清时期在西、南地区广设土司，统摄番族，"然其道在于羁縻"④。因此，羁縻政策是中国历代王朝统治少数民族的基本政策，并呈现出连续性、稳定性的特点。

羁縻政策的持续实行与历代最高统治者管理少数民族的思想有关，他们清醒地认识到，武力征伐只能确保少数民族地区的暂时安定，只有"怀柔远人"才是边疆地区长治久安的根本途径。明代统治者更是明确反对"穷兵黩武以事夷狄"⑤，主张"怀之以恩，待之以礼"⑥。明成祖朱棣曾致书鞑靼可汗鬼力赤，就体现了其怀柔思想，信中言道："今天下大定，薄海内外，皆来朝见，可汗能遣使往来通好，同为一家，使边城万里烽堠无警，彼此熙然，共享太平之福，岂不美哉！"⑦乾隆帝也曾说："天朝之于外藩，恭顺则爱育之，鸱张则剿灭之。"⑧由此可见，怀柔思想是中央政权治理边疆少数民族的基本思想，当然其中也不乏武力征讨，但这毕竟只是支流，最终目的还是要使少数民族诚心归附，维护边疆稳定。正是在这一思想的指导下，羁縻政策才得以长久实行。

当然，羁縻政策的实行也是限于各少数民族内部政治、经济、文化等方面的特殊性，朝廷任命的汉族地方官员很难对其进行直接统治，于是利用当地土著贵族，并封其官爵，使其按旧俗管理属民，从而把民族地区纳

---

① 《后汉书》卷86《南蛮西南夷》。
② 《史记》卷57《绛侯周勃世家》。
③ 《新唐书》卷43下《地理七下》。
④ 《明史》卷310《土司》。
⑤ 《明太宗实录》卷24，永乐元年冬十月戊辰。
⑥ 《明太宗实录》卷68，永乐五年六月癸卯。
⑦ 《明太宗实录》卷17，永乐元年二月乙未。
⑧ 《清高宗实录》卷1023，乾隆四十一年十二月乙卯。

入中央王朝的统治范围之内。正如唐高祖所说："画野分疆，山川限其内外，遐荒绝域，刑政殊于华夏。是以昔王御世，怀柔远人，义在羁縻，无取臣属。"① 如果以军事为后盾，对少数民族地区强制实行直接统治，在当时的历史条件下也必然是劳民伤财，事倍功半。唐太宗就曾指出："自古以来穷兵极武，未有不亡者也。""汉武伐匈奴，隋炀征辽左，人贫国败，实由此之由。"②

综上所述，正是由于羁縻政策是历代中央王朝统治少数民族的基本思想，虽然各个朝代政策的侧重点不同，但都较完整地保留了少数民族地区原有的政治形态、经济类型和文化传统，这是以何土司家族为代表的西北少数民族世家大族能够长久统治的制度保障。

（二）西北地区少数民族恋旧主、重血统

我国西北地区民族众多，部落林立，"族种分散，大者数千家，小者百十家，无复统一矣"③。而各部落首领世代相袭、世积威约、各自雄长，形成了一股强大的政治势力。于是"西番种类皆尊大族，重故主"④。只有拥有尊贵的家族血统，才能号令诸族。其中最典型的一个事例就是北宋时期唃厮啰政权的兴起。《宋史·吐蕃传》云：

> 唃厮啰者，绪出赞普之后，本名欺南陵温钱逋。钱逋犹赞普也，羌语讹为钱逋。生高昌磨榆国，既十二岁，河州羌何郎业贤客高昌，见厮啰貌奇伟，挈以归，置鄽心城，而大姓耸昌厮均又以厮啰居移公城，欲于河州立文法。河州人谓佛"唃"，谓儿子"厮啰"，自此名唃厮啰。

吐蕃政权瓦解后，整个藏区处于群龙无首、混乱割据的时期。在河湟及其周边地区逐渐形成了几个势力较大的集团，如甘州回鹘、凉州六谷蕃部、宗哥族、宗哥的李立遵部与邈川的温逋奇部，等等。唃厮啰于宋大中祥符元年（1008）被带到河湟地区，当时还只是12岁的孩童，

---

① 王钦若等：《册府元龟》卷170《帝王部·来远》。
② 吴兢：《贞观政要》卷9《征伐》。
③ 《宋史》卷492《吐蕃传》。
④ 赵汝愚：《宋名臣奏议》卷141《边防门》。

却先被势力雄厚的李立遵迎至宗哥城，立为王。后又被温逋奇迁于邈川，再立为王。当时的李立遵部、温逋奇部，皆势力雄厚，"族帐甚盛，胜兵六七万"，"甚至可聚众数十万"①，他们为何要拥立一个素不相识、不谙世事的孩童为王，就是因为吐蕃之俗，最重贵种，而唃厮啰绪出吐蕃赞普后裔，"言是佛种，由是吐蕃咸皆信服之"②。唃厮啰在宋明道元年（1032）终于摆脱了受制于人的政治困境，迁居青唐，聚众数十万，并逐步统一了河湟地区，建立了唃厮啰政权，其势力范围包括一江四河，即白龙江流域的下选一带和黄河流域、洮河流域、大夏河流域及湟水流域的广大藏区。可见，高贵的血统在少数民族心目中具有不可替代的地位。正因为如此，统治阶级清醒地认识到，"镇边疆者当率旧部，服夷狄者当用世族"③。中央政府需要利用西北世家大族尊贵的血统及其影响，"使率其部落以卫边塞"④，这是对当地实行直接统治所做不到的。

何土司家族出身高贵，很有可能就是唃厮啰家族的后裔，拥有赞普血统，所以广受藏族群众的拥戴，正是藏族"恋旧主、重血统"的习俗成为何土司家族虽然在逐步衰落却仍然能够维持统治的深层次原因。

（三）何土司家族能够把握时局，顺应历史发展的潮流

何土司家族在改朝换代的关键时刻总能审时度势，把握时局，避免了"一朝天子一朝臣"的宿命。明洪武二年（1369），故元陕西行省员外郎许允德前往河州招降何锁南，但何锁南并未急于归顺明朝。洪武三年（1370），就在明朝举行规模空前的第二次北伐之时，全国局势发生了重大变化。同年 4 月 28 日，元顺帝妥懽帖睦尔突然病逝于应昌（故址在今内蒙古克什克腾旗西北达里诺尔西）。同月，徐达在沈儿峪（今定西市安定区城关镇西北 10 公里）大败王保保，王保保仓皇逃往和林，蒙古在西北的军事力量基本肃清。五月，邓愈率大军出临洮，兵临河州城下，虽然何锁南仍然拥有一定的军事实力，在藏区具有很强的号召力，况且河州又有一定的地理优势，但此时的元朝已是大势所去，在这样的情势下，何锁

---

① 马端临：《文献通考》卷 335《四裔考十二·吐蕃》。
② 彭百川：《太平治迹统类》卷 16《神宗开熙河》。
③ 王越：《王威宁文集·处置夷情复国土以继封爵书》。
④ 《续文献通考》卷 129《职官考十》。

南若仍然负隅顽抗只能是不识时务、自我毁灭，而投降明朝才是顺应历史发展潮流的明智之举。正由于如此，何锁南在恰当的时机投降明朝，不仅无过，反而得到朝廷嘉赏，官封河州卫世袭指挥同知，开创了何土司家族的百年基业。

同样，在明亡清兴之时，何土司家族的势力虽已不可与明初同日而语，但仍然能够把握时局，及时归顺。顺治二年（1645），清军在镇压了陕西农民起义之后，陕甘总督孟乔芳令土司祁廷谏、李天俞招抚西北各土司归附，何永吉"率子扬威领原管四十八部落归附"①。

在历史转折的关键时刻，何土司家族能够看清形势，在恰当的时机归顺中央王朝，不仅使自己免遭玉石俱焚之患，而且保存了家族实力，得到新王朝的倚重和赏识，使得家族世袭罔替，永沐皇恩。

（四）何土司家族逐渐形成了独具特色的家族文化，对于该家族的凝聚和延续起到了至关重要的作用

家族文化是一个家族的灵魂，是一个家族"软实力"的体现。作为家族政治精英的何土司通过不遗余力地推动家族文化的形成，维系和整合整个家族力量。

家族文化可以说是基于一个家族的、具有血缘、地缘联系的文化现象，它包括一个家族的价值规范、行为方式、宗教信仰、家风家训等，实际上，家族成员日常生活场景的很大部分都是在家族文化活动之中展开，处处体现着家族文化的烙印。但作为少数民族的何土司家族，其家族文化与普通汉族家族相比又有哪些鲜明的特色呢？

其一，何土司家族以亲属血缘关系为纽带，将家族成员紧紧地结合在一起，但它又不同于普通的家族，何土司不仅是一族之长，而且是具有品秩、可世代相袭的朝廷命官，这无疑增强了何土司的绝对权威，并为其家族打上了浓厚的封建等级的烙印。何土司通过这种封建特权，将家族成员进一步束缚在家族内部。

其二，何土司家族成员共同生活在固定的土司封地上，不得随意迁徙，中央政府明确规定土司所管之部落，"凡越过分定疆界，另处追牧者，千户等罚犏牛五十条，百户等罚犏牛四十条，管束部落等百长罚犏牛三十条，小百长等罚犏牛十条；如系平人，有人知觉，即将其人并家产、

---

① 龚景翰：《循化志》卷5《土司》。

牲畜全部给所见之人"①。于是在土司家族内部形成了一个固定的交际圈，并世代相袭，他们缴纳赋税、诉讼纠纷皆在家族内部进行，最终裁决权也完全掌握在土司手中。这样一个与普通汉族家族相比更为封闭的环境，为何土司家族文化的构建提供了良好的地缘基础。

其三，在何土司家族文化构建的过程中，儒家思想的嵌入起到了主导作用，不仅引领着何土司家族文化的进程，而且逐渐在其家族文化中占据绝对优势。

河湟地区在明以前是藏族聚居区，何土司家族也以藏文化为主，但自明之后，何土司家族积极学习儒家文化，并逐渐由游牧文明向农耕文明转变，这就使得其家族文化具有浓厚的汉藏文化交融的特色，既保留了一些藏族文化传统，又越来越类似于汉族的世家大族。如何土司既保留了对藏传佛教的信仰，同时又每年定期举行大规模的祖先祭祀活动，等等，尤其是在何土司家族的家神由"家族祖先"向"家族护法神"嬗变的过程中表现尤为突出。关于此问题，本书将在以后的章节中做详细论述。

其四，何土司家族文化中具有忠勇报国、武功传家的良好家风。

何土司世代担任河州卫指挥同知，并多次被调往甘、凉、洮、岷等军事重镇戍守，英勇杀敌，战功赫赫。明代时，有何铭随军平定老的罕叛乱，"尽忠国家，殁于王事，传名青史，虽死何憾"②。何英屡立战功，"升授都指挥佥事"，何勋"嘉靖五年征洮州斩虏有功，统兵守碾伯等处，继征甘州阵亡"③。清代时，在平定罗卜藏丹津的叛乱中，在撒拉族起义的防守中，何土司尽职尽责，战功卓著。何土司家族忠勇报国、武功传家的良好家风世代相传，威震西北。

总之，家族认同是某一家族的成员对本家族的血缘角色、所在地域及在家族活动中所产生的感情和意识上的归属感，即是对本家族的喜爱、依恋等心理感觉。何土司家族借助家谱、家庙和各种家族活动仪式等所特有的社会化功能，把家族文化内化为家族成员心理的一部分，从而维持了家族的等级秩序，获得了家族成员对家族的认同感和归属感，通过这种认同感和归属感而将家族成员紧紧地团结在家族周围，实现的是一种文化的整

---

① 张济民：《青海藏区部落习惯法资料集》，青海人民出版社 1993 年版，第 285—286 页。
② 吴桢：《河州志》卷 3《文籍志上》。
③ 龚景瀚：《循化志》卷 5《土司》。

合。而在家族文化中所倡导的"忠、孝、礼、和"等思想，有利于血缘关系的持久和强化，推动了何土司家族的维系和延续。

（五）何土司家族能够长期统治也是由其特殊的历史地位决定的

笔者将在下一节重点论述。

第三节　何土司家族的历史地位

明太祖对于何锁南归附后尽心尽力效忠朝廷、维护边疆稳定、安定地方秩序等所做出的努力给予了高度评价，并对其后世子孙做了细致周到的安排。何锁南及其家族作为在西北地区具有重要影响的少数民族家族，在西北的历史舞台上发挥着举足轻重的作用。

第一，何锁南率先归附明朝，对于朱元璋收复整个吐蕃地区起到了示范性的榜样作用。

何锁南是元代设在吐蕃地区的三大机构之一——吐蕃等处宣慰使司都元帅府的最高长官，他不仅是整个安多藏区的政治首脑，而且是最高军事统帅，其崇高的政治地位和巨大的影响力，不可小觑。另外，作为安多藏区政治中心的河州，地处汉藏交界处，"其地东连陇右，西控吐蕃"[1]，乃西番之重镇，其战略地位异常重要，是明朝攻取整个吐蕃地区的第一站。明太祖即言："洮、河，西番门户。"[2] 因此，何锁南对于明朝的态度不仅关系到整个吐蕃地区的战局，甚至会直接影响到新生的明政权能否站稳脚跟，统一全国。元朝虽已退居漠北，但实力仍很强大，实际上与明朝形成南北对峙的局面，朱元璋并未取得最后胜利。蒙古虽然在节节败退，但一次较大的战役就能使明军"伤生数万"[3]，如果朱元璋处处用兵，也只会使明军捉襟见肘，疲于应付。所以吐蕃能否和平统一，就显得至关重要。

元亡明兴后，河湟一带的番族仍力图反击，负隅顽抗。洪武二年（1369）七月，"西番达达寇临洮，会宁指挥杨广击走之"[4]；九月，"吐

---

① 张维：《陇右金石录》卷6。

② 《明太祖实录》卷122，洪武十二年二月丙寅。

③ 《明太祖实录》卷253，洪武三十年五月壬子。

④ 《明太祖实录》卷43，洪武二年七月丁未。

蕃寇临洮，屯于洮河原，指挥韦正率兵御之"①。可见虽然元朝此时已经灭亡，但深受蒙古优待的吐蕃仍然忠于旧主。然而，自洪武三年（1370）邓愈兵克河州，何锁南归附明朝之后，时局却发生了根本性的转变，"由是番酋日至"②，西北各族首领"或以元时旧职投诚，或率所部归命"③，于是"河州以西，朵甘、乌斯藏等部皆来归，征哨极甘肃西北数千里始还"④。朱元璋再未用一兵一卒，即收到了统一整个吐蕃地区的良好效果，不久又设立了朵甘、乌思藏两卫所，管理藏区。由此可见，何锁南的率先归附，至关重要，起到了带头示范作用。正是鉴于何锁南在西番中的巨大影响力及对明王朝的重要贡献，朱元璋对其恩宠有加，初设河州卫，即以何锁南为指挥同知，秩从三品，这是朱元璋在初次敕封的土司中，品秩最高的。元末镇守安多藏区的镇西武靖王卜纳剌降明后亦只封为武靖卫指挥同知。何锁南之弟汪家奴、次子何敏都得以封官授爵，这在明朝敕封的土司中，是不多见的。另外，何敏被调往南京，担任锦衣卫指挥佥事，显然是作为质子留于京都，防止何锁南叛乱和倒戈，这从反面更加证明了何锁南对于明朝的重要性。

何锁南顺应形势，率部归降，也使吐蕃地区各族人民免受一场战争浩劫，得以休养生息，有利于当地经济文化的恢复和发展。正如史书所载："何锁南居边数年，烽燧不警，边人怀之。"⑤

第二，何锁南归附明朝，任职河州卫，对于明朝边疆的稳定、民族关系的和谐起到了不可替代的作用。

元朝实行的是民族等级制度，蒙古贵族不仅以全国最高统治者的地位享有历代统治集团所享有的封建特权，而且以统治民族的身份，在政治、经济上又享有优于其他民族的特权。元亡明兴，不仅是朝代的更迭，更是统治民族的变化。如何处理好错综复杂的民族关系，推行何种民族政策，同样是摆在明代统治者面前亟须解决的问题。

明代并未继续推行民族歧视和压迫政策，而是强调"华裔本一家"。朱元璋在遣使诏谕元代宗室部落时，曾言道："朕既为天下主，华夷无

① 《明太祖实录》卷45，洪武二年九月乙卯。
② 《明史》卷330《西番诸卫》。
③ 杨应琚：《西宁府新志》卷24《土司》。
④ 谷应泰：《明史纪事本末》卷10《故元遗兵》。
⑤ 安维峻：《甘肃全省新通志》卷64《人物志》。

间，姓氏虽异，抚字如一。"明初在用人上基本能够做到"不分等类，验才委任"①，并吸纳了大量少数民族上层担任官员，为其效力。为此洮州卫镇抚陈恭上奏明成祖曰："侍卫防禁宜严，外夷异类之人，不宜置左右。玄宗几丧唐室，徽、钦几绝宋祚。夷狄之患，可谓明鉴。"朱棣在阅后言道："所言禁卫宜严，甚是。但天之生才何地无之，为君用人但当明贤否，何必分彼此？其人果贤则信任之，非贤虽至亲亦不可用"，"近世胡元，分别彼此，柄用蒙古鞑靼，而外汉人南人，以致灭亡，岂非明鉴？"②明代统治者吸取元朝教训，没有以其人之道还治其人之身，而是实行民族平等政策，这就消除了一部分西北蒙古、番族及色目人的恐惧和反抗心理，对于分化北元势力起到了巨大作用。

明朝初年，色目人的势力还未强大，西、北地区的民族格局呈现出汉、番、蒙三足鼎立之势，如果蒙、番联合必然从西、北两面对明朝形成包围之势，对明政权稳固产生极大威胁。明朝在西北的基本策略是"孤立蒙古，联番制蒙"，只要取得番族的支持，明朝在与北元势力的博弈中就能抢占先机，所以番族的人心向背显得至关重要。可以说，明初整个西北局势甚至全国的稳定，关键在于"抚番"。何锁南作为番族势力重要的政治代表，就如同一面旗帜，何锁南能否和平归附明朝直接关系到西北的战局。最终何锁南审时度势，率先投降，于是番族纷纷归附，河、湟、洮、岷、乌斯藏和关西地区相继纳入明朝版图。而且何锁南还亲自前往乌思藏，宣达敕命，招抚番族。汉、番的联合使西、北地区的民族格局发生重大转变，由三足鼎立、势均力敌之势，转变为南北对峙，明朝逐步占据上风，并对北元形成强大攻势，使北元挥戈南进、恢复中原的梦想彻底破灭。何锁南在汉、蒙、番三方势力的博弈中起到了风向标的作用，使西、北边疆局势逐步稳定，民族关系尤其是汉番关系趋向和谐，正所谓"西陲晏然，终明世无番寇之患"③。

何锁南利用自己在藏族中的巨大影响力，不仅能够招抚一方，更能安抚一方。对于河州民族的融合和各民族的发展起到了不可替代的作用。终明一世，河州民族关系和谐，社会稳定，没有出现较大的民族仇恨和社会

---

① 《明太祖实录》卷53，洪武三年六月丁丑。

② 《明太宗实录》卷86，永乐十年十一月癸卯。

③ 《明史》卷331《西域列传三·朵甘乌斯藏行都指挥使司》。

动乱，作为少数民族政治代表的何锁南家族功不可没。而河州的稳定对于明朝整个"汉藏走廊"（即河、岷、洮、松、叠、宕一线）的安定亦具有重要意义。

第三，何土司家族的敕封是一种模式，它标志着朱元璋在西北地区创立土流参治制度的开始。

明朝政府正是鉴于河州地缘政治的重要性和民族构成的复杂性，决定首先在河州推行土流参治制度。洪武三年（1370），朱元璋即授宁正河州卫指挥使，执掌卫事。洪武四年（1371）正月辛卯，朱元璋即"以何锁南为河州卫指挥同知，朵尔只、汪家奴为佥事……仍令何锁南普子孙世袭其职"①。河州卫是明朝在西北最早设立的卫所，何锁南又是明朝在边疆卫所中最早敕封的世袭土司，所以他的受封标志着明朝在西北地区创设"土流参治"制度的开始。六月，"以吐蕃来降院使马梅为河州卫指挥佥事，故元宗王孛罗罕，右丞朵立只答尔为正千户，元帅克什巴卜、同知卜颜罗为副千户，同知管不失结为镇抚百户"②。九月，又"以故元降臣汪瓦尔间为河州卫指挥佥事，赐文绮、袭衣"③。伴随着一批批少数民族部族首领的归附，并编入卫所，授予世官，土流参治制度逐渐明朗化、清晰化、完善化。明朝以此作为一种模式，在西北地区全面推开，不仅广封众建，任用了一批故元官吏和少数民族首领，使其相互牵制，无力与中央对抗，而且委派了大量的汉族流官，各军事卫所的统治大权一般都在汉族出身的流官手中掌握，土官只是为之佐而已。随后，西宁、洮州、岷州、庄浪、临洮等卫所次第设置，逐步在西北地区形成了以流官为主导、土流参治的管理机制。正是由于明朝在河州推行土流参治制度的成功，从而为明朝治理藏区提供了一种全新的模式。应该说，明朝土流参治制度的创立是很有远见的，它对于西北边疆的安定起到了建设性的作用，而何锁南正是开启这一制度的第一人。

第四，何锁南父子出使朵甘、乌思藏，加强了少数民族同汉族的联系，促进了民族融合和各民族的发展。

洪武初年，何锁南不远万里，出使乌斯藏，宣达圣命，受到朱元璋的

---

① 《明太祖实录》卷60，洪武四年正月辛卯。
② 《明太祖实录》卷66，洪武四年六月戊子。
③ 《明太祖实录》卷68，洪武四年九月辛亥。

嘉奖，这对于加强中原王朝与藏区的联系，增强番族的归化之心，做出了重要贡献。

朵甘、乌思藏地处偏远，道路崎岖，元朝时已在此设立驿站35处。"或以军情为重，或以钱粮为大，或以贡物为急"①，在元代的交通运输中发挥着重要作用。永乐五年（1407）至永乐七年（1409），明政府又派何铭在乌斯藏增设驿站，不仅保障交通，方便联络，迎送使臣，运输货物，而且促进了边疆地区的开发，"至今道路赖以通焉"②。吐蕃地区地广人稀，又远在西部边陲，增设驿站成为明朝对其进行主权管辖的重要标志。明代吐蕃地区的驿站往往以当地部落为基础设置，并以部落首领主之，世袭罔替。如明洪武四年（1371）八月，朱元璋"遣工部主事王伯彦往河州，赐山后七驿世袭土官劳哥等文绮、银碗"③。明代山后指今青海贵德一带。山后七驿指三巴站、土桥站、构米站、银川站、寺子保水站、峡口旱站、安乡关水站等。有的驿站甚至成为明朝设在当地的一级军政组织。如明代习惯称河州属下"必里卫二州七站西番二十九族""西番达子二十七站"。《皇舆图》在河州西番诸站旁均标有相应的百户名，可见驿站与百户组织往往是合一的。

由于元代以来对于藏传佛教的推崇，使得吐蕃地区逐渐形成了政教合一的制度，僧侣和寺院不仅是神权的象征，而且成为政治上的代表。针对这种情况，明朝统治者也采取了"惟因其俗，尚用僧徒，化导为善"④ 的政策，利用藏传佛教加强对吐蕃地区的统治。于是广封众建，敕封大批宗教上层僧侣。明成祖摒弃"帝师"一名，而以"法王"为僧侣的最高职位。永乐五年（1407），明朝封黑帽系第五世转世活佛却贝桑波为大宝法王，领天下释教，大宝法王为明代三大法王之一，且地位高于大乘和大慈两法王，成为当时藏传佛教领袖人物中的最高封号。永乐四年（1406）何铭作为明朝的特命大使和吐蕃代表前往乌斯藏迎请大宝法王进京，足见何铭在藏族中的重要影响，并为明廷所器重，而大宝法王的此次进京，为增进汉藏两族人民的友谊与团结具有重要意义。

---

① 姚广孝等：《永乐大典》卷19421。

② 吴桢：《河州志》卷2《人物志》。

③ 《明太祖实录》卷67，洪武四年八月己酉。

④ 张维：《陇右金石录》卷10。

　　总之，何土司家族对于促进当地民族关系的和谐以及各民族的共同发展，多有建树。而这种宽松的民族氛围与良好的民族关系又成为明朝边疆稳定的基石，这也为明代回族在河州地区的兴起创造了有利条件。

　　第五，何锁南家族任职的河州卫是明朝西北防御体系中的中心卫所。

　　元朝对于河、岷、洮一带吐蕃等众多少数民族采取的是以部落为基础的军事化的管理，其最大的特征就是高度的机动性和灵活性。这使得国家军队的打击范围大大扩大，反应速度大大提高，这也是由蒙古游牧民族的特性所决定的。如至元十二年（1275），因"近时悍匪犯边"，元朝"命安西王忙哥剌、驸马章吉分遣所部蒙古军，从西平王奥鲁赤征吐蕃"；至元二十五年（1288），"耶速不花以昔列门叛，甘肃行省官命诸王霸八拜答罕，驸马章吉合兵讨之"；元贞二年（1296），"吐蕃叛，杀掠阶州军民，遣脱脱会诸王铁木尔不花、只列等合兵讨之"；泰定三年（1326），"阶州土蕃为寇，武靖王遣临洮路元帅盍盍谕降之"①；等等。元代的这种部落化的管理在有效统治吐蕃、稳定西部边疆方面，收到了良好的效果。明朝建立之初曾刻意仿效元朝的做法，但效果远不如元朝。究其原因是明朝军队缺乏蒙古军那种高度的机动性与灵活性，更不具备持续的、大范围流动作战的能力。针对这一弊端，明王朝在西北边疆建立军事卫所，以卫所为依托，以点带面，形成网状的防御体系。明代西北边防主要有两条防御带：一是西起甘肃镇（今甘肃酒泉市），沿河西走廊向东经西宁延伸到固原、宁夏，即明代"九边"中最西端的三边，主要防御北元蒙古势力。二是以西宁卫（今青海西宁市）为起点，向南经河州、岷州（今甘肃岷县）、洮州（今甘肃临潭县新城）等卫所，一直延伸到四川西北地区，这条防御带主要防御西北地区的吐蕃等民族。这一体系不仅弥补了明朝军队机动性差，难以大范围流动作战的局限，而且其产生的巨大的战斗力、威慑力、辐射力和固着力都远远超过了前代。各卫所进可攻，退可守，以强有力的稳定性应对往来无常的游牧民族恰恰是这一防御体系的最大特点。而河州卫正是明代西北防御带上的核心卫所，是非常重要的支撑点。河州卫建立之初即以大将韦正镇守河州，其所领军队人数是一般卫所的近两

---

　　① 《元史》卷5《世祖纪五》；卷14《世祖纪十四》；卷19《成宗纪二》；卷30《泰定帝纪》。

倍。洪武七年（1374）七月又"置西安行都指挥使司于河州，升河州卫指挥使司韦正为都指挥使，辖河州、朵甘、乌思藏三卫，进朵甘、乌思藏二卫亦行都指挥使司"①。此时河州卫的地位已与元代吐蕃等处宣慰使司的地位大致相同。实际上，明朝初年中央政府是把河州作为其管理藏区的中心。建文朝被贬河州的解缙，也曾言道："国朝初置陕西行都司于河州，控西夷数万里，跨昆仑，通天竺，西南距川，入于南海，元勋大臣先后至其处，军卫既肃，夷戎率服，通道置驿，烟火相望。"②

第六，以何锁南家族为代表的西北土司，是明朝西北边疆的重要防御力量。

西北地区少数民族众多，叛服无常，同时这里地域广阔，战线太长，所以仅仅依靠正规军队显然是不够的。而西北番族善于骑射，异常剽悍，富于战斗精神。依靠土司的军事力量维护西北稳定，就成为是明代在西北防御中的重要举措。正如史料所载，"虏若寇我，则尔出兵，以牵其后；虏若攻尔，则我出兵，以解其围。尔我相为犄角，永保尔生，彼必感悦，而世为我藩卫"③。如临洮土司赵安于宣德二年（1427），"以左参将从总兵陈怀讨松潘叛番"。五年（1430）又"从史昭讨曲先，多斩获"。因多次立功，升为都督同知，右副总兵官，镇甘肃，封会宁伯。史称赵安"勇敢有将略，与（蒋）贵、（任）礼并称西边良将"④。再如庄浪鲁土司家族，"成化四年（1468），固原满四反，（鲁）鉴以土兵千人从征。诸军围石城，日挑战，鉴出则先驱，入则殿后，最为贼所惮……鲁氏世守西陲，有捍御功，至（鲁）鉴，官益显，其世业益大，而所部土军生齿又日盛"⑤。由此足见西北土司实力之雄厚，并为朝廷所倚重，连明宪宗都认为"土军非（鲁）鉴不能治，特起治之，且命有司建坊旌其世绩"⑥。明朝对西北地区用兵，几乎每次都有土司率领所属土兵参与。土司成为明朝西北边防一支不可或缺的重要军事力量。

何土司家族更是多次随军征讨，甚至为明朝戮力效死。永乐九年

①　《明太祖实录》卷91，洪武七年七月己卯。
②　解缙：《解春雨先生文集》卷6《送习贤良赴河州序》；另见《明经世文编》卷11。
③　严从简：《殊域周咨录》卷14《赤斤蒙古》。
④　张维：《甘肃人物志》卷8《臣工五（元、明）》。
⑤　《明史》卷174《鲁鉴传》。
⑥　同上。

（1411），凉州老的罕叛乱，何铭"征甘肃，追虏至沙金城，对敌而亡"。嘉靖九年（1530），何勋"戍甘州，众虏临境，同百户孙福，先锋对敌而亡"①。到明朝中后期，伴随着明政权政治经济危机的加深和内忧外患的加剧，明朝对西北土司越发倚重，在保卫边疆的战斗中土司的作用越来越重要。崇祯十六年（1643），李自成起义军贺锦部攻打西北各地，西宁土司祁国屏与祁廷谏、祁兴周父子连同连城土司鲁映昌等歃血为盟，誓死对抗。十二月，贺锦部大将鲁文彬率兵进攻西宁，祁廷谏开门迎战，鲁文彬不幸战死。贺锦得知此消息后，亲率大军在西大通（今青海门源县一带），大败土司鲁映昌，攻占鲁土司衙门所在地——连城，鲁映昌拒不投降，被起义军处死。②崇祯十七年（1644），贺锦攻占西宁。土司祁廷谏与李天俞在南川设下陷阱，贺锦中伏牺牲。西北土司"信义甚坚"、"不惮勤劳"③，在明朝大厦将倾之时，仍血战沙场，虽未能力挽狂澜，但异常忠烈。正因为如此，统治者将西北各族看成是统治内地的屏藩，"由是诸番唇齿之势成，华夷内外之合力，边境宁矣"④。统治者甚至认为"摇惑我外藩"，就是"坏我屏垣"，就会使"疆域不靖"⑤。可见，何土司等在西北边疆防御中的重要作用。

第七，何土司家族在西北地区的土司统治中占有突出地位，是作为少数民族的政治代表出现在西北的政治舞台上。

对西北少数民族的统治，"首在熟悉夷情，然非特知其长技，察其习尚已也。其部落之强弱，形势之夷险以及承袭之世次，官制之维系，尤必固知之，而后足以得其心，以制其命"⑥。也就是说要根据少数民族的历史传统、风俗习惯、社会情况，因俗而治，因地制宜，这就需要将少数民族的首领纳入国家行政管理体系之中，成为国家在少数民族地区的政治代表。何锁南是元朝最后一任吐蕃等处宣慰使司都元帅，是甘青藏区的最高领袖之一，所以何锁南等一批西北土司的人心向背会直接影响到边疆地区的安定与否。中央政府只有依靠这些土司，诸如招番中马等国家方针政策

---

① 吴桢：《河州志》卷2《人物志》。
② 慕寿祺：《甘青宁史略》卷17。
③ 《明太祖实录》卷125，洪武十二年闰五月戊申。
④ 许进：《评番始末》卷上。
⑤ 温达等：《亲征平定朔漠方略·序》。
⑥ 徐松：《新疆识略》卷12《外裔》。

才能顺利推行。正是由于何锁南在西番中的重要影响力，何土司很快被明王朝授以高官厚禄，成为中央王朝在西北地区的政治代表。数百年来何土司始终忠于职守，连侍明清两朝，为朝廷立下赫赫战功，平定叛乱，他们甘打头阵；镇压起义，他们冲锋在前；把守关隘，他们尽职尽责。一直"有捍卫之劳，无悖叛之事"①，何土司家族一门忠烈，堪称楷模。而不像西北有的番族一般叛服无常。如洪武十二年（1379），"洮州十八族番酋三副使等叛，据纳麟七站之地。命征西将军沐英等讨之"。永乐二十二年（1424），"中官乔来喜、邓诚使乌斯藏，次毕力术江黄羊川。安定指挥哈三孙散哥及曲先指挥散即思等率众邀劫之，杀朝使，尽夺驼马币物而去"。嘉靖八年（1529），又有"洮、岷诸番数犯临洮、巩昌，内地骚动"，等等。正是由于何土司的忠贞不渝，换来了朝廷的长期信任与优待，于是加官晋爵，荣宠之至。何土司家族中何铭官至从二品的都指挥同知，加授镇国将军、洮阳节度使；何英官至正三品的都指挥佥事。可以说，何土司家族已是位高爵显，位极人臣。明嘉靖《河州志》中共记载皇帝亲赐的谕祭文五篇，而其中竟有三篇是祭奠何土司家族的祭文！足见中央王朝对何土司家族的倚重及何土司家族在西北政治舞台上的显赫地位。从清代前期开始，因种种原因，西北大量土司或已断袭，或被废黜，而何土司家族代代相袭，绵延不绝，直至民国年间才结束了其长达 561 年的土司统治，在西北土司史上也是不多见的。

第四节　何锁南的族属问题

关于何锁南的族属问题，史学界多有讨论，且各执一词，现综述如下：

一　东乡族说

1981 年出版的《中国少数民族》② 一书在论及东乡族族源时写道："明洪武三年六月，副将军邓愈到河州，派指挥使韦正招抚蒙古

---

① 《明史》卷 310《土司传》。
② 国家民委民族问题五种丛书编辑委员会《中国少数民族》编写组：《中国少数民族》，人民出版社 1981 年版。

军，元吐蕃宣慰使锁南普、镇西武靖王卜纳剌同时出降，为了安抚河州一带的原蒙古屯戍军，明朝曾赐予锁南普何姓，封为河州卫指挥同知。从此，何锁南世代相传，在东乡部分地区建立起土司统治，据说今东乡族自治县人民政府所在地锁南坝即来自锁南普或何锁南。"

1982 年出版的《东乡族简史》①，在论及何锁南可能是藏族的同时也说："但也有人认为锁南普是蒙古人，或东乡族人。"

1986 年出版的《中国大百科全书》② 民族卷东乡族条说："元末明初，直接统治东乡族的是何土司及其所属的千户、百户。第一代何土司名锁南普，东乡人，元末为吐蕃宣慰司都元帅，驻守河州。明洪武三年（1370）投降明朝，授河州卫指挥同知，世袭，并赐姓何，东乡地区成为其辖区。"

1987 年出版的《民族辞典》③ "何锁南"条称："何锁南普，东乡族地区土司始祖。河州（今甘肃临夏）右丞里（今东乡族自治县）人，东乡族，元至正（1341—1368）末任河州路宣慰使。明洪武三年（1370）右副将军邓愈进克河州时归附，明太祖授以河州卫指挥同知，赐姓何。"

以上所列观点均认为何锁南属东乡族，他们的主要依据是将何锁南与锁南坝联系起来，因锁南坝在东乡族自治县，而何锁南在此建立过土司统治，进而推断出何锁南是东乡族。

何锁南与锁南坝到底有没有关系？马志勇在《河州土司何锁南》④ 一文中指出：何锁南与锁南坝没有联系。"锁南，就是封锁河南之地也。"坝，多在关隘之处。河州地处黄河以南，锁南坝地势高峻，军事地位显要，此地设兵把关，就像控制南部大门一样，故命名为锁南坝。笔者认为，此说似乎过于牵强。

河州自古以来是少数民族聚居的地区，自唐朝中期，又被吐蕃统治三百余年，至宋神宗熙河开边之后，才再次归入中原王朝。可以肯定，当地

---

① 《东乡族简史》编写组：《东乡族简史》，甘肃人民出版社 1983 年版。

② 中国大百科全书出版社编辑部：《中国大百科全书》，中国百科全书出版社 1986 年版。

③ 陈永龄主编：《民族辞典》，上海辞书出版社 1987 年版。

④ 马志勇：《河州土司何锁南》，载《甘肃民族研究》1990 年第 2 期。

文化"吐蕃化"的倾向是主流。而锁南坝之地名自明初就已出现，所以用汉语的语义对其进行解读，似乎不妥。

锁南坝应源于锁南巴寨。洪武三年（1370）明朝在河州设立河州卫，每千户所辖十屯寨，共计 60 个屯寨。永乐四年（1406），河州卫中左千户所十屯寨调往归德（今青海贵德县），设归德守御千户所，但仍归河州卫提调①。实际上每个屯寨就相当于一个百户所，下辖两个总旗，十个小旗，如杜百户寨、贾百户寨、张百户寨、席百户寨等。② 戍边屯兵共同生活在屯寨之中，他们皆为军户，并不与河州百姓交错居住，平时便以屯寨为单位，在百长和旗首的率领下，屯垦耕种。在河州卫左所所属十屯寨中，即有锁南巴寨，在"州东五十里"③，即今临夏东乡族自治县首府所在地——锁南坝。可以肯定，锁南坝这一地名就是由锁南巴寨演变而来。据《续修导河县志》卷四《土司》记载：何土司原管区域散布四乡，"东乡何闫家（今东乡县百合乡），南乡马家庄（今临夏市南龙乡），西乡沈家河（今积石山县境内），河北乡黑城堡、何家堡等（原在永靖县白塔川，1967 年修建刘家峡水库，全村迁往临夏县先锋乡）"④。何闫家距今锁南坝镇仅三十余里，明代河州的锁南巴寨应是何土司家族所管的少数民族屯寨，这也正是当时何锁南在东乡地区建立土司统治的一个重要标志，故命名为锁南巴寨。河州当地百姓的口碑资料也显示：锁南坝就是因为何锁南曾经霸占过此地，故得名。综上所述，笔者认为，锁南坝确实因何锁南而得名，然而这能否说明何锁南就是东乡族呢？

首先，何锁南明初任河州卫指挥同知，专管土务，是河州地区最大的土司之一。《续修导河县志》所载何土司之所管区域实际上是何土司家族成员及其后裔居住之地，因为土司承袭实行嫡长子继承制，其他诸子就要离开土司衙门，被分封到较远的土司辖地上，成为土舍。如笔者重点调查采访的临夏县何堡村就是在明天顺、成化年间，何土司的次子被分封到这里，繁衍生息，逐渐形成。何土司统治的区域很广，至少还包括临夏市大部、和政、永靖以及青海的贵德等地。在其封地上除了生活着东乡族之

---

①　龚景瀚：《循化志》卷 4《族寨工屯》。

②　吴桢：《河州志》卷 1《地理志》。

③　同上。

④　徐兆潘修，黄陶安纂：《续修导河县志》卷 4《土司》。

外，还居住着藏族、蒙古族、汉族等众多民族。不能因其在东乡建立过土司统治，就说明他是东乡族。

其次，我国伊斯兰各民族形成大致在明朝中期以后，元明之交何来的东乡族？再者，元代吐蕃等处宣慰使司都元帅，位高权重，一般由蒙古或吐蕃上层人士担任，不可能由东乡族人担任此职。如果说何锁南是东乡人也不够准确，因为前文已论，何锁南是河州右丞里人，在今临夏市东川折桥乡。

二　蒙古族说

亦有学者认为，何锁南是蒙古族，如吴景敖撰《清代河湟诸役纪要》一文中写道："东乡住民，东干最多，次为汉户，复次为蒙古人。蒙人系土司何锁南之后裔，其先世乃蒙古部落，驻屯于东乡者，以杂居久，其语言宗教均已习于东干化，汉人亦多习于'随教'。故三者原已合流而成为一体。"① 胡小鹏认为："从我们以上对元代脱思麻地区民族政治结构和民族成分变化的探讨来看，何锁南是蒙古族的可能性最大。"② 持蒙古族观点的史学依据主要有：

1. 元朝将国人分为蒙古人、色目人、汉人、南人四个等级，并为强化蒙古族的专制统治，规定凡重要官职均由蒙古人担任。宋咸淳元年（1265）二月，"蒙古以蒙古人充各路达鲁花赤，汉人充总管，回回人充同知，永为定制"③。何锁南是吐蕃等处宣慰使司都元帅，秩从二品，当然是蒙古人了。

2. 元代蒙古族是政治上的统治民族，历任吐蕃等处宣慰使司都元帅多由蒙古人或朝廷流官担任，有时亦任用吐蕃人，但都是宣政院推荐的僧官。

3. 吐蕃之俗，最重贵种。河湟地区除唃厮啰家族以绪出赞普之后，对各部落有一定的号召力，其他部落首领一般很难受到拥戴。蒙古长期入主藏区，政治上的优势转化为种族上的高贵，而何锁南能与镇西武靖王卜纳剌并列为河州一带吐蕃诸酋之首，应当也是蒙古人。

① 吴景敖：《清代河湟诸役纪要》，《新中华》（复刊），第 1 卷第 5 期。
② 胡小鹏：《元代西北历史与民族研究》，甘肃文化出版社 1999 年版。
③ 《续资治通鉴》卷 178，度宗咸淳元年（1265）。

4. 入明以后，何锁南家族世袭河州卫指挥同知，其家族未见世袭僧职，不合藏族政教合一的传统。

5. 何锁南身为吐蕃等处宣慰使司都元帅一定有自己的直属千户所和所属部落。明代河州卫所属九个千户所，所在不明的只有蒙古军和灭乞军，所以何锁南在河州附近的直隶千户所只能是蒙古军和灭乞军。

对于以上观点，笔者同样不敢苟同，其理由如下：

其一，元朝幅员辽阔，蒙古统治者深感治理中的力不从心，因此采用"因其俗而柔其人"的策略，利用当地少数民族上层分子担任西北各级政府官员。正如史书所载："太祖、太宗用兵沙漠，得一地即封一人，使之世守；其以所属来降者，亦即官其人，使之世袭。"① 因此利用土官进行统治是元朝治理边疆地区的主要方式。对于藏区的管辖，元朝不仅设置行政机构，而且还分封蒙古亲王亲率重兵镇戍，所以吐蕃等处宣慰使司都元帅，虽然位高权重，但完全可以"因俗而治"，由吐蕃上层人士担任。如《元史》卷二七《英宗纪》延祐七年（1320）冬十月乙丑载："帝师请以醮八儿监藏为土蕃宣慰都元帅，从之。"《元史》卷三四《文宗纪》：至顺元年（1330）二月乙丑载："以西僧加儿藏卜、醮巴儿坚藏并为乌思藏、土番等处宣慰使都元帅。"除了醮巴儿坚藏，史籍中可考的还有亦怜真、荤真术纳思等吐蕃上层人士都曾担任过吐蕃等处宣慰使司都元帅。至于宣慰使司都元帅只有僧官担任的论断，《元史》卷八七《百官志三》早有明确记载。宣慰司官员的选用，一般由宣政院"自为选。其为选，则军民通摄，僧俗并用"。

其二，吐蕃之俗，最重贵种。河湟地区部落林立，自宋代建立青唐政权以来，只有唃厮啰家族以绪出吐蕃赞普之后，对各部落有一定的号召力，其他一般部落首领很难得到拥戴，而何锁南很有可能正是唃厮啰三子董毡的后代②。正因为何锁南尊贵的血统和在吐蕃地区的巨大影响力才有资格出任吐蕃等处宣慰使司都元帅。何土司家族虽然无人担任僧官，世袭僧职，但其家族却牢牢控制着河州著名的藏传佛教寺院——大报恩寺，并与其结成了施主与福田的关系，洪武二十六年（1393），明朝在报恩寺

---

① 赵翼：《廿二史札记》卷30《元史》。

② 下文将作详细考证。

"立番僧纲司，属卫"①，报恩寺的历代主持即兼任河州僧纲，何土司家族正是通过报恩寺的巨大影响来进一步巩固自身的政治统治。而且，并不是所有的藏族土司都必须实行政教合一的制度，河州乩藏族王土司，同样没有世袭僧职。何锁南是河州沙马族人，其直属部落首先就有生活在河州沙马关一带的沙马族。另据史书记载，何锁南部落众多，有48部，并散布在河州四乡。因此说何锁南没有自己的直属部落似乎与历史事实不符。

三　藏族说

笔者支持何锁南是藏族的观点，其理由如下：

其一，正如前文所论，吐蕃之俗，最重贵种。何锁南是甘青藏族的最高统领，作为河州本地人的他，倘若没有显贵的血统，又何以号令河湟诸部，"青唐人须是贵种立为王子，方肯信服"②。史学界对于何锁南之后的家族世系，已比较清楚，但其父祖世系还有待进一步考证。据藏文木刻版《汉藏史集》记载：元代八思巴在卫藏、康区、安多设置了三大元帅府，安多元帅府在历史文献中被称为朵思麻元帅府，府治设在噶曲（今临夏回族自治州），并任命仁钦宗哲为总帅，此人就是何锁南之父。③而仁钦宗哲很有可能是吐蕃唃厮啰家族坚俄顿钦的后裔，"坚俄"从意义上讲，可译作"阁下"，"顿钦"为"董毡"的对音，"坚俄顿钦"即"董毡阁下"之意④。董毡是唃厮啰第三子。那么，何锁南应该是唃厮啰的后裔。

董毡（1032—1083）是唃厮啰与妻乔氏所生，是唃厮啰的第三子。宋仁宗明道元年（1032），正当董毡出生之时，唃厮啰政权发生内讧。由于论逋李立遵贪财，好杀戮，引起国人不满，并擅自兴兵与宋作战，连遭失败，遭到唃厮啰的指责，两人由此不和。于是，唃厮啰决定离开宗哥城，投奔邈川大酋温逋哥，谁料温逋哥野心勃勃，不久即发动叛乱，"囚厮啰，置阱中，出收不附己者"⑤。虽然唃厮啰很快平定了叛乱，但邈川

---

①　吴祯：《河州志》卷2《祠祀》。

②　李复：《潏水集》卷3《上章丞相书》。

③　见藏文木刻版《汉藏史集》第399页。

④　参见巴卧·祖拉陈哇著，黄颢译《贤者喜宴》译注（十七），《西藏民族学院学报》1985年第2期。

⑤　《宋史》卷492《唃厮啰传》。

城显然已经不再适合居住，年仅两岁的董毡又随父迁往青塘城。正当唃厮啰势力在青塘逐渐发展壮大之时，其家庭矛盾爆发，内部再次发生分裂。由于唃厮啰的长子瞎毡及次子磨毡角都是李立遵之女所生，唃厮啰与李立遵交恶之后，李氏即失宠，并出家为尼，瞎毡亦遭禁闭。景祐三年（1036），"唃厮啰有长男瞎毡，第二男磨毡角，皆叛其父。瞎毡在河州，磨毡角与母安康君李氏在宗哥耶卑城住坐，分据土地、部族，各立文法"①。在这种情况下，唃厮啰格外看重董毡，并有意将其培养成自己的继承人，"方董毡少时，择酋长子年与董毡相若者与之游，衣服饮食如一，以此能附其众"②。董毡年仅九岁时，唃厮啰即向宋廷请命封其为会州刺史。

嘉祐三年（1058），唃厮啰采取与契丹联姻的方式，联合辽来对抗西夏，以解决自己三面受敌的困境，于是董毡迎娶了自己的第一个妻子——契丹公主。然而"契丹以女妻董毡，久之，欲迎归，董毡不许，契丹主遣使蛊其女，董毡杀使者，置其妻不相见，唃厮啰与乔氏数言之，不听，契丹遂与绝"③。唃厮啰与契丹的联盟就此破裂。自嘉祐七年（1062）开始，由于唃厮啰身体欠佳，董毡逐渐掌握了唃厮啰政权的实权，"邈川首领嘉勒斯赍（即唃厮啰）既老，国事皆委其子董戬"④。治平二年（1065），唃厮啰病故，董毡正式继承赞普之位。

董毡之妻除契丹公主之外，还另有两位。一位是乔氏，《续资治通鉴长编》卷三四〇，元丰六年十月庚子记载，董毡晚年，阿力骨专权，"鄂特凌古（阿力骨）又得幸于董戬妻乔氏，内外咸服，遂谋篡夺"。另一位是心牟氏。宋代张舜民的《游公墓志铭》载："先是，青塘酋长来告主帅，曰董毡死，阿力骨秘不发丧，诈以当嗣。当立，请封于朝廷。已而复杀董毡妻心牟氏，囚温溪心部族首领，国人怨之。"⑤ 苏辙《栾城集》卷三九《论西事状》亦载："董毡老病，其相阿里骨擅其国事，与其妻契丹公主杀其二妻心牟氏。其大将鬼章及温溪心等心怀不服。"⑥

---

① 张方平：《乐全集》卷22《秦州奏唃厮啰事》。
② 《宋史》卷492《吐蕃传》。
③ 吴广成：《西夏书事》卷20。
④ 李焘：《续资治通鉴长编》卷197，嘉祐七年八月癸未。
⑤ 张舜民：《画墁集》补遗卷3《游公墓志铭》。
⑥ 苏辙：《栾城集》卷39《论西事状》。

　　董毡一生只有一子，名蔺逋比，又叫欺丁磨彪苏南兰逋叱。蔺逋比在史籍中的记载十分模糊，也不知是董毡的哪位妻子所生。但据史籍推断，应为契丹公主所生。《宋史》卷四九二《吐蕃传》记载："熙宁元年，封其母安康郡太君，以其子蔺逋比为锦州刺史。"董毡娶契丹公主是在嘉祐三年，即公元1058年，如果蔺逋比是契丹公主所生，那么蔺逋比应在嘉祐四年（1059）出生，到熙宁元年（1068）受封锦州刺史时，恰好九岁，董毡也是九岁时受封会州刺史的，比此推理，蔺逋比乃契丹公主所生是比较可靠的。

　　董毡对蔺逋比自然是寄予厚望，不仅为其向宋朝请封，还为他娶了西夏和回鹘的公主。但到了董毡晚年，体弱多病，其政权内部逐渐形成了三股势力。一派是以董毡养子阿力骨为首的实力派，他们在董毡晚年病重之时，实际上已经掌握了青唐政权。另一派是以董毡之妻乔氏为首的妻党派。乔氏所在部落为吐蕃大族，实力非常强大，"所部六七万人，号令明肃，人惮服之"①，"游牧地散在洮、岷、迭、宕间"②。当年唃厮啰能够很快平定温逋奇的叛乱，与乔家大族的支持是密不可分的。第三派则是以蔺逋比为首的唃厮啰家族派。阿力骨为了夺取唃厮啰政权，最终袭杀了蔺逋比，史籍记载："鄂特凌古（阿力骨）于阗人，非嘉乐氏后，其母章穆瞎卜，尝侍董戬（董毡），因养鄂特凌古为子，既而董戬得风痹病卧帐内，委政于鄂特凌古，甚亲信之。鄂特凌古又得幸于董戬妻，内外咸服，遂谋篡夺。董戬先有子奇鼎（蔺逋比），夏人及回鹘皆以女妻焉。奇鼎性轻佻，好易服微行，鄂特凌古阴使人贼杀奇鼎。"③ 蔺逋比被杀之后，阿力骨最终夺取唃厮啰政权，"及董戬死，鄂特凌古与乔氏匿丧，出令如它日子，悉招诸族首领至青唐城，矫董戬之命曰：'吾一子已死，惟鄂特凌古母尝侍我，今当以种落付鄂特凌古。'仍厚赂大酋果庄、温锡沁等，于是诸族首领共立鄂特凌古为董戬嗣，鄂特凌古并娶蔺逋比二妻为己妻，以母侍董戬妻契丹公主，其贡朝廷犹如董戬在日，未遽以丧告。"④ 然而，蔺逋比死后，其子嗣情况却未见史书记载。如果蔺逋比是嘉祐四年

---

　　① 李焘：《续资治通鉴长编》卷127，康定元年四月辛亥。
　　② 汤开建：《宋金时期安多吐蕃部落及其地域分布》，《宋金时期安多吐蕃部落史研究》，上海古籍出版社2007年版，第78页。
　　③ 李焘：《续资治通鉴长编》卷340，元丰六年十月庚子。
　　④ 同上。

（1059）所生，元丰六年（1083）被杀，那么，他死时已经 24 岁，并娶了两房妻室，应该留有子嗣。

据藏文史料记载，何锁南的父亲仁钦宗哲是董毡的后代，但从北宋中期至元朝末年还有 200 余年的历史，这期间的世系传承还不甚清楚，有待发掘新的史料，做进一步的考证。

其二，史学界一直以来忽略了一则关于何锁南次子何敏的重要史料。明洪武四年（1371）何敏授锦衣卫指挥佥事。宣德二年（1427）五月，四川松潘蛮夷叛乱，因"敏习番语，始由通事进，至是命与都指挥佥事蒋贵往同松潘卫指挥吴玮招抚番寇"①。何敏妥善处理了松潘蛮族的叛乱。宣德四年（1429）三月，敏平叛有功，特"赐行在锦衣卫指挥佥事何敏等四人钞，以招抚松潘番蛮还也"②。同年，何敏上奏分析了松潘等处番蛮叛乱的原因，并针对原因提出了治理该地的意见："四川松潘等处关堡接连生熟西番、布罗、韩胡等类番蛮。洪武中置官严备，番蛮不敢为非。近来卫所官旗多纵家属在堡居住，与番人往来交易，及募通晓汉语番人代其守堡，而己则潜往四川什邡、汉州诸处贩鬻，经年不回，致番蛮窥伺，乘虚作耗，烧毁官堡，劫虏人财。今虽降附，亦宜榜谕诸处贩鬻者各还营堡，仍依宁夏官军更替备御，庶番蛮畏服，边卫宁妥。"③

由上可知，"敏习番语"，即何敏通晓藏语。倘若何敏是蒙古族或东乡族，则当说蒙古语，而且藏族并非元明时期的统治民族，何敏又怎会去习番语？四川松潘一带生活的蛮族主要为羌、藏等族，明廷正是看重何敏与其同族且语言相通的优势，才派何敏前往松潘，招抚番族。何敏能在双方处于敌对战争的情势下，在较短的时间内，深入番族内部，查勘实情，了解民意，找到松潘蛮族叛乱的症结所在，并向朝廷提出治理松潘的宝贵意见，也正是利用了自己同为藏族的特殊身份。如若何敏是外族，这些都是很难办到的。嘉靖《河州志》则进一步佐证了以上考述。正统十年（1445），何敏卒，皇帝遣礼部主事林璧赐祭锦衣卫致仕指挥佥事何敏："尔以克通译语，累使外夷。历迁要职，复补外任。方遂退休，速尔云

---

① 《明宣宗实录》卷 28，宣德二年五月丙午。
② 《明宣宗实录》卷 52，宣德四年三月丁未。
③ 《明宣宗实录》卷 59，宣德四年十月辛巳。

忘。爱念旧劳，特遣赐祭，其欲承之。"①既然何敏为藏族，那么其父何锁南也应为藏族。

何锁南也曾出使朵甘、乌思藏，宣达教化，使其入贡。何铭前往乌思藏，设立驿站，并迎回大宝法王。这都是明朝在利用何锁南家族同为藏族，并在藏族中的特殊地位和巨大影响力。倘若何锁南是蒙古族，元代时由于蒙古族是统治民族，何锁南利用政治上的优势以及强大的军事后盾，或可威慑吐蕃诸部。但到了明代，蒙古统治已土崩瓦解，其种族的优越性也随之烟消云散，明廷怎么还会派何锁南及其子出使乌思藏呢？这样做也无法收到派汉族官员出使所无法得到的效果。

其三，让我们再引用几则史料：

《明太祖实录》卷五三："洪武三年六月乙酉，故元陕西行省吐蕃宣慰使何锁南等，以元所受金牌印宣敕谒左副将军邓愈军门降，及镇西武靖王卜纳剌亦以吐蕃诸部来降，先是命陕西省员外郎许允德招谕吐蕃十八族、大石门、铁城、洮州、岷州等处。至是何锁南等来降。"许允德招谕吐蕃十八族，而后何锁南来降。那么，何锁南当属吐蕃十八族之一，即藏族。

《甘青宁史略》卷一三："洪武三年五月，邓愈克河州，愈以征虏左副将军从大将出定西，扩廓屯军道岘，愈直抵，其垒立栅逼之，扩廓败走，分兵自临洮进克河州，招谕吐蕃诸苗长，宣慰何锁南等皆纳印请降。"何锁南作为当地吐蕃的苗长，应是吐蕃人。

《循化志》卷五《土司》："番族各土司皆厅所辖，唯何氏为河州属。"可见何锁南属番族土司。

《续修导河县志》卷二《种姓》："番族，旧志记载五十五族……今则只存何韩王三家。"其中何家，就是何锁南家族。

《和政县志》卷八《戎事》："洪武三年总兵官邓愈统大军至河州，吐蕃帅何锁南降，普化鬼六皆纳土。"

综上所述，何锁南的族属问题在汉文史料中并未明确记载，这就说明对于当时当地的人来说此问题是不言而喻的，无须专门指出。以上几则史

---

① 吴桢：《河州志》卷3《文籍志上》。

料虽未明言，但字里行间都同时流露出一则信息——何锁南是藏族。

其四，支持藏族说的学者认为，入明以后，何锁南家族世袭河州卫指挥同知，但仅此而已，其家族未见世袭僧职，不合藏族政教合一的传统。此说似乎不妥。2009 年 6 月，笔者前往甘肃临夏调查，就找到了何锁南家族的属寺——大报恩寺。该寺为藏传佛教格鲁派寺院，位于临夏市民主东路，恰好在明清时期何土司衙门（现为临夏回族自治州武警支队）的前方，"元至元十二年（1275），报恩寺由土官平章答立麻坚赞修建"[①]。当时规模甚是壮观。占地达三十余亩，僧人众多。明洪武五年（1372）四月，"诏章阳沙加仍灌顶国师之号，遣使赐玉印及绿段表里，俾遮居报恩寺化导其民"[②]。足见该寺在明初已受到朝廷的重视。洪武二十六年（1393），明政府在河州"设立河州卫汉僧纲司，以故元国师魏夫拉坚藏为都纲；河州卫番僧纲司，以僧月监藏为都纲。盖西番崇尚浮屠，故立之俾主其教，以绥远来人"[③]。而番僧纲司就设在报恩寺。[④] 清同治元年（1862），西北回民起义，大报恩寺被焚，僧人外逃，香火中断。光绪年间，何土司家族第十八世祖何柄再次资助，在原寺址的废墟上，报恩寺得以重建。据现任报恩寺主持尹国敏喇嘛回忆，1944 年他到报恩寺出家之时，佛殿正中就供奉着何土司家族的护法神——骑羊护法，何土司在遇到出征、朝贡等重大事宜时，必然前来祭拜。骑羊护法现供奉于报恩寺的密室之中，其藏名为"唐坚·噶瓦那波"，汉名叫"守哲黑铁匠神"，属世间护法神，源自苯教。骑羊护法是藏传佛教宁玛派三大护法之首——具誓善金刚唐青多勒形影不离的助手或是化身，一般只有世家大族才有资格供奉。他是一位黑青色的神祇，三眼圆睁，头戴金缘帽，身披蓝黑色神袍，脚穿靴，骑在一头曲角长鬏的红山羊身上，右手举着巨大的金刚杵，左手拿着虎皮风箱。骑羊护法，在汉传佛经中并无记载，而是藏传佛教特有的神祇。

在藏传佛教的神话传说中他本是西藏林芝地区朗迦巴瓦山上的妖魔，名叫"牙夏纳波"，意思是黑色夜叉，后被莲花生大师降伏，封为全西藏铁匠的守护神，并改名为"唐坚·噶瓦纳波"。每天他就在朗迦巴瓦雪山

---

① 吴桢：《河州志》卷 2《典礼志》。

② 《明太祖实录》卷 73，洪武五年四月丁酉。

③ 《明太祖实录》卷 226，洪武二十六年三月乙丑。

④ 吴桢：《河州志》卷 2《典礼志》。

的黑城堡中为莲花生大师打造具有神奇魔力的金刚杵。唐坚·噶瓦纳波曾是五世达赖喇嘛的守护神，守卫着神圣的布达拉宫。据说路过布达拉宫的贵族、官员和百姓，人必须下马，马必须摘铃，戴帽者必须摘帽，挽辫者必须放下，否则就会受到唐坚·噶瓦纳波的严惩。布达拉宫下面雪村的民众，专门在村子的北面，无字碑的西面，修建了一座唐青庙，供奉唐坚·噶瓦纳波的塑像和唐卡，并请他作为雪村和功德林寺周围百姓的出生神和土地神，遇到各种危难，则上香祭拜，请求庇护。

大报恩寺拥有众多属寺：石佛寺，位于临夏县民主乡；坡头寺，位于临夏县坡头乡；分觉寺，位于东乡县河滩乡高家嘴；周家寺，位于临夏县桥寺乡；尕大孟家寺，位于临夏县先峰乡；郭崔家庙，位于临夏县北塬乡；朱潘庙，位于临夏县北塬乡；车家坪庙，位于临夏县北塬乡；何家寺，位于临夏县土桥镇；八排庙，位于临夏县土桥镇尹王村；麻尼寺，位于临夏县折桥乡；坡根寺，位于临夏县先锋乡；等等。

虽然在史料中未见何土司家族成员出任报恩寺寺主之职，但从以上所述不难看出何土司家族直接控制着报恩寺，并与其结成了施主与福田的关系。自明以后，河州历代僧官，多由报恩寺僧人担任，且其属寺遍及临夏四乡。因此，何土司实际上是通过报恩寺来控制整个河州地区的藏传佛教，并以此巩固本家族的政治统治。以达到政教合一的目的，这也正是何土司家族长盛不衰、绵延不断的重要原因之一。

其五，笔者在此次田野调查中探访到何土司家族最后一任土司何晋的孙女——何明女士，居住在临夏市忠诚路 13 号，现已七十多岁。在谈及何土司的族属问题时，她说：

> 何土司肯定是藏族，我小的时候经常有来自青海贵德等地的藏族土民，到土司衙门交纳粮食，我的阿爷就同他们说藏话。我有时还见阿爷、阿奶穿藏袍。

何晋的另一直系亲属，其外孙——刘道一先生，也持上述观点。

笔者又根据《导河县志》的记载和何明女士的口述走访了何土司原属之村落，有的早已搬迁，无迹可考，有的只剩十来户人家散居在其他村落之中，对于何土司的情况知之甚少，唯有临夏县先锋乡何堡村，作为何土司家族后裔聚居的村落，至今还留下一些何土司家族的传统和历史的记忆。

何堡村原位于甘肃省永靖县白塔川，被称为"飞地"，即为土司属地，不受政府管理，不向政府纳粮。这里背靠黄河，面对大山，地势险要，为防止外族劫掠民众，故筑有城堡一座，被称为"何家堡"。堡高约12米，厚约4米，设有堡头、教头，每日率领士兵巡逻把守，护卫堡内居民。在清代的历次回民起义中，对于保护堡内村民的生命财产起到了重要作用。民国二十二年（1933），在何堡村名士何如德的建议下，修建永丰渠，纵贯整个白塔川，使得这里成为千里沃野。1967年由于修建刘家峡水库，全村整体迁往临夏县北塬先锋乡，距临夏市12公里，现村民都已汉化，皆为汉族，全村共有5个合作社，996人，何姓人口占70%，另有宗、张、黄三姓。全村耕地面积1007亩，人均占有耕地0.9亩，年平均气温6.5摄氏度，年平均日照时数为2467小时，年平均无霜期为167天，年平均降水量为537.4毫米，属温带季风气候，四季分明，土地肥沃，主要从事种植业，兼搞养殖业、建筑劳务业，年人均纯收入达到2900多元。2008年村办股份制建材厂一家，总投资达到178万元。何堡村历来十分重视文化教育，考入或毕业的大中专院校学生总计达203人，其中取得博士学位4人，硕士学位6人，本科毕业生66人，具有高级工程师职称的6人，县级干部8人。2006年被临夏回族自治州评为"社会主义新农村建设示范村"，2007年被评为"甘肃省科技示范村"，2009年被评为"临夏回族自治州文明村"。

1967年在全村整体搬迁时，曾打开何堡村第一辈祖先的坟墓，尸体虽腐，但中间的护心镜，两面的盔甲尚好，显然为明朝的武将。在棺椁的横木上依稀可见几个刻字："成化七年葬。"依明制，土司实行嫡长子继承制，其他诸子被封到土司辖区的其他村落，成为"土舍"。由此可以推断何堡村的祖先定是在明天顺、成化年间，以"土舍"的身份被何土司分封到这块土地上，何堡村村民应是明朝某代何土司次子的后裔。

在何堡村，笔者找到一本何氏家族的家谱。由于"文革"期间族谱被烧，这是2002年何发浚先生根据村中老人回忆以及残余家谱编订而成，但最早只记录至清顺治年间，现摘录如下：

一世祖：何富贵，番名香坐鲁布加，生卒年均无可考，享年84岁。

何福禄，番名加朗扎西，前清顺治时秀才，生卒年无考，享年 60 岁。

可见，何堡村的村民在清初除取汉名之外，亦取藏名。这显然说明何堡村的村民在汉化前是藏族，以此推断，该村的先祖何锁南也应是藏族。

综上所述，何锁南的族属是藏族无疑，《甘肃民族志》记载："考老鸦族在今老鸦关，何锁南明洪武初归诚，授河州卫土官指挥，其乡在老鸦关，今尚为土司。"由此有学者认为何锁南是藏族中的老鸦族①。老鸦关位于临夏州西七十里，今临夏县麻尼寺沟乡唐尕村境内，地理位置险要，是甘青交通之要冲，也是何土司家族世代把守的重要关隘之一。《河州志》《循化志》等皆载何锁南是河州右丞里人，《甘肃民族志》可能因何土司家族曾长期把守此关，故误认为其乡在老鸦关，其人是藏族中的老鸦族。

《清史稿》卷五一七《土司各官条》记载：甘肃指挥司中指挥同知有 7 人，其中有"河州卫沙马族一人，顺治二年（1645），何永吉袭"，何永吉是何土司家族的第九世祖，康熙《河州志》亦云："珍珠族世袭国师一人，禅师一，土舍一；弘化族，世袭国师；灵藏族，世袭禅师；沙马族，世袭指挥同知。"② 河州其他番族并未见到世袭指挥同知的记载，那么此处沙马族的世袭指挥同知应该是何锁南家族了。以上的两则史料是可靠的，所以说何锁南不仅是藏族，而且是藏族中的沙马族。

四　沙马族考释

公元 7 世纪，吐蕃王朝崛起之后，甘青一带成为吐蕃与唐朝激烈争夺的地区。南起河曲，沿河而北，经积石军承风岭至日月山，顺河西走廊西接瓜沙一线，唐蕃均派驻重兵、严阵以待。唐高宗时期，吐蕃吞并吐谷浑，并尽有青海。面对吐蕃咄咄逼人的态势，唐朝进一步加强了西部防线。开元二年（714），唐王朝从河西节度使辖区划出甘青地区，增置陇右节度使辖制，驻节鄯州（今青海乐都），名将张忠亮、皇甫惟明、哥舒

---

① 舍力甫：《何锁南的族属和东乡族族源》，《西北民族研究》1988 年第 1 期。

② 王全臣：《河州志》卷 2《中马番族》。

翰等先后出任陇右节度使。然而，随后发生的安史之乱，不仅是唐朝由盛转衰的转折点，而且也是安多藏区形成的开端。天宝十四载（755），安史之乱爆发，哥舒翰被调离青海，驻守潼关。吐蕃以助平国难为名，乘虚全线出击，唐朝与吐蕃沿河西—陇右一线军事对峙的局面被彻底打破。至此之后，吐蕃相继占领陇右、河西等地，并一度攻陷唐都长安。吐蕃各个部落随之纷纷迁徙到吐蕃占领区，甘青、河西等地，吐蕃族民无所不至，构成了这一地区民族大迁徙、大融合的新画面。原居于甘青、河西地区的不少汉人、吐谷浑人、党项人等被融入吐蕃等民族中，逐渐形成了新的安多藏区的部族格局。

建中四年（783），唐、蕃会盟于清水，订立清水盟约。长庆元年（821），唐、蕃再次订立盟约，史称"长庆会盟"，通过盟约，唐朝在事实上承认了吐蕃对甘青、河西部分地区的统属权，吐蕃逐渐成为这些地区的主要民族，并以部落组织的形式扎根于此，繁衍生息，世代相传，历史地形成了安多藏区。沙马族也正是在这一时期，迁徙到河州地区。史籍中对于沙马族的记载最早见于宋代，沙马族长期驻居、活动之地——沙马关（或作"杀马关"），已见诸史籍。《九华集》卷二四《西陲笔略》南宋建炎至德祐中记载：

> 河州既下，诸将方籍库藏编什物，人人炫功不相能者甚众，或言当暂赏军，主将令人支钱十余万，时食物踊贵，炊饼一，直钱数十，诸兵得赐，掷地大诟曰："我曹捐躯下河州，今性命之贱，乃不直一炊饼也。"及退屯杀马关，兵间有道亡者。

可见，早在宋代杀马关就已经是一个重要的军事隘口。元至元十七年（1280）忽必烈以都实为招讨使，佩虎符，查勘黄河河源。"至河州，河之东六十里，有宁河驿。驿西南六十里，有山曰杀马关，林麓穹隘，举足浸高，行一日至巅。西去愈高，四阅月，始抵河源。"杀马关为宁河驿（今临夏和政县）最主要的关隘，地势险要，也是河州南通藏区的主要道路。明清时期为了抵御番族入侵，河州共设有24关，其中宁河驿就有牙塘、杀马、思巴司、陡石四关。清雍正四年（1726）沙马族被除名之后，沙马关亦更名为新营关。从新营关入藏区可直抵麦务，西可达合作、拉卜楞，南可通洮州。

明代时，由于长期与蒙古骑兵作战，马政成为明朝的第一要务。于是中央政府在河州等地全面推行官营茶马贸易，招番中马，沙马族也成为"中马番族"之一。《明史》卷八〇《食货志》载河州的中马番族有29族，但康熙《河州志》卷二《中马番族》记载中马番族可考者仅十九族，他们分别是珍珠族、弘化族、灵藏族、乩藏族、沙马族、葱滩族、老鸦族、撒拉族、牙塘族、川撒族、打剌族、向化族、古都族、巴咱族、红崖族、端言族、回回族、迭古族、仰化族。这十九族中除撒拉族聚居在河州积石关外，其余皆杂处在河州24关之内，这些番族"止因隶河司中马，遂各自分为族类，自立为头目者也"，并"有土司、国师张老卜藏坚错、灵藏族马营寺禅师赵罗藏锁南、珍珠族永昌寺国师韩且令札失，俱奉旨颁有敕札印信。其他如沙马族土司苏成威、乩藏族土司王镇海，虽无印信，俱有部札号纸，世相承袭"①。

沙马族土司苏成威，明朝初年归附，其世系传承已不可考。每年除招中茶马外，还要向朝廷进贡白银50两。"所辖沙马族番人二千余，地有千顷"，有土兵五百，其辖地东至西果园，西至沙马关，南至安龙关，北至陡石关，大致相当于今临夏康乐县大部，以及和政县的部分地区。苏土司在今康乐县苏集镇南鱼头梁建有"苏家城"，当地人称为"黄土梁"，因为形似鱼头又谓"鱼嘴山"。苏家城城高两丈余，墙厚一丈余，城池占地40余亩（踏步测量，南北、东西各约110步），城西、城北各有一门，考城之遗址，出土有宋元黑釉碟碗、明清青花瓷片等。推算之，苏家城至迟应为明代所建。城居高临下，当时城下均为沙马族族人村落。但现在已经荒废。苏家城的衰落，还要从清雍正年间的一桩官司说起。

苏成威虽然"承袭挂衔与夫招中茶马皆在河州"，但其居住于岷州沙马里，岷州官府认为，岷州沙马里"里中俱系纳粮应丁里民，从无番族户口田地"。而"苏成威欲将沙马里里民作为部落，田地图为己有……故于雍正元年（1723）唆使里民安七十二等，将同宗之安家保住等以族蠹包收等事控于成威"。但苏成威却坚持认为："本司所辖沙马族，番人二千余，地有千顷。"只因"安四娃等惧怕出兵，暗贿岷厅官吏，尽将土司部落二千内有土兵五百，借三十九名之丁一十七顷之赋，违旨包裹，此削

---

① 王全臣：《河州志》卷2《中马番族》。

夺本司土地之由来也。"如果杀马族仅有三十九名之丁一十七顷之地，"此族之守隘调遣何人应差"，"河州既无田地，岷州又无族民，则沙马一族作何着落，未有苏成威孑然一身可称为一族者也"。岷厅与苏成威各执一词，争控几及一年，而最终于雍正四年（1726）"苏成威以此案谪戍而沙马一族遂废矣"①。

当然，苏成威被废黜土司之职也与雍正年间中央政府在西南实行改土归流，在西北竭力削弱土司权力的大背景密切相关。沙马族被取缔后，苏家城遂无人经营，逐渐衰落，城内居民也举族迁出，落户于耕地较多的康乐县鸣鹿、上湾一带。至今，康乐县西南山区的苏姓居民仍然自称是苏土司的后裔。

第五节　何土司家族的衰落

何土司家族始祖何锁南元末担任陕西行省平章政事，吐蕃等处宣慰使司都元帅，并加授荣禄大夫，秩从一品，地位仅次于左、右丞相，统辖整个甘青藏区。归附明朝后，授封河州卫指挥同知，允其世袭罔替，成为西北地区最大的土司之一。何土司家族出使吐蕃，宣扬教化；修建驿站，加强联系；多次随同明军出征，战凉州，守洮州，戍甘州，立下赫赫战功，加官晋爵，钦赐祭文，荣宠之至，明廷将何土司家族视作其在西北地区足可倚重的一支重要的政治军事力量。但自清代起，何土司家族势力却逐步衰微，走向衰落，并不为中央王朝所重用，西北遇有战事，也只是把守关隘，后世土司多是世守原职，未有发展，失去了往日的光辉，究其原因，应有以下几点：

一　地缘政治的变化使河州作为边疆地区的战略地位消失

清雍正二年（1724），清朝平定了青海和硕特蒙古首领罗卜藏丹津的叛乱，并以《青海善后事宜十三条》《禁约青海十二事》等为基本准则，开始在甘青藏区实施一系列改革。在河湟一带设置了一府（西宁府）、三县（西宁县、碾伯县、大通县）、四厅（归德厅、巴燕戎格厅、丹噶尔厅、循化厅），进行直接管理。对藏族各部落实行千百户制度，并按其经

---

① 龚景瀚：《循化志》卷5《土司》。

济类型的不同和与内地交往关系的亲疏程度将藏族划分为"熟番"、"生番"、"野番",分别实行番贡粮和贡马银制。此外,还设置西宁办事大臣,总管青海地区的一切事务。在西藏地区,雍正帝于雍正五年(1727)"著内阁学士僧格、副都统马喇差往达赖喇嘛处"① 办事。次年,正式在拉萨通司岗设立驻藏大臣衙门,令僧格主持日常事务,这标志着驻藏大臣制度的正式建立。乾隆五十八年(1793)中央政府正式颁行《钦定藏内善后章程二十九条》,以法律的形式确立了金瓶掣签制度,藏区的最高领袖达赖和班禅必须经中央政府册封,方为合法有效的,这都说明国家对西藏的管辖已由羁縻统治过渡到直接管理。

清乾隆二十年(1755)清廷乘准噶尔内乱之机,派两路大军直捣其根据地伊犁,擒获最后一代准噶尔汗达瓦齐,解除了长期以来准噶尔部对清朝西北边疆的威胁。随后又平定了降清的原厄鲁特辉部首领阿睦尔撒纳的反叛,以及南疆维吾尔族大小和卓叛乱,最终于乾隆二十四年(1759)彻底统一了天山南北。乾隆二十七年(1762),清朝决定任命明瑞为首任"总管伊犁等处将军"②,建立起以"军府制度"即军事自治领的形式对新疆实行统治的体制。并根据新疆各地区政治、经济、社会、民族、宗教等不同情况,分别实施了郡县制度、伯克制度、扎萨克制度,进一步巩固了中央王朝对新疆的管理。

伴随着清政府对西部边疆地区直接控制的大大加强,中国版图的实际控制疆域明显西移,河州已不再是明代学士解缙在诗中所描述的那样:"几年不见南来雁,真个河州天尽头。"③ 河州作为边疆重镇的屏藩作用已经消失,其防御西番、屏蔽内地的军事战略地位不复存在。雍正四年(1726),河州省卫改州,隶临洮府,已然成为内地州县。

河州卫战略地位的消失也必然使得在河州卫任职的何土司政治地位下降,清政府不再需要利用较难控制的土司来统摄藏区,安定边疆,而是直接利用强大的军政力量和藏传佛教对藏区实行有效管辖。清朝建立之后,曾经严重威胁明朝的北方蒙古之患在明后期也被完全瓦解,威胁解除。清初平定三藩、罗卜藏丹津之乱后,西北边疆趋于平静,战事减

---

① 《清世宗实录》卷52,雍正五年正月丁巳。

② 傅恒:《平定准噶尔方略续编》卷19,乾隆二十七年冬十月乙巳。

③ 吴桢:《河州志》卷3《文籍志上》。

少，西北土司虽有少量的军政活动，但已不为政府所重。这一时期何土司家族的军事势力也仅限于河州一带，参与较大的军事活动极少，即使在清前期何土司在镇压回族起义时有过军功，因不为所重，也只能是领取号纸，得以世袭祖职罢了，并未加官晋爵、对家族的发展带来契机。

二　清政府已不再像前代一般，与土司共治西北，守土封疆，而是采取了一系列限制措施，逐步将土司排除出西北行政管理体系之外

其一，设置驻边大臣，监督土司，将国家权力渗透进去。雍正三年（1725）清政府在青海设置西宁办事大臣，直接管理甘肃、青海的蒙藏游牧部落。限于民族、语言、风俗习惯等的不同，西宁办事大臣一般只理军政，民政仍由各部落首领管理。但各部落首领的承袭、任免、上奏朝廷之权牢牢地掌握在驻边大臣手中。在河州，清廷增设流官，流官的权力较前朝大大增强，并在土司地区普遍设立军事机构，驻扎大量军队，"凡镇臣所驻地方，境内土司俱应属其统辖"[1]。例如河州撒拉族土司韩大用、韩炳"因番性强悍，不服约束"所以"设营弹压"。于是"立循化营，设游击一员，其地名草滩坝工也，适居十二工之中。据其腹心，以制其手足"[2]。乾隆二十七年（1762），循化查汗大寺庄撒拉族人与汤思庄人争夺草滩，发生械斗，地方官员会审结案后，正式设循化厅，移河州同知于循化厅，隶属兰州府。此后"回民注册与汉民一例纳粮当差，并严禁土官不得擅受民词"[3]。

其二，严格土司升迁。清廷规定"凡叙功，土司有军功者，由原衔递加至宣慰使、指挥使止，无可附加者注册，仍以本职治事，承袭时止受原爵，其治绩勤敏者，量予加级纪录有差"[4]。而在明代土司却可累功升迁，位极人臣。西宁卫土司李英，就因平番有功，擢右府左都督（正一品），封会宁伯，禄千一百石。实际上，清朝土司有功仅获虚衔。光绪二年（1876），西宁办事大臣豫师在《择优酌保出力蒙番折》中曰："刚咱

---

① 《清圣祖实录》卷8，康熙二年正月丙辰。
② 龚景瀚：《循化志》卷4《族寨工屯》。
③ 同上。
④ 《大清会典》卷62。

族四品顶戴花翎总管千户拉马拉夫坦请赏换三品顶戴，千布录族千户索洛请赏给三品花翎，汪什代克族千户才科、千布录族百户粮细格、阿里克族百户多布吉、百户格布绪古图布坦四名，均请赏给四品花翎。"① 这里的三品、四品花翎均为虚衔。这也是何土司家族在清朝虽有军功但未见升迁的直接原因。

其三，划定疆域，严格控制。清廷"将土司、国师现在耕种之地土，清其疆界，现在管辖之部落，查其户口，造具清册，赍投藩宪存案，使不得混争，并严定处分。如有霸占地丁，即立置之法矣"②。清政府通过对土司所管土地、人口，造册登记，上报藩司，从而严格限制其势力的扩张。同时，清廷不准土司随意外出，将其牢牢地控制在自己的封地上。"土官土人，因公远赴外省，需呈明该管官转报督抚给咨知会所到地方之督抚查核，于事峻日，给咨知会本省督抚。均计程立限，毋许逗留，有不行申报，擅自出境者，土官革职，土人照无引，私渡关津，律杖八十。若前往外省生事为匪，别经发觉者，除实犯罪外，徙罪以上，皆照军人私出外境掳掠，不分首从，发边远充军律治罪，其本境及所到汛守官失察者，罚俸降调有差。"③ 土司的一举一动都在清廷的严格监督之下，防止其相互勾结，滋生事端。

其四，清政府采取分袭的办法，削弱土司势力。早在西汉时期，汉武帝就曾接受主父偃的建议，实行"推恩令"，通过"众建诸侯而少其力"的办法基本解决了王国问题。清康熙年间，给事中陈允恭提出土司分袭的措施，即分割土地由土司诸子降职承袭。河州知州王全臣则进一步指出："俟其（土司）承袭之时，令诸子剖其地，分其部落，降职承袭，国师、禅师必以亲兄弟之子承袭，亦以此为例，不数年而土司、国师田土口皆入版籍，此诚国家万全之至计也。"由于"河州十九族与汉民错居"④，所以王全臣提出在河州推行土司分袭的措施在真正意义上并未实行。只是在撒拉族地区于雍正七年（1729）封授上六工和下六工两个韩土司，使其相互牵制，大大削弱了韩土司在政治、经济上的势力。

---

① 青海社会科学院藏族研究所编：《中国藏族部落》，中国藏学出版社 2004 年版，第 127 页。
② 龚景瀚：《循化志》卷 4《族寨工屯》。
③ 《大清会典事例》卷 589，《兵部·土司·议处》条。
④ 龚景瀚：《循化志》卷 4《族寨工屯》。

其五，清政府甚至直接取缔土司，改土归流。雍正帝明令："督抚提镇务严饬所属土官爱惜土民，毋得滥行科敛，如申饬后，不改前非，一有犯罪，土官参革，从重究。"① 如岷州土司赵廷贤骄纵不法，"如民间初婚之妇，必先召入供役，然后遣归；修署用砖瓦数十万，役民运瓦，自陶所至署二十里，排立而以手传致，不得用车马，其他横征暴敛，不可胜举。经洮岷陇右道官府查办，'土司论伏法，籍没其家，民归流为归安里'。"②

其六，印信号纸是中央政府颁予土司世代承袭的凭证，是土司权力的象征。"每承袭世职之人，给予钤印号纸一张，将功次、宗派及职守事宜填注于后。后遇子孙袭替，本省掌印都司验明起文，或由布政司起文，并号纸送部查核无异，即与题请袭替，将袭替年月、项辈填注于后，填满换给。如遇水火、盗贼损失者，于所在官司告给执照，赴部查明补给。如有犯罪、革职、故绝等事，都司、布政使司开具所由，将号纸缴部注销。"③ 但河州地区有些小土司并无印信号纸，如"沙马族土司苏成威、乩藏族土司王镇海，虽无印信，具有部札号纸，世相承袭。其余并无号纸，止因隶河司中马，遂各自分为族类，自立为头目者也"④。清政府对于丢失印信号纸的土司采取两种惩罚方式，一是命为外委土司，即不被国家认可的土司，只相当于该部族首领，只可以个人私章签署公文。如河州珍珠族韩土司，"有韩完卜者，世袭指挥使，清初归附，其后韩千贯以札印遗失，授为外委土司"⑤。另一种则直接废黜土司，不予承认。清初河州有土司30余家，康熙年间，河州知州王全臣以"土司武断乡曲，把持钱粮，凡无明代敕书者，取消承袭资格，仅存三家"⑥。

清政府对西北土司已从简单的安抚转向了对土司的严格控制和管理，从而收到了限制土司发展的效果。何土司正是在这样的历史大背景下走向衰落的。

---

①　《大清会典则例》卷110，吏部九四，处分例。

②　岷县志编纂委员会：《岷州志校注·岷州续志采访录·宦迹》，第479页。

③　《大清会典事例》卷589《兵部·土司袭职》。

④　龚景瀚：《循化志》卷4《族寨工屯》。

⑤　《清史稿》卷517《土司六·甘肃》。

⑥　慕少祺：《甘宁青史略》卷23。

三 何土司家族后世子孙人才的缺失，是何土司家族迅速衰落的重要原因

明中期以后，何土司家族历任土司大多才能平平，未出现能征善战、智勇双全的武将。康熙《河州志》卷三《人物》中记载何氏历代土司三人，即何锁南、何铭、何勋。康熙《河州志》卷三《武功》中记载两人，即何锁南、何英。此四人都乃何土司前代先祖，可见其后世已然衰落。西北卫所土司的升迁，主要依靠军功。如西宁卫李土司，始祖李喃哥，明廷初授官职仅为西宁卫指挥佥事（正四品），但其子李英于永乐五年（1407）袭职后，先平定凉州蕃族老的罕叛乱，进都指挥佥事（正三品）。永乐二十二年（1424），中官邓成等出使西域，在安定、曲先一带被阻杀，夺走所带金币。刚刚即位的明仁宗降谕赤斤、罕东及安定、曲先诸卫，要求搜报敌首姓名，同时令李英与指挥康寿等进讨。李英得知朝廷使臣是被安定指挥哈三之孙散哥、曲先指挥散即思所杀，遂率兵西讨，进击昆仑山（今甘肃酒泉南祁连山），深入数百里，在雅令阔与安定军队相遇，大败之，俘斩一千一百余人，获马牛杂畜 14 万。敌闻风远遁，安定王桑尔加失夹等诣阙谢罪。宣宗嘉奖李英的战功，遣使褒谕宴劳，驰驿入朝，擢右府左都督（正一品）。宣德二年（1427），封会宁伯，禄千一百石，并追赠李南哥子爵。于是李土司势力迅速发展，世受皇恩，成为西北地区赫赫有名的豪门大族。与此相对，何氏后代土司大多少有军功，只是世守原职，在协助中央政权维护边疆稳定方面，没有起到举足轻重的作用，在史籍的记载之中，也只是录其名，而未见其具体的历史事迹。随着青海李土司、祁土司、庄浪鲁土司、卓尼杨土司等势力的迅速发展，并被朝廷所倚重，何土司逐渐失去了其作为中央王朝在西北地区主要代理人的角色，并被朝廷所淡忘。

由于土司需要经常随军出征，于是需要拥有一支强大的常规军队，如李家军、祁家军、鲁家军等，他们成为土司升官发财的资本。其中最著名的就是骁勇善战、曾极为朝廷所倚重的庄浪鲁家军，据清乾隆年间统计，鲁土司的土军有三营：连城营、庄浪营、番兵营，共有土军一千二百名。到民国年间统计，鲁土司下分庄浪营、连城营、番兵营，仍有土兵 200 名、番兵 200 名，土枪 200 多支。可见鲁土司军事实力的强大，这也成为鲁土司长盛不衰、雄踞西北的重要原因。然而，嘉靖《河州志》卷一

《食货志》记载，河州共有额定土兵 56 名。两相对比，我们不难看出，明朝中期以后，何土司的军事力量已经明显衰落，何土司不再被中央王朝所重用也就理所当然了。

四　清代撒拉族、回族的反清斗争，大大削弱了何土司家族的统治基础

当撒拉族、回族的反清斗争爆发时，土司成为清廷所倚重的重要力量，积极参与到镇压起义的战争中，由于受到了起义军的沉重打击，而逐渐销声匿迹。乾隆四十六年（1781）爆发的苏四十三起义中就提出了"尽杀老教、灭土司"的口号。河州珍珠族第十二代土司韩成璘跟随兰州知府杨士玑在防御苏四十三起义的起台堡战役中，被杀。同治四年（1865），以马占鳌为首的河州回民起义军进入洮州，破水磨川、卓逊堡，杀卓洛土司杨绣春、贡生杨登名，起义波及地方广，持续时间长。许多土司"因同治兵灾，祖宗谱牒俱失，莫由考其前世官爵属境"①。光绪二十二年（1896），河湟事变被镇压后，在由马安良主持的善后事宜中，乡约改由每工推举一人，直属循化厅，三年一换，这使得在撒拉族历史上存在了长达五百多年的土司制度被废除。

何土司家族在清朝的撒拉族、回族反清斗争中同样受到沉重打击。乾隆四十九年（1784），甘肃伏羌阿訇田五率领回族起义，何土司家族第十四世祖何武与其子何大臣率领土兵协助清军镇压起义，在石峰堡战役中，损失惨重。同治元年（1862），西北爆发大规模回族起义，攻占河州城，何土司家族的家寺报恩寺亦毁于一旦。回族起义军还围攻了何土司的属地——永靖县白塔川何堡村，死伤无数，虽然最终未能攻占何家堡，但再次给予何土司家族沉重一击。

五　在明清政府的打压下藏族势力在河州地区明显收缩，回族大量迁入

元代时，河州已是多民族居住的地区，主要生活着吐蕃、蒙古、汉三大民族，因此元政府将管理藏区的重要机构吐蕃等处宣慰使司设于河州，并由蒙古或吐蕃上层人士担任统帅。自明以来，中央政府对河州的藏族、

---

①　张彦笃修，包永昌等纂：《洮州厅志》卷 16《番族》。

蒙古族实行打压政策，藏族势力逐渐退出了河州地区。同时明廷又实行移民实边政策，驱使江苏、晋冀一带居民，大量迁往河州，其中不乏回族。明洪武十二年（1379），沐英带领回回兵进驻洮州，在河、洮一带戍边屯垦，后逐渐编辑入户成为当地居民。明洪武初年（1368），河州建起王寺（今老王寺）①。明成化年间（1465—1487），在凤林城西（今新西路、华寺街十字路口西南）又修建了一座清真大寺，因其用各种彩色装饰而成，故名"花寺"（今老华寺）②。可见回族已在河州大量聚居。至清代，回民"惟河州为最多，其种类也最强"③，特别是河州所属八坊"为回民商务聚散之地，富甲省垣，居民三万余人，全系回族"④。清中后期，西北回族起义被残酷镇压，又有大量回族西迁。清咸丰年间，陕、甘、宁各地10万多回族人民迁徙河州。"在同治年间的陕甘各地起义失败后，又有大量的回民避难于河州，使河州的回族人口不断增加，成为甘肃回族最主要的聚居区。"⑤ 河州由此赢得了"小麦加"的称号。自明以来，回族的大量迁入和回族势力的迅速发展，使其逐渐成为河州地区最主要的少数民族，而藏族在当地的势力则进一步收缩，要么汉化，要么西迁。何土司的巨大影响力本在番族内部，明初何锁南的归附，对明朝统一藏区起到了至关重要的作用，正因为如此，何土司家族才被明廷所倚重，但伴随着藏族在河州地区的衰微及回族的崛起，必然大大减弱何土司对当地的影响，也使其失去了向朝廷邀功的资本。最终，民国年间兴起的回族军阀马步芳家族给予何土司最后致命的一击——占领了其封建权威的象征土司衙门。

何土司家族是在土司制度下产生的，随着民国时期的改土归流而结束。何土司家族最终失去了对土司衙门的所有权和使用权即标志着何土司在河州地区势力的完全消失，这个在明清两代雄踞西北并对其政治、经济、文化产生过重大影响的家族也从此淹没在了历史的尘埃中。

---

① 临夏市地方志编纂委员会：《临夏市志》，甘肃人民出版社1995年版，第794页。
② 马通：《中国伊斯兰教教派与门宦制度史略》，宁夏人民出版社1999年版，第221页。
③ 慕寿祺：《甘青宁史略副编》卷3。
④ 慕寿祺：《甘青宁史略》卷31。
⑤ 胡振华：《中国回族》，宁夏人民出版社1993年版，第76页。

六 釜底抽薪，在西北土司地区建立基层行政组织，使土民直接受政府管理

关于此问题，本文将在下一节专门论述

第六节 清朝初期河湟地区基层社会组织的变迁及其对土司制度的影响

近年来，学术界探讨中国河湟地区土司制度的著作非常之多，成果也颇为丰富，但仍有未尽之言。如河湟地区土司虽未像西南土司一般，在清初实行改土归流，但也迅速走向衰落的问题，多数论著归结为清政府实行的一系列削弱土司的政策。而对于清朝初期河湟地区基层社会组织的变迁对土司制度的影响却很少关注。实际上，正是由于清朝初期河湟地区基层社会自身的一系列变革，才使清政府采取的削弱土司的政策取得了事半功倍的效果。那么清朝初期河湟地区究竟发生了怎样的变革？而这些变革又对河湟地区的藏族社会、土司制度和藏传佛教的发展等产生了怎样的影响呢？

一 清朝初期河湟地区基层社会的变革

明代河湟地区基本上处于军政合一的卫所和世袭土司的统治之下。明洪武四年（1371）正月，朱元璋首先在河州设立河州卫，以大将韦正为指挥使，并敕封故元吐蕃等处宣慰使司都元帅何锁南为指挥同知，允其世袭罔替。从而形成了河湟地区土流参治、土控于流的管理模式。随后将此模式在河湟地区推广，又建立了西宁卫、洮州卫、岷州卫等。直至明成化十年（1474），巡抚督御史马文升奏改河州卫原治四十五里为河州，军民分治，州隶临洮府，卫仍为军民指挥使司。清雍正年间西宁等地也陆续改卫设府。与明代河湟地区的军政机构相比，基层社区组织相对稳定，大体由三大类组成：一是里甲，二是土司，三是屯寨。

明洪武十四年（1381）朱元璋在全国推行里甲制度，内地里长一般是择老成者为之或由纳丁粮多者轮值，不拿俸禄，不世袭，而明代河湟地区的里甲制却保留着鲜为人知的一面，那就是里长、甲首的世代相袭，具有浓厚的部落酋长性质。这一点在康熙《河州志》卷二《田赋》中有详细的记载：

旧俗相沿有里长户、甲首户等名色。里长户世为里长，甲首户世为甲首，其甲首户悉听里长管辖。即男女婚娶亦必听命于里长，是以应完银粮惟任里长派收……又里长书手每年必下户两次，所到之处派收食用，科敛脚费，不遂其欲，即行捆绑拷打，指称该户欠某老户名下银若干，欠某老户名下粮若干，勒令赔纳……故百姓莫不敬里长书手如神明，畏里长书手如虎狼……先是河州地粮不清，里甲混淆，甲首里长任意飞诡……百姓不遂其欲，即借端苛派，官司稍察其弊，即捏款诬控。是以盗窃丛生，流亡载途。①

由此可见河湟地区的里长与内地相比，权力大大增强。由于里长实行世袭制，地方政府对其没有任免权，这就使得里长很难加以控制，俨然成为横行乡里、鱼肉百姓的土皇帝。明代河湟地区的基层组织中不仅里长、甲首可以世代相袭，而且中下层军官、军户，以及土司等均为世袭，所以说世袭制是明代河湟基层组织的一大鲜明的特征。这就使国家权力很难向土司、卫所以下的基层社会渗透，从而形成了国家权力的真空状态。而到了清朝前期，河湟地区乡村社会的隔绝状态终于被打破，基层社会组织发生了深刻变革。

（一）革除里甲，创设会社、保甲制度

会社原本是明清时期兴盛一时的民间组织，如有文学会社、宗教会社、慈善会社等。而在河湟地区会社被加以改造，增加了它的政治功能，成为半官方的地方基层组织。会的首领为总练，社的首领为社长。康熙《河州志》卷二《田赋》载："（河州知州）全臣筹画再三，乃令四乡先立保甲、会社，或二三十村庄连为一会，每会择其老成者举总练一人，社长或三四人，饬令稽查盗贼，巡警地方，迨居民咸听约束矣。"最初河州的总练亦有清查土地的职责，康熙四十四年（1705）河州知州王全臣清查土地时，"犹恐练总人等或徇情面，或受贿颠倒隐混"，"于是择才德兼优、品望素著之绅士等"，"分乡核查"②。王全臣恐练总（总练）徇私，而以绅士等分乡核查，这反而说明康熙时河州的总练兼有清查土地、征收赋税的职能。

---

① 王全臣：《河州志》卷2《田赋》。
② 同上。

明代的里甲制度以完成封建赋役征收的任务为主，同时负责地方治安和进行封建纲常礼教、法制教育。会社和保甲制的设置无疑取代了里甲的职能。于是，"乃立保甲以查地亩……地亩即清，乃革除里长，令民自封投柜，虽存里甲，仅虚存其名"①。保长、总练皆有一定任期，由官府择选，从而打破了数百年来笼罩在河湟地区基层社区之上的坚冰，使国家权力的触角第一次直接深入藏族社会的基层。当然，清代河湟地区保甲、总练的主要职责仍然是"稽查盗贼，巡警地方"。王全臣新建的保甲究竟有多少，尚不得而知，但变革后的河州共有99会，每会下辖若干社，大会有辖12社者，小会仅有2社。②

河湟地区保甲法的实行，亦早于清政府在全国的全面推行。虽然在顺治元年（1644）清政府推行过一段时间的"总甲法"，但于顺治十二年（1655）又开始恢复明代的里甲制度，谕令"各布政使严饬该道府，责令州县查照旧册，著落里甲，逐一清厘"③。直至康熙四十七年（1708），康熙帝才"申行保甲之法"：令"十户立一牌头，十牌立一甲长，十甲立一保长，若村庄人少，户不及数，即就其少数编之。无事递相稽查，有事互相救应。保长、甲长、牌头不得借端鱼肉众户。客店亦立籍稽查，寺庙亦给纸牌。月底令保长出具，无事甘结，报官备查，违者罪之"④。河湟地区的保甲之法早在康熙四十四年即以推行，可见河湟地区里甲制的废除，并不是在中央的统一安排下进行的，而是鉴于河湟地区里甲制的特殊性在全国率先实行。

（二）全面推行乡约制度

顺治十六年（1659），清朝正式命令各州县设立乡约，专司教化，负责朔望宣讲圣谕。但在推行过程中出现了乡约首事官役化的现象。然而，河湟地区的乡约从一开始就被赋予了行政职能，成为一级地方基层行政组织。

河湟地区的乡约制度直到雍正四年（1726）才得以实施。雍正三年（1725）十月川陕总督岳钟琪奏议："凡切近河、洮、岷州内地番人与百

---

① 王全臣：《河州志》卷2《田赋》。

② 徐兆潘修，王陶安纂：《续修导河县志》卷2《地理志》。

③ 《清世祖实录》卷88，顺治十二年正月壬子。

④ 《清朝文献通考》卷22《职役、保甲》。

姓杂处者，向通汉语。自归诚后已令改换内地服色，毋庸设立土千百户，但就其原管番目，委充乡约、里长，令催收赋科。久则化番为汉，悉作边地良民。其去州县卫所较远之部落，现在有地耕种，令按亩纳粮。"① 此奏议得到雍正皇帝批准。翌年，青海都统、办事大臣达鼐、西宁总兵周开捷等在河、湟等处招徕安插番人，"遵照部议，委以千百户、乡约，并饬地方营汛官弁会查户口田地，定其赋额"②。此后，河湟地区各中马番族除珍珠族等少数未设乡约外，大多设有乡约，如西宁的迭祚族、囊思多族、多巴族、安达池哈等族，③ 河州的鸿化、灵藏、乩藏、沙马、老鸦等族。④ 各乡约均由地方官择"老成""公正"之人充任，由政府颁授印札，任期一般为三年，期满更换。乡约分总乡约与乡约两级，总乡约亦称总约，一般为一人，乡约则可有数人。《西宁府新志》卷一九《武备·蕃族》记载："他受蕃族，不甚驯良……黑账房二十五座，蕃人共九十一名……东西南北各三十里。乡约麻只格所管。"⑤ 可见河湟地区的一些番族已直接由乡约管理，成为行使国家权力的一级地方行政组织。

河湟地区基层社会组织的变迁，不仅仅是组织名称或管理模式的转变，更为重要的是它革除了河湟地区数百年来基层组织的世袭制，打破了基层首领们网织多年、一手遮天的传统权力结构，总练、保长、乡老不再是割据一隅的土皇帝，而成为协助地方政府管理百姓的基层官吏。从而使得国家权力排除阻隔，直接深入县以下的基层社区，河湟基层社区中国家权力的真空状态基本结束，大大加强了清朝中央政府对河湟地区的控制和管理，巩固了统一的多民族国家。

二　河湟地区基层社会组织的变迁对土司制度的影响

清朝初期，里甲制度的革除，会社、保甲和乡约制度的设立，对于广大内地地区来说，也许只是地方基层行政组织形式上的不同，但对于处于西北边疆的河湟地区的藏族社会而言，却是一场划时代的深刻变革。

---

① 龚景瀚：《循化志》卷1《建制沿革》。
② 龚景瀚：《循化志》卷8《回变》。
③ 杨应琚：《西宁府新志》卷19《武备·番族》。
④ 龚景瀚：《循化志》卷5《土司》。
⑤ 杨应琚：《西宁府新志》卷19《武备·番族》。

（一）河湟地区基层社会组织的变迁使藏族社会的土司制度受到致命打击，实已形同虚设

清朝前期在西南地区大规模地推行改土归流，存在了几百年的土司制度顷刻间土崩瓦解。然而河湟一带的土司照旧任职承袭，一如明朝。但土司制度积习已久，危害日重。他们"武断乡曲，把持钱粮"①。实际上，清朝中央政府并不是对此不闻不问，任由土司坐大。河州知州王全臣在向康熙帝的呈文中就列举了土司、国师霸丁占地，欺凌良民的种种劣迹。②清政府之所以未在河湟直接推行改土归流，一个重要原因是鉴于河湟地区土司"绝不类蜀、黔诸土司桀骜难驯也"，数百年来，一直"有捍卫之劳，无悖叛之事"③。故无须操之过急，以免激起西北边疆不稳。于是清政府采取了与对西南土司截然相反的政策——以柔克刚，通过设置保甲、乡约等新的基层组织，做到釜底抽薪，使土民直接受政府管理，逐步将土司排除出西北行政管理体系之外。

土司本对所属土民拥有绝对权力，征收赋税，受理诉讼，地方官员无权过问。然而自清康熙雍正年间河湟基层社会组织发生重大变迁之后，保长、乡老逐渐掌握了维护地方治安，征收地方赋税的实权，而"严禁土官不得擅受民词……并严立保甲协力擒拿偷盗"，"土司徒拥虚名，催办粮赋皆委役乡老"④，这就使得土司逐渐失去了直接管理土民的权利。如河州珍珠族土司马辅国子孙"尚沿土司之名，而行查造册皆不及之，不过头目之类"，又如"土司龙兴海不知何职，雍正四年清查卷内，亦有其名，而今不著，亦不闻其子孙，承袭者概已夷为编户矣"⑤。会社、保甲和乡约组织的设立使国家权力直接深入藏族社会的基层，土司对土民的统治被完全架空，这给予河湟地区的土司以致命打击，实已形同虚设，"各族俱纳粮当差，土司但拥虚名而无实权"⑥，国家丈量土地，统计户口，造册纳税，土民直接向县府纳粮，成为国家的编户齐民，土司已然失去了它获取政治经济利益的基础——土民，如"岷州宕昌土司马继贤管土民

①　慕寿祺：《甘宁青史略》卷23。
②　王全臣：《河州志》卷2《田赋》。
③　《明史》卷310《土司传》。
④　龚景瀚：《循化志》卷4《族寨工屯》。
⑤　同上。
⑥　同上。

十六族；东路麻土司赵士林管土民三族；北路攒都沟土司后桂管土民二百九十名，此三土司所辖，虽号土民，久与汉民无异，钱粮及命盗重案悉归州官征收、审判，土司不过理其平常词讼而已"①。

清政府已不再像前代一般，土流参治，与土司共治河湟，守土封疆，而是釜底抽薪，将土司逐渐排除出藏族社会传统的国家权力和土司权力的双重管理结构，形成了单一的自上而下的国家权力体系，中央政府对藏族基层社区的管理也由以前的羁縻管理逐渐过渡到直接管理，使国家的统治触角第一次直接深入河湟藏族基层社会之中。

同时，土司制度的衰落直接带来了河湟地区民族构成的重大变迁。自唐朝中叶以来，河湟地区长期被吐蕃王朝所统治，藏族成为当地的统治民族。元代时更是将统治藏区的三大机构之一——吐蕃等处宣慰使司设于河州，并由蒙古或吐蕃上层人士担任宣慰使，足见河湟地区乃藏族生活的中心区域。正如史书所载：西番"族种最多，自陕西历四川、云南西徼外皆是，其散处河、湟、洮、岷间者为中国患尤剧"②。但伴随着土司制度的衰落，藏族势力在这一地区明显收缩，要么汉化，要么西迁。而随之而来的则是回族的大量迁入河湟地区，回民"惟河州为最多，其种类也最强"③，特别是河州所属八坊"为回民商务聚散之地，富甲省垣，居民三万余人，全系回族"，清中后期，陕、甘、宁各地 10 万多回族人民迁徙河湟。"在同治年间的陕甘各地起义失败后，又有大量的回民避难于河州，使河州的回族人口不断增加，成为甘肃回族最主要的聚居区。"④ 河州也赢得了"小麦加"的称号，河湟地区逐渐成为我国最主要的回族聚居区之一。

（二）新的藏族基层社会组织的建立，为河湟地区藏族的交往铲除了藩篱，不同文化间的相互渗透进一步使国家权力与地方基层社区得以整合

明代河湟地区的藏族社会是一个世袭土司治理下的封闭性极强的社区，民事纠纷、缴纳赋税都完全由土司掌管。土司各自为政，互不统属，

① 甘肃岷县志编纂委员会办公室：《岷州志校注·岷州续志采访录·户口》，1988 年，第439—440 页。

② 《明史》卷 330《西番诸卫》。

③ 慕寿祺：《甘宁青史略副编》卷 3。

④ 胡振华：《中国回族》，宁夏人民出版社 1993 年版，第 76 页。

互不干涉，不同土司治下的土民之间很少往来，几乎不存在任何政治经济上的联系。与此相应的是，明代河湟地区基层社会中的里甲也是一个封闭性极强的乡村组织，在这一组织中，里长的权力因世袭而被高度强化，连"男女婚娶亦必听命于里长"。每一个藏族社区就如同散落在大海中的一个个孤岛，藏族社区与汉族社区以及其他民族社区之间的往来，更是几近断绝。造成这一局面的原因，除了割据一方的土司制度，更重要的是半部落化的基层里甲组织，以及来自该组织中行政权力的强力束缚极大地阻碍了这种交往。

　　然而在清朝前期，会社、保甲、乡约制度相继推行，土司制度已名存实亡，世袭、封闭、保守、半部落化的里甲组织被打破，新的藏族基层社区得以建立，藏族群众所受到的来自社区绝对权力的强力打压、羁绊与种种限制大为减弱，为河湟藏族之间以及藏族同其他民族之间的交往铲除了藩篱。同时，以前土司掌握的特权，逐渐由保长、乡约或县府直接管理，这无形中加强了藏族同其他民族之间必要的政治经济联系。此时期河湟民族之间、社区之间的交往空前活跃，其中最为典型的就是推动了传统儒家文化渗入藏族社区。

　　伴随着藏族社区的逐步开放，藏汉之间的民族交往日益密切，传统儒家文化已逐渐渗入藏区。藏族"输粮供役，与（汉）民无异，俊秀读书，亦应文武试，如祁伯豸兄弟已登科目，立功名，为国家大臣……与民错杂而居，联姻结社，并有不习土语者"①。又如西宁东伯府十四世土司李世泰，于乾隆四十一年（1776）袭职，自幼唯好中医，"其赋性仁慈，尤慕医学，年弱冠师事巨，口传手授，如有所悟，虽书方时有讹字，然服其药，功效立著。无论贫富，从不受谢。五十后辞职，居郡城纸房坡，就医者接踵相接，毫不殚烦，其从心济世有如此者"②。儒家文化地不断深入，使藏族的民族认同逐渐淡化，而对汉族的民族认同却逐渐加深，这无疑有利于国家对河湟藏区的管理，也进一步推动了国家权力与藏区基层组织的整合。

　　另外，国家权力第一次直接深入藏族基层社区，必然也促使作为封建王朝统治思想的儒家文化进入基层社区，与藏族文化相互渗透，相互融

---

① 杨应琚：《西宁府新志》卷24《土司》。

② 杨应琚：《西宁府新志》卷7《人物》。

合，为新建立的基层社区组织提供文化基础和精神保障。据《续修导河县志·卷二·民族门》记载："番族旧志记载五十五族，足证族大丁多，自明迄今（民国初），日渐溶化，竟至变夷为华……衣冠礼仪与汉族无少差异。"①

（三）藏族社会基层组织的变迁，也抑制了藏传佛教在河湟地区的扩张与发展

元明以来藏传佛教在河湟地区迅速发展，寺院林立，盛极一时，它已不仅仅是一种宗教，而是形成了一股强大的政治经济势力。上层僧侣不仅是神权的象征，而且成为政治上的代表。然而，清朝初期会社、保甲、乡约制度的推行，有效地抑制了藏传佛教政治经济势力在河湟地区的蔓延。

其一，元明以来，中央政府大加推行藏传佛教，许多佛教上层人士被封官受爵，在河湟地区形成了一批僧职土司。僧职土司与世俗土司名号虽异，但在朝廷敕封、世代相袭、封土司民这些根本特点上是完全一致的，他们皆广占田地，统属族民，如"河州鸿化、灵藏各族皆有国师、禅师管理族民"②。属民租种寺院土地，缴纳地租。年羹尧在《青海善后事宜十三条》及《禁约青海蒙藏十二事》的奏疏中明确指出："查西宁各庙喇嘛，多者二三千，少者五六百，遂成藏垢纳污之地，番民交纳喇嘛租税与纳贡无异。"③ 河湟地区每个大的部落皆有自己的藏传佛教寺院。"其各蕃族，各有归附，寺院俨同部落。"④ 据《河州志》卷2载："中马番族附：珍珠族，世袭国师一，禅师一，土舍一，弘化族，世袭国师，灵藏族，世袭禅师。"由此足见藏传佛教在河湟地区巨大的政治经济实力。

其二，在河湟地区，割据一方的土司为了进一步巩固自身的统治地位，对藏传佛教的推崇更是不遗余力。雍正年间，卓尼土司的母亲去世。在办丧事时，卓尼、月巴、马闹、迭当等在各自法台的率领下有15000名僧人参加。土司向参加法会的僧人回赐的财物有：砖茶300块，酥油3000斤，食盐135斤，白面205石，油籽100石，糌粑252石，折银共计

① 徐兆潘修，王陶安纂：《续修导河县志》卷2《民族门》。
② 张维：《甘肃通志稿》卷76《土司》。
③ 中国故宫博物院文献馆：《文献丛编》第6、7辑。
④ 杨应琚：《西宁府新志》卷15《祠祀》。

达3万余两。① 甚至有些土司家族集政教权力于一身，形成政教合一的统治形式，即同一家族内既有人承袭土司职务，又有人承袭僧官职务。如河州普纲、永昌二寺都纲的始祖端月坚藏，系河州珍珠族僧人，洪武年间被授予都纲，其弟韩哈麻永乐年间被任命为河州卫镇抚，于是形成"兄为土司，弟为都纲"的双重家族统治体系。

正如前文所论，清朝初期河湟地区基层组织的变革，使得国家权力直接伸入河湟藏区的基层，大大加强了中央政府对藏民的直接控制，"将各蕃族归于县官，按地输粮，不受番寺约束"②。雍正五年（1727），西宁办事大臣达鼎和总兵周开捷奏革前明颁给的西宁一带各族寺院僧人国师、禅师的名称、印册等。西宁"沿边各寺喇嘛，有名国师、禅师者，名目不合，宜收前明各敕印，换给僧纲、都纲职衔，议给衣单口粮"③。此外，还规定各寺院不准在附近部落收租索粮，"令地方管理，度各寺费用给之"。"数百年之弊，一旦革除，宁人快之。"④ 僧职土司的衰落，直接影响到藏传佛教在河湟地区的扩张和发展，这使寺院对藏族社区的管辖不得不由原来的政教并重、直接管理逐渐转变为只用教权间接影响的形式，而总练、保长、乡约则成为藏族基层社会新的权力中心。以前"皆有国师禅师管理族民，如土司之例，雍正五年追回敕印，改为都纲，但管本寺僧人，而族民不受其约束矣"⑤。失去了强大的政治权力和经济实力的藏传佛教，就如同折去了双翼，再也不可能横行乡里，霸占田地，从而有效地遏制了其势力的进一步扩张。

正如前文所论，清朝前期河湟地区基层社会组织的变迁加速了世俗土司势力的衰落，这必然导致与其相互依存、互相利用的藏传佛教势力受到严重打击。失去土司支持的藏传佛教，再也不可能获取巨额的经济支援和强有力的政治扶持，其势力也必将日渐衰落，再加上儒学思想对藏族社区的渗透，藏传佛教在河湟地区更是逐步收缩，失去了往日的光辉。

---

① 嘉木样协巴·久美旺布：《卓尼政教史》，杨士宏译，西北民族学院研究所1985年版，第47页。

② 杨应琚：《西宁府新志》卷15《祠祀》。

③ 杨应琚：《西宁府新志》卷20《武备》。

④ 杨应琚：《西宁府新志》卷31《纲领》。

⑤ 龚景瀚：《循化志》卷5《土司》。

第七节　末代土司——何晋

一　河州马家军阀的迅速崛起

近代以来，在西北的历史舞台上兴起了一支庞大的地方性、民族性的军人集团，这就是曾令人谈"马"色变，叱咤西北40年的马家军阀，即以"甘马""宁马""青马"三大家族为中心的回族军阀集团，而这"三马"均源自河州。"宁马"创自河州河西韩家集阳洼山回民马千龄，"甘马"创自河州西乡莫尼沟何家庄阿訇马占鳌，"青马"发迹于河州莫尼沟回民马海晏。本书重点介绍一下对何土司家族及末代土司何晋产生重要影响的"青马"家族。

同治元年（1862）西北回民起义爆发，马占鳌被推举为河州回民起义领袖，率领马海晏、马千龄等进行反清斗争。同治十一年（1872），马占鳌等在河州太子寺大败左宗棠率领的清军，但战胜而降，马占鳌被左宗棠任命为三旗马队督带兼中旗管带，马海晏为督标中营督带。从此，马家军阀走上了崛起之路。光绪二十一年（1895），"河湟事变"爆发，马海晏在平叛中又立新功，升为骑兵管带。光绪二十六年（1900）八国联军进犯北京，甘军被调往京城护驾，西方列强给了"青马"接近"天颜"的机会，马海晏不顾自己年逾古稀，在慈禧西逃的路上，鞍前马后，心力交瘁，结果在"护驾西行"途中病故于河北宣化，其子马麒继任旗官一职，而这次"护驾"成为马家军阀崛起的关键一步。1906年7月，马麒受封循化营参将，驻兵循化扎巴镇，取得了其在青海地区独立发展的基本地盘。1911年马麒趁辛亥革命之机，大力扩充实力，招募大批回族、撒拉族群众投军，以原来的循化营为基础，扩编为精锐马步兵14营，共计7000余人，并动员官兵家属2000余人随军出征，谓之"跟营"。1911年11月宁夏革命党起义，马麒率兵镇压，屠杀了大批革命志士，并借"善后"之名敲诈勒索百姓财物，装满100多辆大车运回河州老家，为其家族日后发迹奠定了经济基础。1912年马麒在铲除政敌——甘肃临时议会议长李镜清后，如愿以偿地接到了西宁镇总兵的任命书。两年之后，马麒又将青海办事长官廉兴排挤出青海，并奏准北洋政府裁撤青海办事长官衙门，权力全部移交西宁镇总兵，不久，马麒升任甘边宁海镇守使，主持青海大局。青海虽名义上还属于甘肃管辖，实际上已成为马麒的"独立王国"。1928 年 9 月 5 日，国民党中央政治会议正式通过了青海建省的决议，孙连仲担任青海省主席，马麒被任命为建设厅厅长兼省府委员，其弟马麟也成为 7 名省府委员之一。1930 年中原大战爆发，马麒担任青海省政府主席，第二年，马麒病故，马麟继任，马麒的长子马步青被任命为骑兵暂编第一师师长，次子马步芳被任命为新编第九师师长。野心勃勃的马步芳本以为可以父死子继，理所当然地成为"青海王"，孰料以黎丹为首的青海元老却公推马麟担任省主席。心有不甘的马步芳表面上不得不服从，暗地里却已开始了排挤马麟的行动。在马步芳咄咄逼人的态势下，马麟决定以退为进，请假半年赴麦加朝觐，寻求南京方面的政治支援，结果蒋介石顺水推舟，不但准了马麟的假，反而由马步芳代理青海省主席一职。马麟在朝觐回来之后，自知已是大权旁落，青海也已今非昔比，最终黯然离开西宁，回河州颐养天年，而马步芳下一个要打击的对象则是自己同父异母的兄长马步青。1935 年，蒋介石将马步青的陆军骑兵第五师扩编为陆军骑兵第五军以牵制马步芳。1942 年又特派马步青为青海柴达木屯垦督办，率骑兵第五军以"屯垦部队"的名义移驻西宁，实则分割马步芳的权力。马步芳将计就计，表面上在西宁乐家湾大修营房，储备粮草，实则已策划好了吞并第五军的每一个步骤。1943 年，蒋介石将马步芳和马步青的部队编入第 40 集团军，并由二人分别担任该集团军的正、副总司令。马步芳趁机卸去第 82 军军长的职务，由其子马继援接任，这就使得马步青与小辈为伍，降低了身份。于是，马步芳说服马步青让出第五军军长一职，并暗中培植自己的亲信逐步安插进第五军的中下级岗位，釜底抽薪，最终架空了马步青，至此这位当年权重一时的"马少帅"每天也只能靠逗一逗军鸽来取乐。

官场失意的马步青只好回到老家，开始在河州大兴土木，修建庄园。位于河州城东南三道桥附近的东公馆，就是马步青为其家眷修建的大型宅院，占地达 200 余亩，古建筑 156 间，建筑面积约 5860 平方米。1938 年动工，1945 年方才建成。1944 年马步青又娶兰州著名秦腔演员张筱英为妻，为博取她的欢心，再建蝴蝶楼，尽强行购买临夏城西数座村庄的 500 余亩良田，迫使 73 户人家搬迁。马步青并在临夏采取威逼利诱等各种手段，耗资 580 余万元在河州城区、北塬、东西川等地大量购置田产，共计购买庄寨约 190 余院，土地 1.6 万亩，小磨 46 盘，并扩建铺面 500 余间，店院 20 座。另外，还有大量河滩、树林等。

　　以马步青为代表的马家军阀在河州的疯狂扩张,使得清代以降已然衰
落的河州土司更是雪上加霜,在缺乏政治支持的情况下,土司只得将所属
土地以非常低廉的价格卖给马家军阀,以求能继续维持摇摇欲坠的土司统
治。民国元年(1912)马占鳌的次子马国良就因侵占河州撒拉族韩土司
的土地,双方争斗不睦,马国良随即向省府建议改土归流。

二　民国时期甘青地区土司的改土归流

　　清代在特定的政治历史环境之下保留了西北的土司制度,但由于中央
政府对西北边疆直接控制力的大大加强,土司已不被倚重,并采取了一系
列政策措施,限制和削弱土司的权力。到民国时期,随着生产力的提高和
社会的进步,土司制度越来越成为生产力发展的桎梏。同时,由于土司地
区处于割据状态,使战争、械斗频繁,严重破坏了西北地区的安定。改土
归流的呼声不断高涨,政府亦有推行之意。甘肃各土司闻讯,"密修兵
备,预备抵御",甘肃都督赵惟熙"亦恐激变,不果行"[1]。民国四年
(1915),时任甘肃西宁镇守使的马麒请准北洋政府,在海西都兰寺、海
南、玉树结古各设立理事一名,相当于后来的设置局,系县级政权,负责
管理调解蒙藏事务。蒙藏地区理事员的设置,改变了当地数百年来传统的
国家理藩院派专员管理和土司管理相结合的制度,是钦差代管制和土司制
向县治新政的一种过渡,[2] 也可以看作民国时期甘肃改土归流的开端。民
国十五年(1926),西宁县农会会长蔡有渊等上书甘肃省政府,请求废除
土司制度。甘肃省政府令西宁行政长官林兢和教育厅长马鹤天查办,并希
望土司"自动请求改土归流",然而甘肃土司并没有如其所愿,土司制度
仍然存在。民国十八年(1929),孙连仲任青海省首任主席后,正式改玉
树理事为玉树县。同年,西宁县长陈宗汉"将所有差徭直接向土民派收,
各土司均无异议"。民国十九年(1930)新设互助县之后,土司李承袭、
祁昌寿、李沛霖、汪吉祥、祁钦恩、纳辩业、吉树德、赵永鳌等联名呈报
南京蒙藏委员会,要求"体令前勘,注销旧案",此事引起全国大哗,新
闻界纷纷予以报道和抨击。民国二十年(1931)8月,南京政府通过"明

---

　　[1]　阳秋:《甘乱杂志》,东京同文社印行,第25—26页。
　　[2]　顾颉刚:《西北考察日记》,《甘肃文史资料选辑》第30辑,甘肃人民出版社1989年版,
第62页。

令撤销土司案"，下令彻底废除土司制度，甘肃的改土归流才艰难地全面启动。

但是由于甘青土司地区长时间是以部落形式存在，广大的百姓只知有部落，不知有县乡，只知有土司，不知有县政府。因此这一地区的改土归流是一个逐步推进的漫长过程。在南京国民政府通过废除土司制度之后，青海省政府还通过了一项决议，即"此项封建制度自应取消，以一事权。唯祁昌寿、李沛霖等袭职年久，取消之后，所有地粮均归县政府征收。为体恤起见，每年酌给若干，以资赡养，并予各土司以区长、村长名义"①。可见当时的改革阻力很大，十分缓慢。下面我们以拉卜楞寺和甘肃卓尼杨土司为例具体查看一下甘青土司改土归流的过程。

拉卜楞寺所辖部落原归循化厅管辖，民国以后在军事上属于宁海镇守使的驻防区。嘉木样五世的父亲贡布达吉（汉名黄位中）不甘心受马麒控制，积极向外扩张，马麒自然也不甘示弱，民国十三年（1924）双方斗争激化，马麒派军讨伐贡布达吉，并抢掠拉卜楞寺，贡布达吉逃入藏区，经过三年交涉，民国十六年（1927），拉卜楞地区由循化厅划出，成立拉卜楞设治局，直辖甘肃省政府，同时成立拉卜楞番兵司令部（1934年改称拉卜楞保安司令部），由黄正清任司令，下辖三个团（士兵的弹药粮草自备，无事操其旧业）和一个保安大队（这是经常性的，由省政府提供粮饷）。②民国二十二年（1933）拉卜楞设治局升级为夏河县，并于民国二十七年（1938）决定在夏河县境内编组保甲，把夏河县编为十四个乡镇。乡镇保甲长的人选，由土司、寺僧等按其原有级别优先加以委用。利用拉卜楞寺辖区本有的"晓化"（即部落）、"德哇"（即村落）等基层组织，就以"晓化"为乡，以"郭哇"或土司头人为乡长，以"德哇"为保，以一名"干林姆"（意为"三老"）为保长③。这样就形成了拉卜楞的行政系统，即：夏河县——晓化（乡）——德哇（保）——甲——户，军事系统为：拉卜楞保安司令部——三团、保安大队。由此可见，虽然拉卜楞寺政教军合一的单一统治机构得到了多元化的改变，拉卜

---

① 土族简史编写组：《土族简史》，民族出版社 2009 年版，第 70 页。

② 黄正清口述，师纶整理：《黄正清与五世嘉木样》，《甘肃文史资料选辑》第 30 辑，甘肃人民出版社 1989 年版，第 43 页。

③ 参见刘继华《民国时期甘肃土司制度变迁研究》，《兰州教育学院学报》2003 年第 2 期。

楞寺所属部落也纳入政府的行政体系，但国民政府在夏河县的行政机构只是徒有虚名，其实际权力仍然掌握在土司手中。

卓尼杨土司所属部落号称共四十八旗，旗是军政合一的单位，旗长称长宪，负责征收钱粮，处理一般纠纷，遇有战事，领兵出征。每旗下设若干总管，每一总管辖有若干村庄，每村又设一名头人。在行政上，各旗隶属于土司衙门管辖，其组织系统可简单地概括为土司——二大头目——二十四旗——六十九总管——五百二十头人——一万多户居民。[1] 在宗教上，各旗又要受到禅定寺及其属寺的管理。清嘉庆十九年（1814），第十六代土司杨宗基兼任禅定寺禅师，从此卓尼杨土司形成政教合一的统治制度。民国十四年（1925），第 19 代土司杨积庆被任命为洮岷路保安司令。司令部内设秘书、参谋、军需、副官、政训等五处，及有名无实的军队三团，另有头目二人帮助司令处理各旗事务。民国二十六年（1937），博峪事变发生，杨积庆被杀，其次子杨复兴继任司令。为了分化杨土司的权力，国民政府又以恢复旧制为名（按旧制土司生二子，长子袭土司，次子袭禅师），册命杨复兴之弟丹珠呼图克图为禅定寺禅师，管理卓尼土司境内的宗教事务，这使得卓尼杨土司长期以来政教合一的局面被打破。民国二十七年（1938），国民政府在卓尼设立卓尼设治局，并于同年在卓尼境内编组保甲。这样，在卓尼就形成了两个行政系统，其组织分别为：

洮 岷 路 保 安 司 令 部——三 团 部——四 十 八 旗——总 管——头人——户。

卓尼设治局——区——乡（镇）——保——甲——户。

这两个行政系统中的官员多由以前杨土司统治之下的大小头目担任，可见杨土司地区的改土归流也仅仅只是换汤不换药而已。但是，原来集政治、军事、宗教权力于一身的杨土司，其职权显然得到有效分化，卓尼设治局分割了其行政权，禅定寺禅师分割了其宗教权，杨土司权力被大大削弱。

综上所述，尽管甘青地区的改土归流进行很不彻底，各级机构的行政长官多由以前的土司或头人担任，但是从县到乡镇的行政机构毕竟建立起来了。正是由于这些新的行政机构的建立，又使得许多土司失去了部分权力、威望和地位。从这一点来说，甘青地区的改土归流是很有成效的，对

---

① 谷苞：《卓尼番区的土司制度》，《西北民族宗教史料文摘》（甘肃分册），第 297 页。

该地区的发展也起到了重要作用。

三　末代土司何晋的悲剧人生

河州马家军阀的崛起和民国时期中央政府的改土归流对何土司家族产生了极其重要的影响。清代末年，除了几个较大的土司之外，其他土司的权力已经很小，其职权主要是行政事务，如征税、派差和一定的司法权。所能控制的军队已很少。如临潭着逊小杨土司，清末报部土兵 10 名，把守隘口 3 处，管辖番民 7 族共 30 户。民国年间属民有 6 族 48 户，内 30 户为"吃田"之汉民，其地位不及保长。[①] 何土司家族最后一任土司何晋，光绪末年袭职，何晋此时所拥有的权力也已很小，常备军不复存在，河州早已设置州县，指挥同知仅是一个虚衔。何土司所管辖的地区分为"民地"和"飞地"，"民地"需要向官府缴纳赋税，而"飞地"则直接向土司缴税，由土司直接管理。据《和政县志》记载，何土司此时所管区域主要是东乡何闫家，南乡马家庄，西乡沈家河，河北乡黑城堡、何家堡等，其管辖地区大大缩小。

何晋共有兄弟三人，按照清代土司实行嫡长子继承制的定例，其两位弟弟都被册封于河州折侨乡尕何家庄。虽然此时的何土司家族已是日薄西山，但其余威尚存。据何土司的后裔回忆，河州的新任地方官上任都要前往土司衙门拜见何晋，并交纳 100 两白银的"铺堂银"。然而此时何晋已经失去了其先祖叱咤风云的胆略和驰骋疆场的斗志，每天只是在吸食鸦片中虚度光阴。没有了公务缠身，更无须参加军事活动，何晋实际上已经成为一个普通的地主乡绅。

何晋共生有三子四女，长子何凤清、次子何凤祺、三子何凤雄。何晋非常重视子女的教育，专门聘请私塾先生在土司衙门内为其子女教授课程。但何凤清兄弟似乎更喜欢追随乃父吸食鸦片，整日游手好闲，无所事事，何土司家族的衰落已是昭然若揭，唯有其三子何凤雄还能秉承家风，喜好武术。

清末河州地区流行一种号称"陇右四大名棍"之首的天启棍，天启棍是由清嘉庆、道光年间著名的回族武术家常燕山传授于河州脚户王富

---

① 参见王树民《明代以来甘肃青海间的土司和僧纲及其与古史研究》，《河北师范学院学报》1987 年第 2 期。

海，王富海的主要传人是他的儿子麻狼和弟子魏廷贤，魏廷贤广收门徒，将天启棍发扬光大，并在此基础上创设了"魏家棍"。而王富海就曾在何土司府中当过"鞭头"（掌管车马之人），何土司因其勤勉忠厚，又长于拳棍，于是命家族子弟及土司衙门的差役们与他习武。也正是由于何土司的推荐，王富海得到咸丰初年河州知州赵桂芳的赏识。何土司家族第十七世祖何其清也会天启棍，且练得很好，是王富海的传授。何晋本人虽然不大练武，但也从小耳濡目染。由于此种渊源，何凤雄也习得一身的好武艺。1983年3月，时年69岁的何凤雄参加了在武山县举行的甘肃省武术观摩表演大会，所报项目是黄龙条子、八路条子和七星拳。①

　　民国时期甘肃的改土归流已使何晋失去了土司的名号，而河州马家军阀的崛起又给予了何土司家族最后致命的一击。据何土司的后代回忆，何土司在河州东川、北塬、莫尼沟等地曾拥有大片土地，但都被马步青派兵强行占领。民国二十六年（1947），何凤祺将土司公馆（现为临夏回族自治州武警支队，位于临夏市民主东路）以5万块大洋卖给马步青，马步青只付了2万大洋后即派兵占领土司公馆，何晋只好搬到大女儿家中居住（何晋的大女儿嫁给了河州当地的一位大商人，曾在黄埔军校读书，后回河州经营一家黄金店铺）。4个月之后，何晋郁郁而终，享年59岁。后何凤清兄弟在临夏市凤林路购买新宅居住，靠给人打零工维持生计，1955年为家庭生活所迫，何凤祺与何凤雄迁往临夏和政县两关集村务农，现都已过世。②

---

　　① 何凤雄，新修《和政县志》第二十六章《体育》第二节中写作"何凤勋"，称："1983年……何凤勋被吸收为临夏州武术协会会员，何凤勋还出席了武山县举行的全省武术运动会。"
　　② 根据何晋的孙女——何明口述，整理所得。

第四章

何土司家族的文化变迁

文化变迁又称文化变异，是"指或由于民族社会内部的发展，或由于不同民族间的接触而引起的一个民族文化系统，从内容到结构、模式、风格的变化"①。

所谓"文化系统"的变化，则是一种文化的功能与结构、形式与内容等全面性的改变。不仅涉及物质文化的变迁，也涉及风俗、习惯、伦理、道德、心理、宗教等精神文化的变迁，而后者则是文化变迁的核心与关键。上述定义指出了发生文化变迁至少需要具备两个条件：民族社会自身不断地发展变化，即内因；不同民族之间的文化交流，以及在文化传播过程中因借用、整合而出现的变迁，即外因。当一个族群与另一个在各方面都比自己强大的族群发生接触时，较小的族群往往会被迫而后自觉地从支配族群中获取新文化，使得本族群文化发生变迁。因此，我们认为文化变迁的直接因素是外因。也就是说，被支配族群为了在变迁的环境中生存发展，面对强势文化所作出的必然选择，这种变迁是为了适应新的自然与社会。因此，人类学家们认为，文化的变迁是一切文化的永存现象，人类文明的恒久因素。文化的均衡是相对的，变化的发展是绝对的。

河州处于儒家文化圈与藏文化圈的交汇处，是汉、藏文明激烈碰撞的地区。自明以来，当地的民族构成发生了重大变迁。藏族在河州地区的势力逐步衰退，而穆斯林和汉族人口大量增加，这使得藏文明在当地的强势地位逐渐丧失，而儒家文明逐渐成为当地的主流文化。如果说唐宋时期"吐蕃化"是河州地区文化的重要特点，那么明代以来"儒化"就成为当

---

① 林耀华主编：《民族学通论》，中央民族大学出版社1997年版，第396页。

地文化的主要倾向。尤其是作为当地少数民族首领的何土司家族，更是积极向儒家文明靠拢，家族文化不断发生变迁，这也是一种文化适应的结果。何土司家族只有在文化变迁中不断吸收儒家文明，在阵痛后分娩出新文化，才能达到与变迁环境的再度适应。正如美国人类学家罗伯特·路威所说："进化不是自发的，只有当某种特殊的原因登场，才会有新变化，这条原则也适应于文化，没有相当的原因，变化不会发生。"① 因此，我们认为，文化变迁的直接原因和直接后果都是文化适应。

人们在自然和社会的不断变迁中要学会适应，并在此过程中积累起本民族的、与当地环境相互适应的文化体系；在新的体系中又不断发生变迁，而变迁的最终目的则是为了再次的适应。民族的文化适应表现在民族间不断地联系交往中，特别是民族间对人文环境和外来文化传播中的适应上。"文化的进步，也从过去主要靠本民族内部文化的发明创造，积累继承，而转变为对外来文化的积累吸收、引进消化上。"② 何土司家族的文化适应，就是在文化变迁中不断地吸收外来先进文化，主要是儒家文化，使自己的文化不断地适应新的社会环境。而这种社会环境的适应也是在何土司家族一代又一代地积累和继承中，进而形成自己独特的家族文化体系。在何土司家族的文化适应中，最先是姓名、服饰、饮食等物质文化的适应，而价值、观念、心理等精神文化的适应则相对滞后，这种文化适应的不平衡性以及本家族传统文化与儒家文化的激烈碰撞，必然会给何土司家族带来迷惑、彷徨，甚至是无所适从和无可奈何。但是，历史前进的潮流不可逆转，何土司家族在文化变迁的过程中痛苦地抉择适应，在文化适应的过程中不断地发展前进。

何土司家族的文化适应是一个漫长的过程，是一个文化不断地学习、积累、整合的过程。同时，这种文化的适应推动着何土司家族文明的进步，并在与儒家文明的互动交流中，在不断地文化适应后，带来了何土司家族对儒家文化的认同。反而论之，这种文化的认同感又为何土司家族的文化变迁提供了新的动力。当然，这种文化的认同，并非简单的文化同化，而是一种文化的融合与创造。

---

① ［美］罗伯特·路威：《文明与野蛮》，吕叔湘译，商务印书馆 1984 年版，第 291 页。

② 徐平：《羌村社会》，中国社会科学出版社 1993 年版，第 223 页。

第一节　何土司家族文化变迁原因

一　明政府通过多种方式，积极鼓励土司子弟入学读书，接受儒家文化

明王朝对于西北少数民族继承了我国汉唐以来"恩威兼施"的民族政策，即在军事上以打击、征服为主；在政治上以德恩、教化为主。朱元璋认为，"治夷之道，必威德兼施，使其畏感，不如此不可也"①。明朝统治者尤其重视以儒家文化熏陶、教化少数民族，推动少数民族的文化变迁，这归根结底还是由于明朝统治者"狭隘"的民族观所致。虽然他们一再声明"华夷一家"，对各个民族"一视同仁"，但仍然抱有"内中国而外夷狄"的大汉族主义思想，认为少数民族"非我族类，其心必异"，只有使少数民族"归顺""同化"，才能真正巩固大明统治。明太祖在一次给广西左右江溪峒官民的谕文中再次说道："朕惟武功以定天下，文德以化远人，此古先哲王威德并施，遐迩咸服者也。"② 而作为少数民族首领的何土司家族当然是首当其冲。

朱元璋在洪武十二年（1379）即规定，土司子弟必须学习儒家文化，否则不得承袭土司职位。弘治九年（1496），明孝宗又进一步重申："以后土官应袭子弟，悉令入学，渐染风化，以格冥顽。如不入学者，不准承袭。"③ 嘉靖元年（1522），贵州巡抚都御史在奏议中再次指出："土官应袭，年三十以下者得入学习礼，不由儒学者不得起送承袭。"④ 这显然是明王朝采取强制手段，强迫土司家族接受儒家教育。

明朝统治者还以各种方式鼓励土司子弟入学读书，以此引导少数民族对汉文化的尊崇和向往。洪武十五年（1382），普定土知府者额入京朝贡，朱元璋亲自对者额说："今尔既还，当谕诸酋长，凡有子弟，皆令入学受业，使知君臣父子之道，礼乐教化之事，他日学成而归，可以变其土俗，同于中国，岂不美哉。"⑤ 朱元璋亲自动员土司子弟入学读书，学习

---

① 《明太祖实录》卷149，洪武十五年十月己亥

② 《明史》卷318《广西土司二》。

③ 《明史》卷310《土司传》。

④ 《明世宗实录》卷20，嘉靖元年十一月壬戌。

⑤ 《明太祖实录》卷150，洪武十五年十一月甲戌。

儒家文化，可见明政府对此事之重视。者额回去后即遣其子及其他土司子弟十六人入京师国子监读书。《明史》卷六九《选举志一》亦载：凡土司子弟入学，"辄加厚赐，并给其以人"。

国子监是明朝的最高学府，对于土司子弟入监读书，明廷格外重视，并给予特殊优待。洪武二十三年（1390）五月，朱元璋就告谕国子监诸教官："今西南夷土官各遣子弟来朝，求入太学，因其慕义，特允其请，尔等善为训教，俾有成就，庶不负远人慕学之心。"① 每年明廷都要从各地选拔人才入监读书，谓之岁贡，并规定："府学岁二人，州学二岁三人，县学岁一人。"② 成化四年（1468）明廷专门对土司学校的岁贡作了规定："土司学，照州学例，三年贡二人。"③ 明廷还不拘常例，特别选拔少数民族子弟进入国子监。据《明会典》载，洪武十八年、永乐元年和十八年，明王朝先后三次令云南、广西、湖广、四川、贵州土司衙门："生员或有成材者，不拘常例，以便选贡。" 在国家的各种鼓励政策的推动下，土司子弟能够比较积极地接受儒家文化，洪武二十三年（1390），"乌撒土知府阿能，乌蒙、芒部土官，各遣子弟入监读书"，后又有四川建昌卫土司安配"遣子僧保等四十二人入监读书"④。

此外，地方政府亦采取一些政策，鼓励土司子弟学习儒家文化。成化十七年（1481），贵州程番知府邓廷瓒曾提出给本府学校中的土人子弟以特别照顾，"以示奖励"，但并未得到重视。到弘治初年，这一意见被贵州提学毛科采纳，"（毛）科以文试土生，仿廷瓒意，多奖励"⑤。嘉靖元年（1522），贵州巡抚汤沐对土司子弟入学进一步提出了优惠措施，"凡一切补廪科贡与军民武生一体"⑥。

总之，中央和地方政府采取各种措施，积极推动土司子弟入学读书，接受儒家文化。

---

① 《明史》卷 312《四川土司二》。

② 《明史》卷 69《选举志一》。

③ 《明会典》卷 77《礼部三十五》。

④ 《明史》卷 311《四川土司一》。

⑤ 毛奇龄：《蛮司合志》卷 2《贵州》。

⑥ 毛奇龄：《蛮司合作》卷 3《贵州》。

二　中央政府在河州广立学校，推动了土司家族的文化变迁

明代十分重视学校教育，各府、州、县皆设有学校，边疆地区亦不例外。明廷曾号召"诸土司皆立县学"①。洪武二十三年（1390），思南州宣慰使司及所属安抚司、州、县长官进京朝贡，朱元璋特别教导诸土司曰："宜设儒学，使知《诗》《书》之教，立山川社稷诸坛场，岁时祭祀，使知报本之道。"② 同年六月，朱元璋再谕礼部曰："其云南、四川边夷土官，毕设儒学，选其子孙弟侄之俊秀者以教之。"③ 不仅如此，地方政府亦十分重视设立学校。宣德九年（1434），明廷在四川乌蒙府设置儒学教授、训导各一员。即以"（乌蒙府）通判黄甫越言，元时本府向有学校，今文庙虽存，师儒未建。乞除教官，选俊秀子弟入学读书，以广文治，从之"④。

明代河州地区设置儒学在边疆卫所中是较早的。《明史》卷七五《职官四》载："都司儒学，洪武十七年（1384）置，辽宁始；行都司儒学，洪武二十三年（1390）置，北平始；卫儒学，洪武十七年（1384）置，岷州卫。"《明太祖实录》中亦载，卫学始于岷州卫，于洪武十七年四月置。⑤ 但这是正史所载，若按方志记载，河州卫设置儒学要早于岷州卫。嘉靖《河州志》卷二《学校志》载："洪武五年（1372），设河州府儒学，师儒五员，廪增各四十名。十二年（1379），改置河州卫军民指挥使司"，河州儒学遂成为河州卫学。《甘肃通志》亦载，河州卫学始于洪武十二年。⑥ 河州还建有专门的讲学授课之所——明伦堂，并具一定规模，"东西学仓四间，学正宅一所，训导宅二所，东西号房四十间"⑦。嘉靖《河州志》卷二《学校志》中记载河州的官藏书籍也是比较齐全的。有"《为善阴诚》五册。《性理大全》三十册。《周易大全》十二册。《书经

---

① 李贤、彭时等：《大明一统志》卷62。

② 《明太祖实录》卷202，洪武二十三年五月巳酉。

③ 《明太祖实录》卷239，洪武二十八年六月辛未。

④ 《明史》卷311《四川土司一》。

⑤ 《明太祖实录》卷161，洪武十七年四月甲午记载："置岷州卫军民指挥使司儒学教授一员，训导四员。"

⑥ 《甘肃通志》卷9《学校》，清乾隆三十六年刻本；《大明一统志》载，河州卫学设于洪武七年，似有误。

⑦ 吴祯：《河州志》卷2《学校志》。

大全》一十册。《诗经大全》十二册。《春秋大全》十八册。《礼记大全》十八册。《五伦书》五十八册。《资治通鉴》十七册。《诸司职掌》二册。《彰善瘅恶》二册",共一百八十四册官书。有明一代,河州有 6 人高中进士,有 30 人考中举人,岁贡生达 113 人,例贡 38 人,这在边疆卫所甚至整个西北地区都是不多见的。由此足见河州的儒学氛围还是相当浓厚的。

在明朝中央政府的积极倡导下,儒学在河州广泛设立,儒家文化日益成为当地的强势文化,学儒知礼,蔚然成风。清代,河湟地区就设有六座书院,即湟中书院(位于青海省湟中县)、五峰书院(位于青海省西宁市)、大雅书院(后改名崇山书院)、泰山书院(位于青海省大通县)、凤山书院(位于青海省碾伯县)、河阴书院(位于青海省贵德县)。在这种文化氛围的影响和熏陶下,必然会推动何土司家族积极向汉文化靠拢。

三 何土司家族自觉推动自身的文化变迁,也是其维护家族统治的必然选择

明、清政府在西北地区采取"多封众建"的策略,建立了数以百计的土司,仅河州地区,"明初河州通判管二十四关土司",使其各据山隘,守土一方,所以就单个土司而言,其政治军事实力有限,只有借助于中央政府的权威,才能在当地站稳脚跟,发展壮大。以儒家思想为核心的汉文化乃历代封建王朝统治的精神支柱和思想基础,而作为少数民族首领的何土司,想要巩固地位,赢得中央王朝的信任和倚重,表明自己忠于朝廷的向化之心,必须要主动接受汉族文化。

同时政府在西北地区设立了大量的汉族流官,以土流参治、土控于流的方式对西北进行管理,各卫所的统治大权一般都在汉族出身的流官手中掌握,土官要受流官管制。何锁南归降明朝之后,被授予世袭指挥同知。其子孙因军功屡有升迁,但皆授予都指挥佥事、都指挥同知等副职,仅为流官之佐而已。因此何土司家族必然要主动向正统的儒家文化靠拢,将自己纳入儒家文化的范围之中,借以抬高自己家族的地位。儒学作为一种文化教育形式,是明清时期进入仕途的必经之路,这也是促使何土司家族成员为接受以儒家思想为主体的汉文化而身体力行的直接原因。

河州卫官属除指挥使、指挥同知、指挥佥事等武职外,还有经历、知事等文职。同世袭的武职不同,经历、知事都是文职流官,由吏部选任。

明初规定，"内外诸卫设经历一人，从七品；知事一人，从八品"①。虽其品秩不高，但权责甚重，"机务之缓急，钱谷之出纳，戎器之除治，一切文书之往来"，均由经历掌管，"凡朝廷有事于诸卫而遣人往临之，必责成于经历。其所统辖之大臣与夫郎官御史以事而来者，亦于经历乎是问。其职至重、事至繁也"②。《明会要》卷四二亦云："其各土司设经历、都事、吏目，掌文书。"经历下设吏、户、礼、兵、刑、工六房，处理日常事务。嘉靖《河州志》中所载经历6人，其中4人为监生，2名知事也皆为监生③。可见在河州卫所之中并不都是不通文墨的武官或少数民族首领，亦有饱读经书的儒雅之士。何土司每日与其共事，客观上对土司来说是一种耳濡目染的熏陶。

河州自古就是多民族聚居之地，并逐渐形成了藏文化、伊斯兰文化与儒家文化等多种文化交融的格局。但自明以来，大量戍边移民迁居河州，汉族移民的数量几乎与河州当地百姓的人数大致相当。他们在河州屯垦种田，使河州地区的农业得到了长足的发展。戍边移民不仅带来了儒家文化，还将先进的农业文明传播于此。这使得河州地区的文化格局发生了重大变化，儒家文明逐渐占据了主导地位，"汉化"成为河州文明发展的主流。原本地处边陲的荒蛮之地，也已"人性醇厚，颇循礼仪。勤于务农，安于差役……治教休明，士风渐盛"④。何土司要在新的形势下稳定自己在西北地区的地位，在政治和文化水平上能够胜任对河州这样一个汉番杂居、农牧业并重地区的长期统治，树立自己的正统地位，只能积极地吸收、学习和继承儒家文化，何土司家族的文化变迁是他们积极适应时代变化的必然选择，为家族在这一地区的长期统治奠定了文化基础。

四　河州地区政治、经济的内地化，推动了该地区文化内地化的进程，进而加快了何土司家族的文化变迁

所谓内地化，笔者认为，中国古代社会长期处于一种相对静态的生产力水平，按照中国传统的夷夏观念及服事思想，中原王朝多视周边少数民

---

① 《明太祖实录》卷257，洪武三十一年夏四月癸未。
② 王直：《送方经历序》，《抑庵文后集》卷12，文渊阁《四库全书》本。
③ 吴桢：《河州志》卷2《官政志》。
④ 吴桢：《河州志》卷1《地理志》。

族政权或聚居区为蛮夷之地。而事实上在传统农业社会之中，中原的农业生产力水平确实较之边疆的游牧或山地形态较高，在经济文化交流过程中居于主导性地位，形成了一种边疆在政治、经济、文化等方面向中原学习或认同的趋势。从中原王朝的角度来看，在"大一统"思想的指导下，积极地将周边民族纳入自己的统治范围之中，并不断提高直接管辖边疆地区的程度和水平，从而完成"他族"向"我族"的转化，这就是内地化。

河州地区自古以来是少数民族聚居之地，中央政府对其以羁縻统治为主，具有很强的割据性和独立性，所以河州一直位于国家政权与国家民族的边缘地区，若即若离，时断时续。明代时在河州建立军政合一的卫所机构，推行土流参治制度，大大加强了对河州地区的管辖，并于洪武六年（1373）正月，置河州府①，以府专掌钱粮，虽然在六年之后即被革除，但这说明中央政府已经尝试在河州推行与内地相同的州县制度，实行直接管辖。明成化十年（1474），巡抚督御史马文升再次上奏，改河州卫原治四十五里为河州，军民分治，州隶临洮府，卫仍为军民指挥使司。清雍正四年（1726），中央政府彻底裁撤河州卫，置河州，隶临洮府。再加上乡约、会社、保甲等基层组织在河州的全面推行，河州终于完全纳入国家政权的直接管辖之下，以土司势力为代表的地方割据势力受到致命打击。可以说，河州地区在政治方面已完成了内地化。

明洪武二十六年（1393），朱元璋敕谕松州卫说："西番之民归附已久，而未尝责其贡赋。闻其地多马，宜计其地多寡以出赋。如三千户则三户共出马一匹，四千户则四户共出马一匹，定为土赋。庶使其知尊君亲上奉朝廷之礼也。"② 不久，明政府在河州等地全面推行"金牌信符制"。而金牌信符制并不是一般意义上的贸易形式，虽然中央政府要给予番民少量茶叶，以茶易马，但这远远不是等价交换，并具有封建强制性。在金牌勘合上刻着"皇帝圣旨""不信者斩"，表明不可宽免和抗拒。在征收方式上则由官兵直接深入河州番族部落，点马烙印验收，番民只有遵章贡纳，没有回旋余地。因此，"这种限时、限额、压低马

---

① 《明史》卷42《地理志》。

② 《明太祖实录》卷151，洪武二十六年正月辛酉。

价的交易，实际上是一种以马代赋的变相赋税制度"①。而一个政权在一地直接征收赋税，是该政权对此地实行管辖的重要标志。明政府在河州地区"以马代赋"无疑说明了中央王朝在该地统治的日趋巩固。清朝初期，金牌信符制崩溃，国家已直接向河州少数民族征收赋税。雍正四年（1726），清廷"清理田土，并令旧管各族将所种中马香田田地造册定赋。其起科之，则不论顷亩，每下籽一石，水地纳粮一斗五升，上旱地纳粮一斗，下旱地纳粮五升。其新附之者，不论种地多寡，每户年纳粮一仓斗，亦有八升五升者"②。河州少数民族耕地一般不以亩来计算，而以播种数量确定。《循化志》卷二《山川》记载："川地下籽每亩约一仓斗，旱地约八升。"这样，番民直接为国家提供赋税，成为真正意义上的"编户齐民"，河州在经济上也已被完全纳入国家体制之中，完成了内地化的进程。

河州在政治、经济上与中原王朝融为一体，由从前游离于国家政权之外的边疆成为内地，这大大加强了与中央政府的各种联系交流，从而推动了河州在文化上的内地化即儒化的进程。伴随着儒家文化逐渐成为河州地区的主流文化，这必然推动何土司家族的文化变迁。

第二节　何土司家族文化变迁的表现

一　何土司家族文化符号的变迁

河州地区的少数民族首领在归附明朝之后，大多被赐予汉姓，但他们往往只是在本民族所取名字之前冠以汉姓而已。如史籍中所载河州珍珠族历任韩土司是韩端月坚藏、韩领占巴、韩扎矢巴、韩汪束班丹、韩南哈矢宁等，显然以上都是在藏名前冠以汉姓。但何土司家族自归附不久就已经开始了其文化变迁进程，除始祖锁南普取藏名外，历代土司皆取汉名。如何铭、何忠、何英等，且仿照汉族传统，亦取字。如何铭，字德新，何勋，字朝用。

　　①　白振声：《茶马互市及其在民族经济史上的地位和作用》，《中央民族学院学报》1982年第 3 期。
　　②　刘郁芬修，杨思纂：《甘肃通志稿》卷 76《土司》，甘肃省图书馆西北文献室藏，1936 年定稿本。

《礼记·檀弓上》谓："幼名，冠字，五十伯仲，死谥，周道。"中国自西周起即已开始取字。如周武王之子姬虞，字子千。"字"一般由"名"衍生而来，是人之次"名"，以备他人称呼之用。"字"为成人之表征。男子二十成人，举行冠礼之日，由家长或担任加冠之来宾赐以字。《礼记·曲礼上》云："男子二十，冠而字。"《礼记·冠义》亦言："已冠而字之，成人之道也。"冠礼之后，世人一般不称其名，而以"字"称之，乃表达礼敬之意。

取字是汉族礼仪文化精髓的体现，它彰显的是中国传统的伦理道德和人文精神。它描绘的是尊卑有别，长幼有序的封建纲常。作为少数民族首领的何土司家族，自二世祖何铭起，即取字，这说明何土司家族已经在不知不觉中进行着文化变迁。

二　何土司家族民族心理的变迁

1913 年斯大林在考察欧洲各民族的基础上，综合了马克思、恩格斯和列宁等人的观点，提出"民族是人们在历史上形成的一个有共同语言、共同地域、共同经济生活以及表现于共同文化上的共同心理素质的稳定的人们共同体"①。我们认为共同的民族心理是一个民族的灵魂，它贯穿于其他三个基本特征之中，并将其联结为一个有机的统一的整体。所以说何土司家族的文化变迁，最终必然积淀于民族心理这个更深层次的内容中。

婚姻观念是一个民族、民族心理的重要内容。藏族的婚姻文化与婚姻观念与汉族存在很大不同。藏族除了最基本的一夫一妻制之外，还有一夫多妻和一妻多夫等多种形式存在，尤其是一妻多夫制在传统藏族社会是仅次于一夫一妻制的最主要的婚姻形式。一般以兄弟共妻居多，也有少量的朋友共妻。除此之外，藏族还有一些特殊的婚姻习俗。

1. 招赘婚，即男方"嫁"入女家。社会舆论对于"娶妻"还是"招婿"并无好坏优劣之分，一视同仁，由双方父母通过商议或占卜决定。招赘婚的各种仪式与娶妻婚基本一致，"嫁"入妻家的男子也不会受到歧视。

2. 戴天头，即同"天"结婚而不离母家的一种婚姻形式。姑娘到了

---

① 《斯大林全集》第 2 卷，人民出版社 1953 年版第 294 页。

出嫁年龄，遂选择吉日，在母家举行结婚仪式，但并无新郎参加，这就标志着她已成为家庭主妇，并可留宿她所喜欢的男子，并非固定一人，生儿育女，男方没有抚养子女的义务，子女从母姓，有继承权。这明显带有对偶婚的遗迹。

3. 转房制，即收继婚。在兄、弟亡故后收其寡妻为己妻。此外还有抢婚、买卖婚等。

藏族对于婚前青年男女的交往亦比较自由，男子年满17岁，女子年满15岁就可以结交情侣，只要双方愿意，男子晚上可到女方帐篷中过夜，俗称"钻帐篷"。藏族认为男女交往乃人之天性，所以婚前性行为也相对自由，不会受到社会的鄙视和干涉，非婚所生子女与婚生子女在社会和家庭中都拥有同等的权利和地位，藏族民间就有"奉子成婚"的习俗。对于离婚，藏族也比较自由，双方感情破裂无法调解时就可分手，手续简单，双方都可另找对象。

对于明清时期的汉族而言，藏族的婚姻习俗与婚姻观念是根本无法认同的。汉族在儒家思想的影响下，形成了一整套婚姻伦理，即男尊女卑、夫为妻纲、三从四德、从一而终、夫义妇顺等。作为藏族的何土司家族不仅在服饰、习俗、姓名等方面发生重大变迁，并且在思想领域也逐步接受了儒家文化，以忠臣孝子、义夫节妇的思想作为其行为规范。《和政县志》卷六《人物志》记载："何氏，河州卫指挥使毅庵之仲女，性敏慧，通文翰，太学生陈所达苦事，姑每先意承志，舅姑颇宠重之，何氏年二十六，所达卒，誓志守贞，纯粹无庇。嘉庆乙卯年首旌表建节孝坊于和政驲之西街，道光辛巳年入祀节烈祠。"[1] 依照藏族风俗，丈夫死后妻子可以改嫁，并不以此为耻，但何土司之女，誓死守志，从一而终，这表明何土司家族在思想观念上已经有了更深层次的文化变迁。

何土司家族民族心理的变迁还体现在家谱的修撰上。家谱是一种以表谱形式记载一个以血缘关系为主体的家族世系繁衍及其重要人物事迹的特殊图书体裁。何土司家族自明中后期起开始撰修家谱，虽然"文革"中已被烧毁，但至今其家族仍然保留着撰修家谱的传统，笔者在田野调查中就找到了何土司家族续修的家谱。修家谱绝不是简单的文化行为，它是汉

---

① 马凯祥修，王绍纂：《和政县志》卷6《人物》。

族尊宗敬祖思想的体现，是对中国几千年来忠、孝伦理的传承，它也诠释着中国封建宗法观念和门第观念，是封建大家族借以治家的纲纪，具有修身齐家的作用。何土司家族历任土司在每一次撰修家谱、记载祖先事迹的过程中，实际上将这些思想在无形中融入本家族之中，渗透到每一位家族成员的脑海里，并以此作为自己的行为规范和道德准则，逐渐成为其民族心理的一部分。

三　何土司家族积极学习儒家文化

在明政府的积极倡导和鼓励下，何土司家族的子女大多接受过儒家文化的教育，并具有一定的汉文化修养。虽然史料中对此未有明确的记载，但西北地区其他土司都或多或少地接受了儒家文化的影响，我们似可从中得到佐证。

连城蒙古族鲁土司五世祖鲁麟即善写文章，史载鲁麟"自幼质美而嗜学，善诗文，工书翰"。现存《敕赐感恩寺》碑文即为鲁麟亲自撰写，其子鲁经为此碑书丹，鲁瞻题写匾额。十三世祖鲁风翯善书法，"闲则培松植桂，煮茗抚琴，雅尚清趣，且习书法，善书斗字，凡吾家园亭池馆之联额多亲自缮书，墨迹至今犹生动如新"①。

西宁西伯府始祖李文不仅在战场上叱咤风云，而且还粗通文墨，曾作《游白塔寺》一诗，其中"白塔连云起，黄河带雨流"之句，颇为工整。十世土司李凌霄常常品茗赏景，吟诗作对，颇有几分儒士风范。其墓志铭这样写道："牙签盈几，词客满座。一花晨月夕，美景良宵，或剪烛秋窗，或围炉雪洞，拉闲谈古话，拈韵咏新诗。"②

西北土司家族中有多人儒学造诣不下汉族士子，并金榜题名，高中魁元。"如祁伯豸兄弟，已登科目，立功名，为国家大臣。"③ 而其中尤以西宁东、西李土司家族为最，颇慕儒学，人才辈出。笔者根据《西夏李氏世谱》将该家族考取功名的情况统计如下④：

---

① 《肃王·重修玄真观碑记》。
② 李鸿仪编纂，李培业整理：《西夏李氏世谱》，辽宁民族出版社 1998 年版，第 54 页。
③ 杨应琚：《西宁府新志》卷 24《官师》。
④ 李鸿仪编纂，李培业整理：《西夏李氏世谱》，辽宁民族出版社 1998 年版。

姓名	功名	官职
李巩	成化辛丑科进士	初授中书舍人，后迁尚宝司丞
李光先	万历癸未科进士	锦衣卫指挥使
李完	嘉靖戊子科举人	直隶衡水县知县
李宝	明代国子监太学生	
李凝宵	乾隆十四年岁试第一名；乾隆二十年科试第一等	
李瑁	清代国子监太学生	
李长选	考中秀才	
李云龙	博士弟子	
李国柱	庠生	
李馥臣	庠生	
李管	庠生	
李笠	廪生	
李得源	国子监太学生	
李相邦	廪生	
李长源	庠生	乐都凤山书院主讲
李国经	国子监太学生	

作为少数民族首领的李土司家族在明清两朝共有 2 人高中进士，1 人考中举人，1 人考中秀才，4 人先后就读于国家最高学府——国子监，这即使是在士子辈出、文人云集的江浙地区也是不多见的。李土司家族俨然已成为一个以仁义治家、以诗书传家的书香门第。通过以上史料我们可以认为，同为西北土司的何土司家族必然也深受儒家文化的影响，喜好孔孟之道，崇尚孝悌忠信，并逐渐升华为其世代相传、安本立命的家族文化。

何土司家族的文化变迁也"自上而下"地影响到其所属番民，"所管之民斌斌文雅，渐非昔日之旧"[①]。据《续修导河县志》卷二《民族门》记载："番族旧志记载五十五族，足证族大丁多，自明迄今（民国初），日渐溶化，竟至变夷为华，今则只存土司何、韩、王三族，然已名存实亡

---

① 龚景瀚：《循化志》卷 4《族寨工屯》。

矣，衣冠礼仪与汉族无少差异。"①

第三节　何土司家族文化变迁的影响

一　何土司家族文化呈现多元化的态势

　　作为唃厮啰家族后裔的何土司家族，基本上继承了吐蕃时期的传统文化，语言上使用的是藏语，文字上则通用藏文。当时的人称为"蕃字"和"蕃书"，直到清朝前期何土司家族成员除取汉名之外，亦取藏名。如在笔者的调查点何堡村，其所续修的家谱中记载："一世祖：何富贵，番名香坐鲁布加。"在宗教方面则主要信仰藏传佛教，并祭祀山神，直到现在河州地区每年都要举行一种节日叫"拉扎节"，实际上就是一种祭祀山神的民俗活动。在纪年方面，"道旧事则数十二辰属，曰兔年如此，马年如此"。在饮食方面，以肉乳为主，"人喜啖生物，无蔬茹醯酱，独知用盐为滋味，而嗜酒及茶"②。总之，处于藏族聚居区的何土司家族，其文化本以藏文化为主。但自明代以来，汉族移民的大量涌来，儒家文化的强势介入，以及河州地区内地化进程的加快，使处于文化边缘的何土司家族不得不去适应环境的变迁，选择接受一种新的文明。正如前文所论，何土司家族在取名、婚俗、道德观念、民族心理等多个方面发生重大变迁。正如史书所载："诸番杂处，风俗不纯，附近居民敦忠信，尚恭谨，羌回诸种旧诡谲健讼，近革心向化，渐与中土无殊。"③ 但"任何民族文化的适应都是在传统文化上的选择、吸收和包容。外来文化不可能被全部吸收，传统和文化更不可能被抛弃，二者经过取长补短，批判和扬弃构成新的文化体系，这是个缓慢痛苦的过程"④。这种新的文化体系绝不是对藏传佛教文化的完全放弃，也不是对儒家文明的彻底认同，而必然是"和而不同"，相互依存，相互借鉴，在经过痛苦地蜕变后呈现出多元化的特色。这不仅丰富了何土司的家族文化，而且也适应了河州地区多种文化相互交融的社会环境，推动了该家族的历史进步。

---

①　徐兆潘修，王陶安纂：《续修导河县志》卷二《民族门》。
②　《宋史》卷492《吐蕃传》。
③　许容等监修，李迪等撰：《甘肃通志》卷21《风俗》。
④　徐平：《羌族社会》，中国社会科学出版社1993年版，第262页。

这种文化的多元化还体现在何土司家族与中央王朝日益密切的经济文化交流上。何锁南归附明朝后，就曾先后两次，不远万里进京朝见天子。明朝对于土司的朝贡也由随意性逐渐向制度化转变，根据周边各族距离京城的远近，定期朝贡，称为例贡。明廷规定："甘肃、青海诸卫土官辐辏京师。其他族种，如西宁十三族、岷州十八族、洮州十八族之属，大者数千人，少者数百，亦许岁一奉贡，优以宴赏。"① 何土司家族也应按此例。而且何土司"袭替必奉朝命，虽在万里外，皆赴阙授职"②，并亲自或遣使上缴原颁印信号纸，朝廷再赐予新的印信号纸。如遇到皇帝万寿节、皇太子千秋节等朝廷庆贺大典或受到朝廷特殊恩赏，何土司一般也要进京朝贡，表示祝贺或谢恩。何土司所贡方物一般为马匹、宝石、皮货等河州土特产品。对于何土司的赏赐，明朝根据"厚往薄来"的原则有着明确规定。永乐元年（1403），明成祖命礼部定赏例，礼部议奏"河州卫、必里千户所千户，每员银六十两、彩币六表里、钞百锭。曾授金符头目亲来朝贡者，银五十两、彩币五表里、钞七十锭、纻丝衣一套。遣人朝贡者，银四十两、彩币四表里、钞五十锭。中途死者，官归其丧，赏赐付抚按官给之。所遣使每人银十两、彩币二表里、钞三十锭。未授金符头目亲来朝贡者银四十两、彩币四表里、钞五十锭、纻丝衣一套。附贡者银三十两、彩币三表里、钞四十锭。付抚按官给赐其抚安千户，每员赏钞七十锭、彩币四表里、旗军人等赏钞五十锭、彩币二表里"③。面对明朝的丰厚赏赐，何土司自然是十分乐意奔波于京城与河州之间，从而不自觉地感受内地的民情风俗，耳濡目染儒家文化。何土司入京，首先由中央礼部官员宴劳于会同馆，然后着皇帝所赐朝服"于奉天殿朝见"，再到文华殿朝皇太子，后见亲王、大臣等，这一系列活动把何土司深深置于儒家文化之中，"使其扩充知识，得见天朝礼法"④，遂倾心内向。正如乾隆帝所说，土司朝贡是"国家柔远绥遐之道。伊等目睹内地幅员之广阔，人民之富饶，回归本境，自必转相告语，同心向化"⑤。这大大加强了何土司与内地的经济文化交流，促进了其家族文化的多元化。

---

① 《明史》卷330《西番诸卫》。

② 《明史》卷310《土司序》。

③ 《明太祖实录》卷18，永乐元年四月丁卯。

④ 《清高宗实录》卷963，乾隆三十九年七月条。

⑤ 张其勤：《清代藏事辑要》卷2，西藏人民出版社1983年版。

二　何土司家族及其所属番民生存方式发生重大变迁

河州地处青藏高原东部边缘地带，明代以前主要以游牧经济为主，并盛产马匹。正鉴于此，明廷对河州各族不摊派杂税，而是令其缴纳一定数量的马匹，并酬之以茶叶，谓之差发马赋，每三年由朝廷派官员前往河州征收一次，牧民必须遵章缴纳，马赋遂成为河州番族必须向封建王朝承担的义务，"如田之有赋，身之有庸"①。因此，纳马为朝廷之大法度，如遇天灾人祸拖欠，来年必须补纳。如宣德七年（1432），镇守河州、西宁都督刘昭奏曰："征河州卫各番族茶马七千七百余匹，已征六千五百余匹……其未到者，乃必里卫诸族，缘今年畜牧多疫死，而西蕃苦寒，请俟来年征之，就给各卫。"②

然而，伴随着何土司家族及其所属番民文化的变迁，他们的生存方式也发生了重大变化。正如衣俊卿所言："文化并不简单地是意识观念和思想方法问题，它像血脉一样熔铸在总体性文明的多个层面中以及人的内在规定性之中，自发地左右着人的各种生存活动。"③ 原本以游牧经济为主的土司番民，也逐渐转向从事农业生产，这使得农业经济在河州地区逐渐成为重要的生产方式，各族番民也由以放牧为主向以农耕为主转变，这也与明代大量汉族移民的到来并将先进的农业文明带到河州地区密切相关。雍正四年（1726），清廷在河州清理田土，并令旧营各族将所种中马香田田地造册定赋，改征粮食。这显然说明河州已有大量番族从事农耕，而不再放牧，其生产模式发生重大变迁，原来的中马香田"既不纳粮，也不当差"，如今"各族俱纳粮当差，与汉族无异"④。清廷将原来只需中马，无须纳粮的番族，根据其所种田地多少，明确规定了纳粮数目。如"珍珠族种地一千三百五十二段，纳粮二十七石一斗四合"；"老鸦族种地一百九十五段，纳粮一石六合"；"回回族种地二十五段，纳粮四斗四升"⑤。当时的何土司家族也要每年向国家纳粮十七石六斗四合。有的土司属民甚至主动向官府申请开垦放牧草地，种田纳粮。"雍正七年（1729），（牙塘

---

① 《明经世文编》卷115《为修复茶马旧制以抚御番夷安靖地方事疏》。
② 《明宣宗实录》卷97，宣德七年十二月丁亥。
③ 衣俊卿：《文化哲学》，云南人民出版社2002年版，第9页。
④ 龚景瀚：《循化志》卷4《族寨工屯》。
⑤ 同上。

族）族民郭奉忠等具呈，请开垦本族从前茶马草地，地名璧土山，经代理河厅河州牧顾尔昌于八月给帖册造，郭奉献忠等四户共种山地八十段，下籽仓斗二十九石二斗，每年纳粮一石六斗六升。"[①]

可见，何土司及其番民的社会角色随之发生重大变迁，土司从部落贵族逐渐转变为封建地主，而其所属番民则逐渐转变为封建化的农民，最终也完成了其生存方式由游牧经济向农业经济的转变。

三　何土司家族由寺院教育逐渐向学校教育转变

千百年来，寺院教育是广大藏族群众接受教育的主要形式。寺院即学校，喇嘛即老师，佛教经典即教材，几乎没有官办学校和私塾。公元8世纪中叶，吐蕃赞普赤松德赞在西藏山南扎囊县境建立了第一座寺院桑耶寺，并聘请印度和藏族僧侣13人为教师，招收学僧25人，学习藏文及佛教教法，这被认为是藏族历史上最早的寺院教育。藏族群众几乎全民信教，大大小小的寺院星罗棋布，遍立整个藏区。据乾隆二年（1737）七世达赖喇嘛格桑嘉措申报理藩院的数字：达赖所属寺院达3150座，班禅所属寺院327座。所以说，寺院教育对于藏族文化的传承和人才的培养起到了至关重要的作用。藏传佛教历史上的宁玛派、噶当派、萨迦派、噶举派、格鲁派等的寺院教育形式多样，各具特色，但都形成了一套完整的教学体系。

刚入寺院的学僧一般先要参加所属康村每日三次的集体诵经和扎仓每日一次的集体诵经，待寺院经过一段时间的考查合格之后，方可在老师的指导下，学习藏文字母、拼音、常用词汇、文法和短小的经文等。经过启蒙教育之后学僧就可转入正式的班级学习。各寺院的班级划分不尽相同，如哲蚌寺为15级，甘丹寺、色拉寺、塔尔寺、拉卜楞寺等为13级。一般每级学习一年或二年，最高一级称为"增扎堂波"。每一学年分为若干个学期，中间亦有短暂的假期，称为"曲查"。

寺院教育的教学内容以佛教经典为主，格鲁派采用先显后密的教学方式，显宗学院主要学习《释量论》《现观庄严论》《入中论》《俱舍论》《律论》五部大论。密宗学院分为上下密宗学院，主要学习四门课程即《事续》《形续》《瑜伽续》《无上瑜伽续》，并设三个学级，分别称为

---

① 龚景瀚：《循化志》卷4《族寨工屯》。

"修生起次第""大自在自入经""圆满次第"。有的寺院还设有专业学院，如医学院，主要学习藏族文化"大五明"中的"医方明"；时轮学院主要学习藏族文化"小五明"中的"工巧明"，即寺院建筑、佛像制作、壁画绘制、酥油花粘捏等建筑和手工艺传授，其中包括天文、历算、科学等，此外学僧还要兼修声明学、韵律学、语法学、修辞学、戏剧学等。

寺院教育在教学方法上最大的特点就是记诵和辩论。学僧在日常生活中将早晚时间主要用于记诵经文，在记诵的基础上再进行理解钻研、融会贯通。因此，在藏传佛教寺院的学僧中涌现出许多记诵能力超群的人。宗喀巴大师从小就养成每天背诵 17 页经文，约一万余字的习惯。有的僧人竟然背诵 3000 余页佛经而不会有丝毫错乱。其次是集体辩论佛学疑难问题的教学方法，主要分为立宗辩和对辩。立宗辩就是立宗人自立一宗并为此辩论，问难者围绕某学说或论点提出许多疑难问题，让答辩人一一解答，答辩人只能回答，不能反问。对辩由二人进行，先由甲提问乙回答，告一段落再由乙提问甲回答。通过经常举行的辩论活动，不仅增强记忆、激发思考、深入理解所学知识，而且可以互相学习，取长补短。寺院教育还非常重视自我修行和彻悟，所谓"师傅领进门，修行靠个人"。学僧主要靠自我学习藏文知识和佛教经典，遇到自己实在无法解决的疑难问题时，方才请教老师。整个学习期间，学僧常常需要充分发挥主观能动性，独立思考，解决问题。

藏传佛教寺院建立了极其严格的考试制度，凡学僧学习期满必须通过学业考试，方可获得相应的学位。背诵经典和辩论是寺院考试的主要方式。在背诵经文的考试中，背诵的经典越完整、篇幅越长，成绩越优异；在辩论考试中，主要采用立宗辩的方式，考僧对答如流、阐释清晰、逻辑严密者方可通过考试。考场一般都设在露天的广场上，考僧和考官要在各级监考和全体僧侣的监督之下进行背诵、答辩等一系列考试，这就从根本上杜绝了徇私舞弊等现象。对于考试成绩不合格的考僧要进行留级或调迁的处罚，其指导老师也要受到批评。如拉卜楞寺显宗学院对于学僧学习情况的规定是："第一，当学生在四年级时，证明他不能理解典籍的意义，但他念出的声调满好，则可留在大经堂当经头，再不能升入高的年级。第二，当学生已在第五级，白伞佛母和逻辑三身著作必须掌握，才能升入第六级。否则便作大经堂的看守三年，才有参加第二次考试的机会。同样，第六级至第八级各班考试中不及格者，也被留在大经堂做看守三年。第三，对于不关心学术进步的人，则给予不同的任务，以符合个人旨趣，如日历制作艺术便是其中之一种。对于聪明而富有的人，可被委任为寺院的会计，或做僧官管理百姓，贫穷的可以鼓励他们做印刷者，雕刻印版。"①

寺院教育实行学位制度。学僧经过二十年左右的勤学苦练，成绩优异，论辩超群者，由经师推举，本学院认可，方能考取某一等级的"格西"学位。西藏各大寺院将格西分为四等：第一等为拉仁巴，全藏每年取十六名，一般在拉萨大昭寺举行的法会上考取，它是藏传佛教格西学位中级别最高的宗教学位，在藏传佛教界拥有很高的荣誉和地位。第二等为措仁巴，一般在拉萨小昭寺举行的法会上考取，全藏三大寺各寺每年取十名。第三等为林赛格西，全藏每年取十名。第四等是多仁巴格西，全藏每年每个扎仓取 5 名。扎什伦布寺显宗学院的格西学位共分为两个等级：一等称"噶钦巴格西"，二等称"噶居巴格西"。拉卜楞寺显宗学院的格西学位共分为三个等级：一等称"多仁巴格西"，每年仅有 2 个名额；二等称"噶居巴格西"，凡是学完五部大论，并经辩经考核合格者，皆可获得；三等称"饶江巴格西"，凡六级至十二级的学僧，经考核因明和般若二部及格者，皆授予此学位。塔尔寺显宗学院的格西学位亦分为三个等级：一等称为"拉然巴格西"，二等称为"噶居巴格西"，三等称为"噶仁巴格西"。此外，密宗学院的学习一般没有时间限制，学位分为俄仁巴、孜仁巴和曼仁巴三类。

综上所述，寺院不仅是藏区的宗教中心，而且也成为政治中心、文化教育中心。喇嘛就是藏区的知识分子，拥有崇高的地位。所谓"舍寺院外无学校，舍宗教外无教育，舍僧侣外无教师"，可以说是对明清以前河州地区社会教育状况的一个高度概括。"河俗生有二子，必将一人披剃为喇嘛"②，作为当地藏族部落首领的何土司家族，其子必然也只能接受严格的寺院教育。但自明代以来，明政府在河州地区设置学校，以儒家经典为主要教材，专门由儒学教授授课，通过科举考试考取功名，打破了当地只有寺院教育的落后局面。寺院僧侣不再是当地主要的知识分子群体，以儒学士子为代表的新兴知识阶层迅速崛起，并涌现出一批批杰出人才。在

①　李安宅：《藏族宗教史之实地研究》，中国藏学出版社 1989 年版，第 182 页。

②　王全臣：《河州志》卷 3《土司》。

中央政府的大力倡导和何土司家族出于自身文化适应和巩固统治的需要，积极推送本家族子弟进入学校，学习儒家文化，成为一股潮流。何土司衙门内还设有专门的私塾，何土司聘请当地的饱学之士，专门为其子弟授课。伴随着何土司家族文化的变迁，其家族也逐渐完成了由寺院教育向学校教育的转变。

四　何土司家族由"王其地"的割据思想逐渐向"中华民族大一统"的思想转变

中国虽然早在秦朝就建立了统一的多民族国家，但中华民族作为国家民族的形成却是一个极其漫长的过程，尤其是在边疆地区，其过程更为曲折和复杂。元朝时河州地区番族众多，部落林立，互不统属。各部族首领世代相袭，不由中央王朝直接任免。部落首领在本部族内拥有生杀予夺等各项大权，其言出即法随，俨然是割据一方的"土皇帝"，具有很强的政治独立性。他们还利用藏传佛教的力量，推行政教合一制度，加强对部落内部的统属，使河州地区头目众多、各自为营的社会形态得到了强化。河州一带番族与中央王朝若即若离，叛服无常，史料中亦多有记载。例如，元延祐五年（1318）六月，"西蕃土寇作乱，敕甘肃省调兵捕之"[①]。至治三年（1323）三月，"丁未，西蕃参卜郎诸族叛，敕镇西武靖王搠思班等发兵讨之"[②]。泰定三年（1326）十一月，"阶州吐蕃为寇，武靖王遣临洮路盏盏谕降之"[③]。至正十四年（1354）十二月，"命甘肃右丞鬼的讨捕西蕃贼"[④]。因此，作为河州藏族部落首领的何土司家族也是只知部族，不知国族；只知酋长，不知皇帝。然而到了明代，何土司虽仍然世代相袭，但却被编入军事卫所之中，成为国家官员，并要接受汉族流官的监管，这就使何土司具有了部落贵族和封建官僚的双重社会角色。以往土司部落被视为河州地区的主权实体，而明代之后逐渐演变为国家一级的地方行政区域。尤其是里甲、会社、保甲等基层组织的推行，逐步打破了古老的部落制，使国家权力进一步向基层深入，把河州地区纳入到中央王朝有效

---

① 《元史》卷26《仁宗纪》。
② 《元史》卷28《英宗纪》。
③ 《元史》卷30《泰定纪》。
④ 《元史》卷43《顺帝纪》。

的直接管理的范畴之中，这就使得河州番族不再是部落的"属民"，而
已经成为国家的"公民"，他们的民族归属感也由部落上升到国家。伴
随着何土司家族文化的变迁，其对国家的行政认同逐渐上升为文化认
同，进而由对本部族的民族认同上升为对整个中华民族的民族认同。何
土司家族不再游离于国家政权与国家民族的边缘，而是从心理上产生了
对中华民族的归属感，作为国家民族的一分子长期稳定并延续到今天。
何土司家族由"王其地"的割据思想逐渐转变成为中华民族大家庭守
土封疆、保境安民的"大一统"思想。因此，何土司家族自降明之后，
历经 561 年，始终忠于朝廷，平叛、招抚，为维护边疆稳定和巩固祖国
统一立下了不朽功勋。

　　伴随着文化变迁，以何土司家族为代表的河州番族不仅产生了对国
家民族的归属感，而且对国家民族的依赖性不断增强，其社会形态由封
闭性走向开放性。在经济上，河州地区生产的畜产品是无法满足百姓日
常生活的全部需要的，于是必然要与汉族地区进行贸易往来，互通有
无，因此当地的民族贸易异常繁荣，而其中最具代表性的就是茶马贸易。
明代大学士邱浚一针见血地指出："西北之虏，嗜茶有自来矣。盖虏人所
嗜乳酪滞膈，而茶性通利，能荡涤油腻故也。"[1] 足见河州番族对中原经
济有很强的依赖性。明代解缙曾言："（太祖）置茶马司河州，岁运巴
陕之茶于司，民得以马易之，夷人亦知有法禁忌畏，杀害之风帖息，而
茶之缪恶亦少"，"夷人亦往来知识，效信义，有仕为臣者，不但茶马之
供而已。"[2] 这种经济的互补性使得河州番族与中原汉族之间联系加强，
情谊融洽，谁也离不开谁，正所谓"巴茶番马，交互为利，而华夷得以
融合相安"[3]。

　　这种经济的依赖性还体现在与中央王朝的贡赐贸易上。朝贡本是体现
河州番族对中央王朝的臣服之心，也是中央政权对其实行管辖的标志。但
同时河州番族亦可从中获得丰厚的经济赏赐，于是河州土司可谓是趋之若
鹜，经常入贡，使团规模之庞大也是空前绝后的，久而久之，形成一种以

---

① 　王全臣：《河州志》卷 2《茶马考》。
② 　《明经世文编》卷 11《解缙送习贤良赴河州序》。
③ 　《明西北归化人世系表》，甘肃省图书馆藏，抄本。

"贡赐"形式进行的特殊贸易。"贡使络绎乎道,驼马迭贡于廷"①,以致朝廷"赏赐不赀"②,足见当时贡赐贸易之繁盛,这不仅促进了河州与中原的经济交流,也带动了当地商贸的发展。由于番族朝贡次数过频,人数过多,明成化年间朝廷不得不规定:"番族两年一贡,后三年一贡,大族起送为首四五人,小族起送一二人,留边听赏者,大族不过十五人,小族不过七八人","进贡到京并存留之人,各颁赏有差。贡马、皮者给其价。其不由所在官司起送,自来谢恩等项进京者,止给马、驼价,不赏"③。由此足见贡赐贸易已经成为河州少数民族经济生活中不可或缺的组成部分。

在政治上,何土司家族对中央王朝的依赖性亦不断加强。明代以后,何土司被纳入中原政权的行政管理体系之中,成为中央王朝的一级行政官吏。何土司已然失去了往日呼风唤雨、称霸一方的权力,也不再拥有能与中央王朝相抗衡的独立的政治军事实力。面对日益强大的中原政权,何土司家族只有朝贡、纳赋、听征调,绝对服从中央政府,才能依靠其权威,威慑属民,维护自己统治的长治久安。例如,撒拉族民风强悍,陕甘总督岳钟琪奏请,"将韩炳、韩大用二人各给与土千户号纸,令分辖回族,则凡不法回民,既畏营员,观韩炳等系奉旨设立之土职,自必共相儆惕。将来编查户口,输纳钱粮等事,亦易办理"④,这也正体现了中央王朝成为土司借以维护统治的重要支柱。

五　何土司家族的文化变迁为其家族的长期统治奠定了思想基础,但也成为其家族迅速衰落的重要原因

孟子曰:"君子之泽五世而斩,小人之泽五世而斩。"⑤ 其大意是指一位品行高尚、才能出众之人,经过艰苦地打拼,成就一番事业,并恩泽后世,但经过数代之后,其家族必然衰落,正所谓"其兴也勃焉,其亡也忽焉"。中国民间亦有"富不过三代"的格言,然而何土司家族却能历经明清两朝,传承19代,雄踞西北达561年。可以说,何土司家族的文化

---

①　《明英宗实录》卷204,景泰二年五月癸丑。

②　《明宪宗实录》卷21,成化元年九月戊辰。

③　甘肃省岷县志编纂委员会办公室编:《岷州志校注》,《岷州志》卷6《番贡》,1988年。

④　龚景瀚:《循化志》卷1《建置沿革》。

⑤　《孟子》卷八《离娄下》。

变迁为其家族的长期统治奠定了思想基础。

其一，中国自古以来就强调"夷夏之辩""夷夏之防"的民族观。早在先秦文献中，诸如"戎狄豺狼，不可厌也；诸夏亲昵，不可弃也"①。"狄，封豕豺狼也，不可厌也"②；"戎狄无亲而贪"，"戎，禽兽也"③；"蛮夷猾夏，周祸也"④ 等记载比比皆是。孔子的《春秋》中，在处理夷夏关系上也是秉持"内其国而外诸夏，内诸夏而外夷狄"⑤ 的原则。因此，大汉族主义的民族观在中国的传统思想中可谓是根深蒂固，历代统治者对少数民族首领总是心存芥蒂。但同时儒学民族观亦强调"用夏变夷"⑥。在儒家思想中，"华"与"夷"的区别主要表现于文化、礼仪上，而非血统、种族、民族上的高下。如果"四夷"也能遵守礼法，同样可视为"华夏"。正如钱穆先生所指出的："在古代观念上，四夷与诸夏实在另有一个分别的标准，这个标准，不是血统而是文化。所谓诸侯用夷，则夷之，夷狄进于中国，则中国之，此即是以文化为华夷分别之明证。"⑦ 因此，何土司家族积极学习儒家文化，遵礼明智，这不仅彰显了自己对汉文化的敬仰之情和对中央王朝的向化之心，实际上更是在将自己逐渐融入"华夏"文化圈之中，从而消除"夷夏之防"，由"夷"变为"夏"，这是中原政权对何土司家族长期信任与优待的重要原因。

其二，"民族归根到底，是一个文化的共同体。"⑧ 世界各民族的形成与发展的历史无不证明，文化是将一个民族紧紧凝聚在一起的最根本的精神纽带和思想基础。因此，有学者进一步指出："民族的认同本质上就是

---

① 《春秋左传》，闵公元年，阮元校刻：《十三经注疏附校勘记》，中华书局 1980 年版，第 1786 页。

② 周语中、来可泓：《国语》，《国语直解》，复旦大学出版社 2000 年版，第 67 页。

③ 《春秋左传·襄公四年》，阮元校刻：《十三经注疏附校勘记》，中华书局 1980 年版，第 1933 页。

④ 《春秋左传·僖公二十一年》，阮元校刻：《十三经注疏附校勘记》，中华书局 1980 年版，第 1811 页。

⑤ 《春秋公羊传·隐公元年》，阮元校刻：《十三经注疏附校勘记》，中华书局 1980 年版，第 2200 页。

⑥ 《孟子·滕文公上》，阮元校刻：《十三经注疏附校勘记》，中华书局 1980 年版，第 2706 页。

⑦ 钱穆：《中国文化史导论》，生活·读书·新知三联书店 1988 年版，第 35 页。

⑧ 孔庆榕、张磊：《中华民族凝聚力学》，中国社会科学出版社 2008 年版，第 273 页。

文化的认同"①。自明之后，汉族大量迁入河州地区，藏族在当地的势力却逐渐衰微。何土司家族文化的变迁，实际上是对儒家文化不断认同的过程，而这种文化的认同必然带来当地汉族对何土司家族的民族认同。在中国的历史长河中，历次异族入侵，只要接受中华文化，行儒家之制，亦可坐主中国，并一样享有"正统"的地位。因此，何土司家族的文化变迁，在一定程度上消除了民族隔阂，既得到了中央王朝的倚重，又得到了当地百姓的支持，成为其家族在河州地区能够长治久安的重要原因。

正所谓"成也萧何，败也萧何"，任何事物总是辩证统一的。明清统治者之所以继续在河州地区推行土司制度，其最重要的原因就是"因俗而治"，即"修其教不易其俗，齐其政不易其宜"。正因为少数民族在风俗习惯、社会制度、文化传统等方面与中原汉族存在巨大差异，强行派遣流官，推行郡县制，反而会引起边疆不稳，所以中央政府不得不任用其首领，实行羁縻统治。乾、嘉、道三朝老臣松筠对于西北少数民族的统治曾作如下阐述："首在熟悉夷情，然非特知其长技，察其习尚已也。其部落之强弱，形势之夷险以及承袭之世次，官制之维系，尤必固知之，而后足以得其心，以制其命。"② 然而何土司家族经过文化变迁，已基本被"汉化"，"诸番杂处，风俗不纯，附近居民敦忠信，尚公谨，羌回诸种旧诡谲健讼，近革心向化，渐与中土无殊"③。既然如此，中央政府就无须通过土司来间接管理番民，完全可以实行直接统治。于是何土司家族失去了其土司统治的基础，而不再被中央王朝所倚重，其家族的衰落也就成为历史的必然。

①　牟钟鉴：《民族观与民族主义的反思》，《中央民族大学学报》2003 年第 4 期。

②　徐松：《新疆识略》卷 12《外夷》。

③　许容等监修，李迪等撰：《甘肃通志》卷 21《风俗》。

第五章

何土司家族的宗法制度

家族，也称宗族，"宗指祖先，族指族属，宗族合称，是为同一祖先传衍下来，而聚居于一个地域，而以父系相承的血缘团体"①。家族是乡土中国社会的基本元素，并与社会政治、经济、文化发生着密切而持续的互动。"有宗族即有宗法，由氏族社会过渡到阶级社会，氏族在国家内变为宗族，大宗为统治者，小宗成员逐渐分化。"② 中国古代社会常被称为宗法社会，足见宗法制度在中国古代社会中的基础性地位。关于宗法制度的研究，学术界的成果颇丰，笔者不作详细论述，仅将与本文相关概念简述如下：

1. 何为"宗法制度"？

丁山先生认为："宗法者，辨先祖宗庙昭穆亲疏之法也。"③ 史凤仪则认为："宗法，是分别嫡庶统系，以家族为本位的政治统治网络。"④ 以上学者强调了宗法制是一种家族内部的管理系统，以此别尊卑，序长幼，维护家族的和谐，家长（族长）利用其宗子地位，往往集父（夫）权、族权、神权、政权于一身，对家族成员乃至其家族附属之民众进行统治。亦有学者强调血缘关系在宗法制中的基础性地位。金景芳指出："宗法的特点就是它是一种家族制度，在这个范围内，一个人的身份，主要决定于血缘关系，不决定于政治地位。"⑤ 杨宽先生也认为，宗法制度是指西周由

① 林耀华：《义序的宗族研究》，生活·读书·新知三联书店 2000 年版，第 73 页。
② 杨向奎：《宗周社会与礼乐文明》（修订本），人民出版社 1997 年版，第 97 页。
③ 丁山：《宗法考察》，《中央研究院历史语言研究所集刊》第 4 本第 4 分册，1934 年，第 403 页。
④ 史凤仪：《中国古代的家族与身份》，社会科学文献出版社 1999 年版，第 317 页。
⑤ 金景芳：《论宗法制度》，《古史论集》，齐鲁书社 1981 年版，第 117 页。

周王为起点下衍的血缘分封为组织形式的各级族长领导制,即宗法制度的核心是基于宗法血缘关系建立的政治组织结构及其法则。① 王国维先生则认为宗法制度的根本在于区分嫡庶,宗法制就源于周公立嫡立长之制。郭宝钧进一步指出:"其制(宗法制),大约为把全族中最高权位者按嫡长制继承定为大宗,其余的支子划为小宗,使大宗有继承权与主祭权,小宗无之。但小宗在他的本支中仍以其嫡长子为大宗,余子为小宗,权力如前。如此,一分,再分,三分,则全族的系属分明,权位定,亲疏分,而政治经济的实力亦随之而有判别,即借此巩固其政权。"② 但也有学者提出了反对意见,他们认为宗法制并不一定要求嫡长子继承,庶子继承或兄终弟及等继承方式也是宗法继承的表现形式,"嫡长子继承制的确立是宗法制度发达和巩固的标志,而不能把它作为评判有无宗法制度的根据"③。

　　还有一些学者从其他的研究视角,提出了不同的观点。谢维扬先生从以国家为主体的社会控制功能角度对宗法制度进行了解读,他认为,宗法制度是在国家允许和帮助下,由血缘团体领袖凭血缘理由而对亲属进行管理并支配他们的行为乃至人身的制度;宗法制度的实质是一种"私法",亦即国家承认血缘团体领袖对其成员有代替"公法"来实施的管理和处置权。④ 张光直则从宗法制度的政治权力功能对其进行了解读,他认为,中国宗法制是级级分化并以系谱为基础集中政治权力的一种重要的宗族制度。⑤ 也有学者认为,学术界对于宗法制度的研究大多集中于西周的大小宗制度,而"广义的宗法,则还包括一般性地维护族权、父权与夫权为中心的宗族关系规范体系,即所谓的族规、家法之类"⑥。

　　综上所述,笔者认为宗法制度具有以下几个鲜明的特点:(1)以血缘关系为纽带。(2)以嫡长子继承制为基础。(3)以父权、族权为特征,将家族权力与政治权力相结合。(4)具有鲜明的上下有序、尊卑有别的

---

① 参见杨宽《古史新探》,中华书局1965年版,第166页。
② 郭宝钧:《中国青铜器时代》,生活·读书·新知三联书店1963年版,第202页。
③ 参见钱宗范《周代宗法制度研究》,广西师范大学出版社1989年版,第1—20页。
④ 参见谢维扬《周代家庭形态》,中国社会科学出版社1990年版,第209—210页。
⑤ 张光直:《中国青铜时代》,生活·读书·新知三联书店1999年版,第20、474—475页。
⑥ 参见阎步克《宗法制度》,刘东主编《中华文明》,社会科学文献出版社1994年版,第64页。

等级特色。（5）规定了继承秩序以及不同角色地位的家族成员各自权利和义务的家族族规。

宗法制度的本质可以说是家族制度的政治化，是确立和维护贵族特权的严格的等级制度，其目的仍在于加强对家族成员的政治统治，并将世家大族与国家联系在一起。

2. 宗法制度与昭穆制度。

所谓"昭穆"，简而言之，即"自始祖之后，父曰昭，子曰穆"，昭居左，穆居右，如此世代交替。关于"昭穆制度"是何种制度，学术界主要有四种观点：（1）认为是宗法制度的重要组成部分，"宗法者，初以辨先祖宗庙之昭穆亲疏，非以别继祖继祢后世子孙之嫡庶长幼也"①。（2）认为与宗庙制度有密切关系，"显然是西周庙制的核心要素"②。（3）认为是一种墓葬制度，如李衡眉先生所言，"昭穆制度实际上是一种墓葬制度"③。（4）认为是一种"行辈标志制度"④。正如兄弟间有伯仲，用于区分同辈间的长幼，父子间则有昭穆，意在辨别异辈间的尊卑关系和血缘亲疏。

笔者认为以上观点都是对昭穆制度内容的反应和运用，将以上观点综合起来当是对昭穆制度比较完整的概括。那么古人创制昭穆制度对于家族的发展又有什么意义和作用呢？张光直先生认为昭穆的作用是将"宗族之人分为昭穆两大群，祖孙属于同群，父子属于异群"⑤。这种依据昭穆将家族成员分为两大群，昭穆相同者则更加亲密，这显然不利于家族的凝聚与延续。笔者认为，昭穆的根本作用仍在于区分辈分，并以此决定家族成员在家族中地位的尊卑，强化家族宗法等级观念。无论是在家庙、祠堂中灵位的摆放，还是在家族墓地中墓冢的排列，抑或在祭祀、宴飨等家族的大型活动中家族成员的位次，都必须严格按照昭穆之序排列，通过一昭一穆的循环反复，将众多族人的辈分明确区别开来，使家族内部祖先和族

---

① 丁山：《宗法考察》，《中央研究院历史语言研究所集刊》第 4 本第 4 分册，1934 年，第 403 页。

② 刘正：《金文庙制研究》，中国社会科学出版社 2004 年版，第 16 页。

③ 李衡眉：《昭穆制度与宗法制度关系论略》，《历史研究》1996 年第 2 期。

④ 谢维扬：《周代家庭形态》附录一《周代的昭穆制度》，黑龙江人民出版社 2005 年版，第 325 页。

⑤ 张光直：《中国青铜时代》，生活·读书·新知三联书店 1999 年版，第 201 页。

人的辈分明晰化、有序化，让辈分高者居前，低者居后，这显然会使家族等级分明，和谐有序，有利于家族的团结和发展。

可见，学术界对于宗法制度的研究成果已是硕果累累，但主要集中于汉族家族，而少数民族家族的研究却相对薄弱。陈德顺先生指出："少数民族中的家族与汉族相比，在结构和功能上有一定的特殊性。"① 中国幅员辽阔，生态环境各异，文化多样，民族众多，少数民族家族必然有其地域性和民族性的特征。本章将从宗法的视角，探究何土司家族的家族制度。

第一节　土司承袭中的宗法关系

对于土司的承袭明清两朝都制定了严格而完备的制度，其承袭顺序是先嫡后庶，先长后幼，先亲后疏。洪武二十七年（1394）规定，"令土官无子，许弟袭"。洪武三十年（1397）诏命，"令土官无子，弟，而其妻或婿为夷民信服者，许令一人袭"。永乐十五年（1417），"令官告袭，虽出十年，亦准袭。"正统二年（1437），"奏准土官应袭者，预为勘定，造册在官，依次准袭"。天顺八年（1464），"令土官告袭，勘明会奏，就彼冠带"。弘治二年（1489），"令土官应袭子孙五岁以上者，勘定立案；年十五以上，准令袭，如年未及，暂令协同流官管事"②。对于土司承袭人的嫡庶次序和承袭年龄清政府则作了进一步严格规定：土司病故或年老、有病请代时，必先是"嫡子嫡孙承袭，无嫡子嫡孙，则以庶子庶孙承袭，无子孙则以弟或其族人承袭；其土官之妻或婿有为土民所服者，亦准承袭。如有子孙幼者或其族或其母能抚孤治事，由督抚拣委，至其子十五岁再令承袭"③。乾隆三十三年（1768）奏准："土官袭替定例，必分嫡庶长次，不得以亲爱过继为词。"对于破坏宗支嫡庶的次序或冒袭行为，清廷将严惩不贷，"如宗派冒混，查出参究"；"承袭之人有宗派不清、顶冒、陵夺各弊，查出革职；具结之邻封

---

① 陈德顺：《民族地区村落家族的特征性分析》，《云南民族大学学报》2006 年第 2 期。
② 《明会典》卷 6《吏部五·土司承袭》。
③ 《大清会典》卷 12《吏部》。

土官照例议处"①。

明清政府屡次规定，不断重申土司承袭中的嫡庶次序，足见嫡长子继承制在土司承袭中的核心地位。而"嫡长子继承法是宗法制产生的本因，宗法制是嫡长子继承法的保证"②。王国维先生也曾说，周代的宗法制就在于区分嫡庶，这源于周公订立的立嫡立长之制，商代就没有嫡庶之制，故无所谓宗法。③ 因此，嫡长子继承制是宗法制度的核心和实质，宗法制度的各种表现不过是嫡长子继承制的衍生。具体考察何土司家族的土司承袭情况：何锁南——铭（子）——忠（子）——英（子）——端（子）——勋（子）——巩（子）——珽（弟）——樟（子）——永吉（子）——扬威（子）——承袭（子）——福慧（子）——武（子）——大臣（子）——华（子）——其清（子）——柄（子）——晋（子）。何土司家族共传承 19 代，除七世祖何巩是兄终弟及之外，其余皆为父子相传。可见，宗法制度是何土司家族土司传承中必须遵守的法则。

为了维护宗法制度，保证土司传承的合法性，明政府又制定了一系列严格而细致的律例。"土官承袭，务要验封司委官体勘，别无争袭之人，明白取具宗支图本，并官吏人等结状，呈部具奏，照例承袭。"④ 简而言之，土司承袭一是要有当地官员的查核和保送，二是要有土司的"宗支图本"，即宗族世系情况。此后又规定："预取应袭儿男姓名，造册四本，都（察院）、布（政司）、按（察司）三司各存一本，一本年终送本部（吏部、兵部）备查，以凭查考。以后每三年一次造缴。"天顺二年（1458）又奏准："土官病故，该管衙门，委堂上官体勘应袭之人，取其结状宗图，连人保送赴部，奏请定夺。"⑤ 但由于土司地处边疆，路途遥远，天顺末年允许土司就地袭职，不必赴京。但到清朝年间土司承袭的手续则更为复杂。土司承袭者"由督抚具题，将该土官顶辈宗图、亲供、司府州邻印甘各结及原敕印，亲身赴部，由部核明，方准承袭"⑥。例如，

① 《大清会典事例》卷 589《兵部·司袭职》。

② 王晖：《商周文化比较研究》，人民出版社 2000 年版，第 285 页。

③ 王国维：《观堂集林》卷 10《殷周制度论》。

④ 《明会典》卷 6《吏部五·土司承袭》。

⑤ 同上。

⑥ 《大清会典事例》卷 469《兵部》。

河州撒拉族土司韩文广于乾隆十一年十月二十一日病故，其子韩旭先上报河州，再由河州官府上报临洮道、甘肃巡抚，最后报于兵部。"查旭现年十六岁，实系保安撒喇土千户韩文广原配正妻马氏所生嫡长男，并无庶出过继、乞养异姓、假冒情弊，例应承袭父职，相应造具宗图、亲供清册，取具邻户族众乡老头人并亲叔韩文锦、邻封土司何福慧保结，同原领号纸以及旭父韩文广病故各结，一俱具详呈请。"经兵部议奏，乾隆帝朱批："依议。"在近两年之后，韩旭于乾隆十三年六月二十三日才正式袭职。①

土司袭职，由当朝政府赐予诰敕、官印，以示认可，这同样具有宗法等级观念。据《大明会典》载，洪武二十六年（1393），定诰敕等级：一至五品授以诰命，六至九品授予敕命。② 正三品以上官员授银印，从三品以下授铜印。并根据品秩高低分别赐予大小、厚薄不一的铜印。③ 何土司家族为世袭指挥同知，从三品，赐诰命、铜印。土司冠服亦按品级而有所差别，何土司的冠服为：朝帽起花金顶，上衔蓝宝石，中嵌小红宝石，带用起花金圆板四片，虎补服蟒袍，九蟒四爪，坐褥，冬用貂皮，夏用青褐镶红毯。④

中央政府实行严格而繁杂的土司承袭法规，就是要禁止"土司私相传接，支系不明"⑤，保证嫡长子继承的宗法制度。这一方面反映了中央政府对包括何土司家族在内的西北土司的控制与统治日益加强，另一方面也有利于何土司家族的团结和睦、兴旺发达，并以此世代巩固何土司在家族中的宗法统治地位。

第二节　何土司家族的组织结构和管理体制

土司制度是元明清时期中央王朝在总结前朝统治少数民族政策得失的基础上，在西、南等边疆地区实行的一种特殊的行政管理体系。在这种体系之下，何土司家族内部也形成了相应的组织结构和管理体制，这对于维

① 青海民族学院民族研究所编印：《撒拉族档案史料》，第4—6页。
② 《明会典》卷6《吏部五·诰敕》。
③ 《明史》卷72《职官志一》。
④ 《明史》卷67《舆服志三》。
⑤ 蒋良骐：《东华录》顺治朝三十二。

护何土司家族的和睦有序以及长治久安都具有积极作用。

一　内部组织结构

《礼记·大学》云："古之欲明明德于天下者，先治其国；欲治其国者，先齐其家；欲齐其家者，先修其身。"家族是何土司维护土司统治的中坚力量和支柱，只有其家族和睦有序，才能使其土司统治长期稳定，而家族聚居是宗法制度存在的主要社会组织形式，随着时间的推移和人口的日益增多，家族内部的各种纠纷和利益冲突不断涌现。何土司需要不断完善家族内部的组织结构和管理制度、妥善处理家族成员之间的利益关系，这也成为维护土司统治的必然要求。

何土司家族内部的统治阶层主要由土司和土舍两大系统组成。"土司"即由中央王朝直接敕封、由嫡长子世代承袭的朝廷命官，在何土司家族内部被视为"大宗"，处于整个家族等级制度的最顶端，是家族的支柱和核心，其独尊地位不容觊觎。"土舍"一般为历代土司的同宗兄弟，他们被派往土司的其他封地，成为"小宗"，是土司家族重要的组成部分。雍正三年（1725）九月，吏部曾奏请："嗣后各处土司文武官员嫡长子孙，仍令其照例承袭本职，其支庶子弟中有驯谨能办事者，俱许本土官详报督抚，具题请旨，酌量给世职衔，令其分管地方事务。"[1] 此奏亦得到了雍正帝的批准。据《续修导河县志》卷四《土司》记载：何土司原管区域散布四乡，"东乡何闫家（今东乡县百合乡），南乡马家庄（今临夏市南龙乡），西乡沈家河（今积石山县境内），河北乡黑城堡、何家堡等（原在永靖县白塔川，1967 年修建刘家峡水库，全村迁往临夏县先锋乡）"[2]。根据笔者对上述村落的调查，这些村落实际上都是何土司同宗兄弟的封地，即土舍统治的地区。还有临夏市折桥乡孖何家庄亦是末代土司何晋兄弟的封地。

何土司家族内部的被统治阶层主要有三类：一类称为"家人"，主要是土司的同姓属民，他们一般拥有自己的土地，只需要向土司缴纳象征性的赋税，在家族内也拥有一定的政治、经济地位；另一类被称为"直属部落（村庄）"，主要是土司、土舍直接管理的番族，何土司家族就有 48

---

① 《清世宗实录》卷 36，雍正三年九月乙巳条。

② 徐兆潘修，黄陶安纂：《续修导河县志》卷 4《土司》。

个直属部落①，他们几乎没有人身自由，对土司有绝对的人身依附关系，除需向土司缴纳各种赋税外，还要无偿为土司服劳役、兵役、站役等，遇有战事必须随同土司出征；还有一类则称为"佃户"，"汉人无田者亦从之佃种"，所以土司"所称土户，不尽其部落也"②。佃户每年租种土司、土舍的田地并纳草纳粮，但有绝对的人身自由，与土司没有人身依附关系。

被尊为"大宗"的土司对外是国家的一级行政官员，要听从皇帝的诏命，服从朝廷的调遣，对内则是整个家族的最高统治者，集族权和政权于一身，作为"小宗"的土舍必须服从"大宗"土司的管理。但在自己的封地上土舍同样拥有一定的权利，从而形成了何土司家族内部土司与土舍两大管理系统既相互独立，各司其职，又相互联系、相互制约的格局，使其家族内部结构具有鲜明的宗法关系的特点。由于何土司家族这方面的资料匮乏，无从考证。本书以西宁李土司为例，进行说明。《西夏李氏世谱》卷四《典册谱·印照》中收录了清康熙四十三年（1704）至民国二十三年（1934）之间李土司给各土舍的印单、印照等7篇文件，内容主要是约定李土司和各土舍之间的权利与义务，这对于我们认识土司与土舍之间的关系具有重要的史料价值。③

（1）土舍需服从土司的管理，但又具有一定的独立性。土舍封地上的大小事务并非全由土司裁决，只有涉及"土民重务""人命盗贼重情""婚命火盗大故"或是"家人敢犯上肆行不规者"，土舍需上报土司，由土司亲自处理。土舍或土民撰修家谱，修建家庙、祠堂等家族内的重大事务也必须由土司亲自赐印命立。而对于土舍"所管家人内有斗殴、田土事务"④，即可自行裁决。土司与土舍之间明确分工，各司其职。土司辖区广阔，各舍庄又较为分散，这样的权力分配既保证了家族内部事务能得到及时有效的处理，又有利于家族的稳定和平衡。各土舍继承的祖遗田土，家人等亦可世代承袭，并实行嫡长子继承制，土司无权干涉，所以土

---

① 龚景翰：《循化志》卷5《土司》记载："顺治二年，（何永吉）率子扬威领原管四十八户部落归附。"

② 龚景翰：《循化志》卷4《族寨工屯》。

③ 参见张生寅、崔永红《由〈西夏李氏世谱〉看李土司宗族内部的组织管理体制》，《青海社会科学》2006年第2期。

④ 李鸿仪：《西夏李氏世谱》卷4《典册谱·印照》，辽宁民族出版社1998年版。

舍又具有一定的独立性。

（2）土司与土舍之间既相互依存，又相互制约。土司"每年各给（土舍）印单一张为照，令其各守分业，永勿紊乱"。印单实际上是土司对土舍在其封地上拥有一定管理权的认可，允许其自行处理家人纠纷、田土争端等事宜。但土司不顾冗繁，每年颁发印单，一方面是在向土舍不断彰显土司在家族中拥有的绝对权威，另一方面也是对土舍权力的一种限制和约束。土舍在接受土司管理的同时，也可对土司权力进行监督，"如印官仍再阳顺阴违，姑息养奸，即系背祖指纵，许一十三门（土舍）公举贤良"①，这显然说明土司的权力也要受到来自土舍的制约，并不可恣意妄为。如果土舍皆认为该土司不称职，甚至可以将其罢免。何土司家族没有出现过此类事例，但西宁东伯府李土司家族第十二世祖李师臣就因与土舍不睦，屡具讼端，而被罢职闲居。倘若新土司上任，不仅土司要重新颁给土舍印单，而且双方还要"互具印结"，以示相互承认对方权力的合法性，并明确规定了土司与土舍的权利和义务，是双方权力相互制衡的有效凭证，从而防止官灭舍，舍欺官，以致家族内讧，分崩离析。对于"皇差词讼"等家族重大涉外事务，土司亦不得独专，要会同土舍一同商议。可见土司在本家族内并非大权独揽，至高无上，而是与土舍共同分享家族的统治权，从而形成了土司家族内土司与土舍两大统治系统，并通过约定俗成的族规，进行权力分配，各有职司，互不干涉，通过这种权力的制约与平衡，才能使得土司家族稳定有序，长治久安。

何土司家族之所以能够历经五百余年，仍然生生不息，绵延不断，并有效地管理散布于河州四乡的48部落属民，就是得益于其家族内部形成了土司—土舍—土民这样一种自上而下、层层管理的金字塔形的内部组织结构。土司除处理家族内的重大事务外，实际上是通过土舍对土民进行间接管理，土舍既有义务服从土司的管理，辅佐土司处理家族事务，又有直接管理土民的权力。起到了承上启下的作用，这种宗法等级制度，使各阶层既相互依存，又相互独立，从而形成了一套稳定有效的家族内部组织。

---

① 李鸿仪：《西夏李氏世谱》卷4《典册谱·印照》，辽宁民族出版社1998年版。

二　家族管理系统

何土司家族在今临夏市民主东路，曾建有规模庞大、气势恢弘的土司衙门，是历代土司尽忠职守、叱咤风云的见证，也是其在河州地区建立土司统治的象征。但令人遗憾的是今天未能留下任何遗迹，现为临夏回族自治州武警支队所在。土司衙门既是何土司处理日常事务的办公场所，也是其与家眷共同居住生活的地方。衙门内不仅设有大堂、刑具、监狱，亦有客厅、厢房、马厩等。何土司家族内部包括土司和土舍两大管理系统，土舍管理系统隶属于土司，但又具有一定的独立性。面对人数众多、关系复杂的家族成员及其属民，作为统治阶级的土司和土舍又是如何进行管理的呢？

（一）土司管理系统

何土司的管理系统分为行政、军事两大管理系统。土司衙门报部备案的土职有"守备一员，千总二员，把总四员，外委七员"[①]。

1. 行政管理系统

何土司之下设护印千总一人，协助土司管理日常行政事务。千总下再设把总，掌家把总佐护印千总。在土司家族内部实际掌权的是总管，一般设有三人，大总管兼理家族内一切事务，二总管、三总管协助大总管。其中二总管分管钱粮、祠堂、家谱等事宜，有记账 1 人。三总管分管刑罚、诉讼等事宜。另外，土司一般会聘请师爷一名，由文化较高的汉人担任，主要负责为土司出谋划策。土司衙门内亦设有传达室，有传号数人轮流值班，负责通报。还有房科，类似于土司的办公室，其中设有掌案、经书、帖书等数人，他们实际上是土司的秘书，专门负责文书的起草、转接、抄写、下达等事宜。既然土司对自己的属民拥有司法权，所以其衙门内还设有监狱，并有班头一人，衙役数人不等。

2. 军事管理系统

何土司之下设领兵千总一人，协助土司管理军事事务；千总下又设把总，军事把总佐军事千总。领兵千总、把总平时要负责训练土兵，遇有战事要随同土司带兵出征。

何土司有直属 48 部落，由何土司直接管理，是其钱粮赋税的直接来

---

① 张彦笃修，包永昌等纂：《洮州厅志》卷 16《番族》。

源，不分封给同姓兄弟。部落是土司统治的基层组织，是军政合一的单位，部落首领既是行政长官，又是军事头领，或世袭，或由总管推荐，土司任命，专门负责征收赋税，处理一般纠纷，传达命令，遇有战事，率领土兵出征，有能力者可逐级被提升为总管、千总等。部落之下还设有头人等小头目。

土司手下的头目和勤务人员一般没有薪俸，只是每年年终从土司粮仓提取杂粮若干石。但部落首领在处理一般诉讼纠纷之后，当事人要给部落首领交纳"衙门钱"，除一部分上交土司之外，其余归首领所有。

（二）土舍管理系统

土舍之下亦设有各色管理人员，他们各有职责，相互配合，形成了一套严整的组织管理体系。

1. 家长。土舍下设家长1—2人，家长的职责主要是负责本舍内的日常事务，诸如稽查盗贼，劝导子弟，婚丧嫁娶，处理田土、民事等纠纷，办理祖茔祠庙等众多事务。家长一职不可世袭，并要由土司直接委派，土舍无权任命。土司如不加委派时，请求担任家长的舍户，必须向土司送礼，请求加以委任。家长无法解决的事情，则转交土司直接处理。①

2. 户首。户首实际上是家长的副职，协助家长处理本舍内的日常事务，但主要负责宗族内部事务，如土舍的祖茔祠庙等事宜，若有子弟不孝敬父母，不安分守己，或以卑犯尊，游手好闲，则由户首会同老者以家法重处，倘若屡教不改，再呈送家长，加倍处分。担任户首的条件首先必须是本舍内的属民，然后由土舍任命德才兼备、精力充沛、有管理能力者担任。

3. 总管。土舍管理系统中亦有总管一职。总管主要负责行政事务，诸如收款、催粮、纳赋、支派杂役等。总管先经土舍酌议检选，再由土司亲自发给印帖，方可任职，可见总管在土舍管理系统中占有重要地位。到清代时总管逐渐改由本舍内的属民推举产生，一般推举舍内的富户担任，或一年一换，或三年一换。推举总管在每年的冬至日举行，等到农历正月初一，新总管正式走马上任。新总管必须设宴招待本舍的老者，并行三拜礼，即一拜天，二拜土司，三拜老者。

---

① 参见青海土族社会历史调查组《青海土族社会历史调》，青海人民出版社1985年版，第63页。

4. 乡老。有的土舍之下亦设乡老，乡老的职责与总管大致相同，但其地位略低于总管。乡老可由土舍直接任命，上报土司过目即可。

5. 老者。老者一般由本舍内德高望重的大户之人担任，系终身制。如无人充任时，再由富者大户推举产生。老者既可协助户首处理诸如训导子弟，处置不肖子孙，修缮祖茔祠堂，调解家庭纠纷等宗族事务。在总管、乡老不在的情况下，亦可处理纳赋、催粮、支役等行政事务。所以说乡老"操当地事件处理之权"①，新总管上任亦必须宴请老者，可见老者在当地拥有较高的地位和威望。

由此可见，土舍管理系统十分严密而完备。其内部又形成了两条支系，即以家长为首、户首为辅，包括老者在内的宗族事务管理支系，以及仍以家长为首、总管为辅，亦包括老者的行政事务管理支系。这两条管理支系明确分工，各司其职，从而实现了土舍对属民的有效统治。

纵观何土司家族的内部组织和管理系统，可见如下几个特点：（1）具有鲜明的宗法文化的特色，土司与土舍依据宗法制度进行着权力的分配与制衡，并承担相应的义务与职责。（2）将土司统治与家族统治有机地结合起来。何土司通过对本家族合理而有效的管理，增强家族的凝聚力和向心力，发挥其核心作用，进而巩固土司统治；又通过中央王朝的敕封和恩赏来威慑家族成员，强化土司在家族中的独尊地位。（3）具有封建等级制度的特色。何土司家族内部上有土司，中有土舍，下有土民，等级鲜明，层层隶属，土民的生杀予夺，全由土司裁决，土民必须服从。（4）组织严密、分工明确、管理有序。何土司家族的内部组织和管理系统虽然名号众多，异常庞杂，但杂而不乱，各有职司，井然有序，自成体系，既有专门管理军事事务的支系，亦有负责行政或宗族事务的支系，不同支系间互不干涉，同一支系内又互相协作。（5）形成了一个较为封闭的社会单位。家族成员根据不可更改的自然血缘来确定自己在家族中的身份和地位，以及人与人之间的等级关系，通过非正式规则包括伦理规范、价值取向、道德、习惯等文化性因素的作用来实现对家族成员的行为约束，并通过一定的内部组织和管理体系加以实施、推行，使这些非正式规则合法化、制度化。何土司家族实质上是由约定俗成的社会角色和行为模

---

① 青海土族社会历史调查组：《青海土族社会历史调查》，青海人民出版社1985年版，第60页。

式构成的体系，这也成为家族成员很难逾越的界限，形成了一个较为封闭的社会单位。

三　土司与属民的宗法依附关系

（一）属民与土司的经济依附关系

土司与属民的经济依附关系，首先表现在对土地的所有权上。何土司所属之土地主要有三大来源，一是原有土地，何土司家族始祖何锁南是河州右丞里人，曾为元朝最后一任吐蕃等处宣慰使司都元帅，河州地区就分布着其直属部落。二是源于中央王朝的恩赐，"土司之先，以归附有功，赐以安插之地。明初开创旷土，本多招募番回开垦，遂据为己"①。何土司家族洪武三年归附明朝，并安插于河州地区，成为世袭土司，"是时地广人稀，城池左近水地，给民树艺，边远旱地，赐各土司，各领所部耕牧"②。事实上，中央政府只是对土司已经占领的土地给予法律上的承认。三是巧取豪夺。"土司、国师霸丁占地，其来已久，其术甚巧，总缘以土司、国师为护符，自恃从无处分定例，而有司又不能加以刑法"，"（土司、国师）与里民争地，则称伊等纳马田地；与民争丁，则称伊等守隘部落"③。

但是，土司制度的建立是以土地国有制度为基础的。何土司家族对于其所属的土地、草场、山林、河流等只具有使用权，而所有权仍归国家，何土司无权转让和买卖，中央政府对此明令禁止。乾隆四十二年（1777）规定，"属土司官庄田亩，不准典卖，违者按律治罪，田仍给主追价入官，其违例典卖之土司及失察该管知府定以处分一揩"；"土司各有祖遗庄田亩，收取租息以资养赡，原不许私相典卖，其属下土目土民，一切词讼钱粮，皆听土官经理查办，尤不许互相交易"④。何土司家族的土地主要有自营庄院、兵马田和租佃地等。

何土司的自营庄园大部分分布在土司衙门周围，其直属的48部落内。部落属民自带工具、粮食，土司除提供粮种、肥料之外，其余劳作全由土

---

①　龚景翰：《循化志》卷4《族寨工屯》。

②　杨应据：《西宁府新志》卷24《官师》。

③　龚景翰：《循化志》卷4《族寨工屯》。

④　李鸿仪编纂，李培业整理：《西夏李氏世谱》，辽宁民族出版社1998年版，第97页。

民完成，土民主要采用集体耕种的方式，也不从中获取任何劳动报酬。所产粮食全部上交土司仓库，主要用于土司自身的日常开支、进贡、祭祀、战事、防止灾年等。这些土民的生活来源主要靠耕种土司的"自留地"，这些田地不用向国家纳税服役。所谓"土司世官其地，世有其土，土民世耕其地，世为其民"，土民世代耕种土司的土地，被紧紧地束缚在土地上，几乎没有人身自由。

兵马田是将土司的土地以部落或村为单位分配给个体农户耕种。耕种这份土地的农户须向土司提供地租和军事劳役，并要备有一马一枪，上马为兵，下马为民，寓兵于农，兵农合一。农户对兵马田只有继承权，没有买卖权。租佃地则是土司直接将土地租赁给自由小农，定期向他们收取地租即可。

此外，中央王朝"派员到番，人马需用，概由番支"，"员弁所驻铺屋，由番租赁。铺垫炊具，均由番供给"①，这些支差费用，皆按户摊派给土司属民。土民还要为土司承担各种劳役。一是承担土司衙门内的传信、护卫及其他生活琐事等各项杂役；二是出兵保境，护送来往使者。何土司家族实行兵民合一制度，"其民即兵，每一户常备战马一匹，有事悉听调遣……器械粮饷无烦公上，常为诸军先锋"②，"其弓、矢、殳、矛比屋皆有，无事则耕牧，有事则相为守助"③。土兵平时最主要的任务就是把守关隘。何土司家族主要把守河州老鸦、南岔等处隘口。西北一旦发生叛乱，何土司亦要率兵参加平叛战争。明成化以前，乌斯藏僧俗官员入京朝贡时又多经河、湟、洮、岷一线出入，明朝使者及各地商人亦多经此地进入乌斯藏，为确保道路畅通和使臣、僧侣等人的安全，诸卫常派土司率土兵护送。如明宣德九年（1434），中官宋成等人奉旨带玺书前往乌斯藏，明廷命土官赵安率兵护送至毕力术江。④

（二）属民与土司的超经济依附关系

土司还利用对土民的绝对权力，进行掠夺式的超经济剥削，土民完全处于不平等的从属依附关系。何土司所辖区域，并不依照国家法律，全靠

---

① 周希武编著：《玉树调查记》卷上，商务印书馆 1920 年版，另有青海人民出版社 1986 年版。

② 张彦笃修，包永昌等纂：《洮州厅志》卷 16《番族》。

③ 梁份：《秦边纪略》卷 1《河州卫》。

④ 《明史》卷 331《西域三》。

习惯法或土司的意志。土司是最高司法官，其言出即法行，土司审判的案件，土民如不服判，亦无权申诉。土司甚至骄纵不法，对土民恣意胡为，如岷州土司赵廷贤"民间初婚之妇，必先招入供役，然后遣归；修署用砖瓦数十万，役民运瓦，自陶所至署二十里，排立而以手传至，不得用车马"①。

第三节　何土司家族的祭祖制度

家族最主要的特点即以父系血缘传承为中心，"对自己祖先的崇拜是中国民众宗教意识和社会生活的核心"②。在中国社会中，家族之所以成立，根本的原因是共同祖先的认定与祖产的建立。孔子云："生事之以礼，死葬之以礼，祭之以礼。"③ 孟子则进一步强调了祭祀祖先的重要性，他认为："养生者不足以当大事，惟送死可以当大事。"注云："孝子事亲致养，未足以为大事；送终加礼，则为能奉大事也。"④ 在专门记载先秦礼制的《仪礼》和《礼记》中有大量篇幅记载的是祭礼，正所谓"凡治人之道，莫急于礼。礼有五经，莫重于祭"⑤。直到近代，中国人仍然具有重视祭礼的风俗。梁启超曾言："诸礼之中，惟祭尤重。盖礼之所以能范围群伦，实植本于宗教思想，故祭礼又为诸礼总持焉。"⑥ 因此，祭祀祖先在中国社会有着非常重要而特殊的意义，作为少数民族世家大族的何土司家族自明清以来由于受到儒家思想的影响，其文化发生重大变迁，积极将自身纳入汉文化圈之中，其社会行为具有浓厚的宗法思想，这不仅表现在土司承袭、家族的内部组织与管理系统上，也体现在其家族对于祖先的崇拜与祭祀上。由于何土司家族家谱的遗失，使得对于其家族的祭祀难以深入研究，幸得笔者的调查点——临夏何堡村至今仍保留着何土司家族祭祖的传统，笔者于 2010 年 3 月初前往何堡村，并参与了该家族的祭祖

---

① 岷县志编纂委员会：《岷州志校注·岷州续志采访录·宦迹》，1988 年。
② 侯杰、范丽珠：《世俗与神圣：中国民众宗教意识》，天津人民出版社 2001 年版，第 226 页。
③ 《论语正义》卷 2《为政第二》，《诸子集成》（上），第 10 页。
④ 《孟子正义》卷 8《离娄章句下》，《诸子集成》（上），第 190 页。
⑤ 《礼记·祭统》，岳麓书社 1989 年版，第 472 页。
⑥ 梁启超：《三代宗教礼学》，林志钧辑《饮冰室合集（专集）》，中华书局 1989 年版。

活动。

一　祭祖时间

中国古有冬至祭始祖、立春祭先祖、秋季祭祢的传统习俗。到唐代，寒食即清明成为宗族墓祭最重要的时节。唐开元二十二年（734），国家将寒食上墓编入五礼。①《东京梦华录》卷七《清明节》亦载，士庶"自此三日，皆出城上坟"。直至今日，清明仍然是中国人祭祖扫墓的重要节日。但何土司家族却把每年最为隆重的一次祭祖庆典选在春社日举行。当然这也并非何土司家族一家如此，早在南宋时期，家铉翁在《则堂集》卷二《积庆堂记》中就写道："岁孟春，率宗族拜省世墓。"

春社源于中国古代的社祭。早在周代，祭天、祭地、祭祖三大祭祀系统已经确立。祭地系统的主要形式即为社祭，此乃古人对土地的崇拜，"社者，土地之神也"②。《春秋左传》昭二十九年曰："共工氏有子曰句龙，为后土……后土为社。"③可见，社祭的最早对象就是后土句龙。社祭不断发展，上自天子，下至黎民，都有社以祭。《礼记·祭法》曰："王为群姓立社曰大社，王自为立社曰王社；诸侯为百姓立社曰国社，诸侯自为立社曰侯社；大夫以下成群立社曰置社。"④社成为西周贵族特权的象征，除了周王和诸侯以外，大夫以下不可自为立社，但可以"成群立社"。立社则必有树。《墨子·明鬼》曰："昔者虞夏商周，三代之圣王，其始建国营都，日必择国之正坛，置以为宗庙，必择木之修茂者，立以为丛社。"⑤《周礼·帝官·封人》亦云："封人掌诏王之社坛，为畿封而树之。"⑥社祭主要有两种方式：一是瘗埋法，即将祭品埋于地下。《礼记·祭法》曰："瘗埋于泰折，祭地也。"二是浸滴法，即将酒、血等祭品倾洒于地上。《周礼·春官宗伯·大宗伯》云："以血祭，祭社稷。"

①　俞希鲁：《至顺镇江志》卷 3《风俗·寒食》。

②　陈立：《白虎通疏证》卷 3《新编诸子集成》，中华书局 1994 年版，第 91 页。

③　杨伯峻：《春秋左传注》，中华书局 1990 年版，第 1502 页。

④　孔颖达：《礼记·正义》，《十三经注疏》，中华书局影印阮元校刻本，1980 年版，第 1589 页。

⑤　孙诒让：《墨子闲诂》，《诸子集成》，中华书局 1954 年版，第 146 页。

⑥　贾公彦：《周礼注疏》，《十三经注疏》，中华书局影印阮元校刻本，1980 年版，第 720 页。

两汉时期，国家立太社，在宗庙之右，每年的二月、八月、腊月共三次祭祀，且均以太牢供享。官方所立之社到县设为止，祭祀活动由官方筹办，而民间所立之私社此时也大量兴起。《礼记·祭法》云："太社、皇社、国社、侯社、置社，皆王侯大夫自立及为百姓立者，此官社者。民私立者，谓之私社。"由于土地神地位的不断下降，土地神已不是唯一的社祭对象，各地民间有选择地把当地有影响力的人物作为社祭对象，或配祀社神，或直接为其立社。如《汉书·栾布传》曰："吴楚反时，以功封为�侯，复为燕相，燕齐之间皆为立社，号曰栾公社。"

南北朝时期，国家立太社、帝社、太稷三坛，并着黄色，象征土、谷，建于太庙之西。太社和帝社的祭祀要用牺牲荐享，并且规定了由太常丞牵牲、太常省牲、太祝令赞牲的"牺牲"制度。供祭的食物称"六饭"，即以敦装饭，以牟装稻，以缶装黄粱，以簋装白粱，以瑚装黍，以琏装粢。每年二月初八日举行大型祭典。民间的社则是二十五家共立一个，祭祀时间为仲春和仲秋，即春社和秋社。春社祈谷，祈求社神赐福、五谷丰登。秋社报神，在丰收之后，报告社神丰收喜讯，答谢社神。

隋唐时期，社稷坛并列立于含光门内的左侧，社祭时间已定为每年仲春和仲秋的戊日，以太牢礼祭之。至孟冬的亥日，再举行一次腊祭。各州、郡、县之官社及民间之私社，则于仲春、仲秋的戊日，举行春社和秋社两祭，一般以少牢礼祭之。此时祭社的地位进一步下降，已沦为中祀。

明洪武十年（1377），立社稷坛于午门外之右，定太社太稷合祭之礼。坛设太社神牌居东，太稷神牌居西，俱北向，社稷礼上升为大祀。明成祖迁都北京后，在紫禁城端门之右立社稷坛，并保存至今，位于今北京中山公园内，祭祀时间仍定为每年春秋二季仲月上戊日举行。

自两汉起，祭社的娱乐节庆气氛逐渐增强，春社和秋社成了乡村社会较为隆重的节日活动，妇女儿童尽可参与。民间亦有饮酒、分肉、赛会、妇女停针线之俗。《盐铁论》卷六《散不足》即载："今富者祈名岳，望山川，椎牛击鼓，戏倡舞象；中者南居当路，水上云台，屠羊杀狗，鼓瑟吹笙；贫者鸡豕五芳，卫保散腊，倾盖社场。"可见，祭社的宗教色彩逐渐淡化，社祭宴乐，以此娱神的功能不断增强。《太平御览》卷五八四引《淮南子》亦云："夫穷乡之社，扣瓮拊瓶相和而歌，自以为乐。常试为之击建鼓，撞巨钟，乃始知夫瓮瓶之足羞也。"春社日自唐宋之后确定为立春后的第五个戊日，人们聚集在社庙，摆上丰富的食品供奉社神，有社酒、社肉、社饭、社面、社糕、社粥等，在祭祀完毕后，食物由大家分享。各地在春社日逐渐形成了不同的民间风俗，如川西北的"春社踩桥""拉干爹""丢药钱""拜狮子"等。

每年的春社日，何土司家族都要集体上坟祭祖。即使是迁居外地的同族人也要不远万里，回乡祭祖。何土司家族为何要选择春社日祭祀祖先呢？何堡村何氏家族的族长何中魁老人解释说：

> 这是祖祖辈辈流传下来的。春社日这天祭祖，一般要在下午进行，因为传说这天阎王爷会给所有的鬼魂放假回家，享受牲祭，到清明时收假，回到阴间。如果上午去祭祀，鬼魂们还未出来，祖先们就享受不到了。

二　祭祖管理组织

何土司家族专门设立祭祖管理组织，负责每年举行的祭祖事宜。

首先，由各舍房推举"坟头"两人，每年更换一次，一般由舍房中的富户或精明能干、有影响力的人来担任。坟头平时要负责陵墓的修葺、植树等，临近春社祭祖时要准备祭品、祭祀用具、祭祀典礼等。祭品需依照一定的规格筹办，一般为猪头、羊头各一，酥盘十个，黄酒两瓶，以及各种纸活等。祭祀所需费用主要由土舍出资，但各户亦要根据家庭经济状况出钱，以表示尊祖敬祖之意。因此，坟头也要到各家收取费用，并管理来往账目。

其次，设"总理"一人，推举德高望重、公正廉洁之人担任，一般为三年一换，如土民不服，则可由土舍罢免。坟头所做之事都要向总理汇报，由"总理"最终决定。此外，土舍管理系统中的"户首""家长"等也有权参与祭祖的筹备等事宜。坟头准备好的祭品必须拿到祠堂由户首验收，如未能按照规定准备则要受到处罚。

三　坟墓

藏族的丧葬习俗包括天葬、火葬、土葬、水葬、塔葬等。何土司家族在葬式上已完全接受汉族的土葬。土司、土舍均不可随意安葬，须由土司、土舍共同商议，请专门的风水先生"卜吉地"。何土司家族虽然信奉藏传佛教，但在丧葬习俗上明显带有道教文化的色彩。根据何堡村第一辈先祖坟墓的考察来看，何堡村的始祖是在明成化、天顺年间分封到原永靖县何堡村，成为"土舍"。土舍在坟墓的建制、规模等方面虽不及土司，但也无不体现着鲜明的等级色彩。何堡村的历代土舍都葬于"圈坟"（因墓群四周建有围墙而得名），并采用族葬的方式，"族葬者，所以尊远祖，辨昭穆，亲逓属，宗法之遗意也"[1]。圈坟入口处建有牌坊，内植众多柏树。并以昭穆序葬，共有15代。除土舍外，其余之人是不能葬于圈坟的。而其他房支也会按照本房葬于一处的习俗，并依昭穆制度进行安葬。如在何堡村何氏家谱中记有转拐坟，因位于村中大路的拐角处而得名；柏树坟，因旁边种有两棵枝大叶茂的柏树而得名，这都是土舍之外其他房支的坟墓。由于何堡村祖坟现已被刘家峡水库淹没，具体情况无从考证。金末元初人赵炳曾绘《族葬图》，并作《图说》一篇，笔者摘录如下，以供参考：

> 墓之葬，则以造茔者为始祖。不别嫡庶，孙不敢即其父。皆以齿列昭穆，尊尊也。曾玄而下左右，以其班也。昭与昭，穆与穆，百世可行也。昭尚左，穆尚右，贵近尊也。北首，诣幽冥也。妻、继室，无所出，合其夫，崇正体也。妾从，母以子贵也。降女君，明贵贱也。与夫同封，示系一人也。其黜与嫁，虽宗子之母不合葬，义绝也。男子长殇，居成人之位，十有六为父之道也。中下之殇，处祖后，示未成人也。序不以齿，不期夭也。男女异位，法阴阳也。而昭穆必以班，班不可乱也。祖北不墓，避其正也。葬后者皆南首，恶其趾之向尊也。嫁女还家，以殇处之，如在室也。妾无子犹陪葬，以恩终也。[2]

1967年因修建刘家峡水库，何堡村整体搬迁，当时有几名本村青年打开了第一辈始祖的坟墓，笔者采访了其中一位，现已61岁的何□□老人（为避讳，此名隐去），他说：

> 墓室全由砖砌成，有一主室和两边侧室，棺木位于主室，而且保

---

① 谢应芳：《辨惑编》卷2《择葬》。

② 同上。

存较好，尸体虽然已经腐烂，但身上穿的盔甲和护心镜都好，两条发辫又黑又长。棺木内还发现一块写有字的红绸，但一见光，就没了。在棺木的横梁上刻有成化七年葬等几个字，以及官职、名字等，但现在已经都记不起来了。

四　祭祖仪式

每年春社日的下午，全庄老小要穿戴整洁，集中在一起整队参加。首先必须前往圈坟进行祭祀。在圈坟内整理培缮，摆放祭桌香案，陈设祭撰，众人肃立。户首、家长、老者先在坟墓的后土（即石垒）前烧香、化表，三叩首，这被称作"行后土礼"。然后户首代表族人泼洒祭品，焚化亡生钱，最后按辈分高低分行依次向祖坟行四拜礼。清朝初年，为保证家族的世代传袭，绵延不绝，何土司专门为何堡村择定了100个字，作为其家人的行辈字号，他们依次是："德光廷中世，通达万宝全；宙恒常开泰，运至原自复；亮照泽桢基，邑爱汧赓揩；法意生慧知，位苌孝悌贤；悠敬遵礼义，谦怀佶祥演；廉洁定族律，诚赕尚本摲；阶位应从功，玖住白堂崇；宛林载国录，居龙策武封；保密昆兑盟，昊英代甲兵；命嗣用君赉，补填培莘东。"

祭祀完毕后，将祭品切碎，泼洒到坟前，小孩们便哄抢着去吃祭品。孙辈还要让辈分最高，年岁最大的老者啃猪头，这是一个尊老爱幼、老幼嬉斗的动人场面。最后土舍要发表宣讲，讲家规，勉子弟，传命令，起名排序，等等。从圈坟出来，才能按各房支分别到自家坟头去祭拜。

五　祭祖对于何土司家族的影响

第一，祭祖进一步深化了何土司家族的文化变迁。

祭祖活动不仅仅是一种仪式，更是对社会集体价值观念的传承。因为被祭祀者并不是抽象的个体，而是一种文化的载体。"祭，所以尊尊；而燕，所以亲亲。"[①] 何土司家族的祭祖活动以及祭祖后的族燕活动，无疑加深了其家族对于儒家伦理文化的认同，而"尊尊、亲亲"恰是儒家伦理文化的核心内容。所谓"尊尊"，就是在何土司家族内部通过自然血缘确定的一种尊卑关系，除了土司、土舍处于整个家族的尊贵显位，其余成

---

① 真德秀：《真文忠公文集》卷24《睦亭记》。

员亦按照嫡庶辈分区分尊卑长幼，即使是"兄弟之生，相去或数日，或数十日"，但也需"如天之四时，分毫顷刻皆有次序"①。祭祖活动中"大宗"或"宗子"的独尊地位，由于嫡庶、长幼不同，在祭祀活动中扮演的角色和所处的地位也随之不同，这都在强化这一儒家伦理观念。所谓"亲亲"，即本家族内"父慈、子孝、兄友、弟恭"，互相团结，和谐共处，讲求血浓于水的骨肉亲情，"亲亲而仁民，仁民而爱物"②，通过家族成员共同祭拜祖先，实际上是在不断强化家族成员同出一人、同宗同源的理念，这也成为实现儒家"亲亲"思想的重要手段。

儒家重孝，将"孝"与"仁"视为同等重要，"孝悌也者，其为仁之本与!"③并建立起一套以孝为价值标准的家庭伦理文化。而"孝子之至，莫大乎尊亲"④，孝敬父母被看作至孝的表现。"孝子之事亲也，有三道焉：生则养，没则丧，丧毕则祭。"⑤可见，对于过世的祖先，子孙的祭祀是尽孝的必要手段。宋人说得则更为明确："葬祭二事，尤孝子所当尽心焉。盖孝子之丧亲也，葬之以礼则可以尽慎终之道，祭之以礼则可以尽追远之诚。"⑥所以，定时祭祖被看作行孝的重要体现，孔颖达疏引《郑志》郑玄答赵商云："祭祀常礼，以序孝敬之心，当专一其志而已。"可谓是一语中的。《礼记·祭统》云："上则顺于鬼神，外则顺于君长，内则以孝于亲，如此之谓备。唯贤者能备，能备然后能祭。"只有先孝敬父母，才有资格行祭祀之礼，"孝"亦成为"祭"的前提条件。何土司家族依礼遵时祭祖，追养继孝，实际上正是对儒家"孝"思想的认同，在潜移默化中将"孝"的思想根植于家族成员的内心深处，成为其家族心理和道德准则的重要内容。

"礼"被认为是区分文明与野蛮的标准，中国亦被称为礼仪之邦，礼仪文化在中国源远流长，而祭礼更是中国古代吉礼（即祭礼）、凶礼、军礼、宾礼、嘉礼等五礼之首，是中国礼仪文化的重要组成部分。《礼记·檀弓上》记子路曰："吾闻诸夫子：丧礼，与其哀不足而礼有余也，不礼

---

① 吕本中：《童蒙训》卷中。
② 《孟子》卷 13《尽心上》。
③ 《论语·学而第一》。
④ 《孟子》卷 9《万章上》。
⑤ 《礼记·祭统》第 25。
⑥ 郑至道：《琴堂谕俗编》卷上《正丧服（应俊续编）》。

不足而哀有余也；祭礼，与其敬不足而礼有余也，不若礼不足而敬有余
也。"可见"礼"在祭祀中不可替代的重要地位，所以，祭祖时必须合
礼、尊礼、守礼，"凡祭，有其废之，莫敢举也，有其举之，莫敢废也，
非其所祭而祭之，名曰淫祀：淫祀无福"①。何土司家族在祭祖时亦必合
乎礼仪，作为主祭的土司、土舍必须斋戒，其余家族成员要穿戴整洁，祭
祀过程要以尊卑长幼为序、按照固定的礼仪仪式进行等。可见，祭祖活动
更重要的是一种礼仪文化，一种传承途径，何土司家族通过在祭祀活动中
对祭礼的践履，不仅仅是对礼仪的学习与传承，而且使这种礼仪文化渗透
到其家族成员的社会生活中，成为他们生活方式的有机组成部分，成为其
家族文化不可分割的核心内容。

　　总之，对于何土司家族而言，其祭祖活动的宗教特性固然重要，而我
们却更加关注其道德意义，家族成员将对祖先的情感维系于其内在精神，
使儒家文化的人文特质于此凸显。在祭祖仪式中，"物无不怀仁，鬼神飨
德"②。"仁"与"德"正是祭祀礼仪的核心内容，"故君子欲观仁义之
道，礼其本也"③，这既是何土司家族奉献给祖先神灵的，更是他们通过
祭祀行为自尽其心而不断学习儒家精髓，不断加深对儒家文化的认同。所
以说，祭祖活动使何土司家族的文化变迁已经积淀于其家族伦理和内在精
神，其"儒化"进程大大加深，且已趋于稳定。

　　第二，何土司家族的祭祖具有教化家族成员的重要功能。

　　祭祖旨在"慎终追远"，使"民德归厚"④，其群体教化的功能在何
土司家族的祭祖仪式中同样得以凸显，"夫祭有十伦焉：见事鬼神之道
焉，见君臣之义焉，见父子之伦焉，见贵贱之等焉，见亲疏之杀焉，见爵
赏之施焉，见夫妇之别焉，见政事之均焉，见长幼之序焉，见上下之际
焉"⑤。祭祖不仅体现着这些家族伦理，而且通过定期举行以及各种固定
的礼仪、仪式，使何土司家族成员的自我精神不断受到这些文化的洗礼和
净化，"是故贤者之祭也，致其诚信，与其忠敬，奉之以物，道之以礼，

---

① 《礼记·曲礼下》第二。
② 《礼记·礼器》第十。
③ 同上。
④ 《论语·学而第一》。
⑤ 《礼记·祭统》第二十五。

安之以乐，参之以时，明荐之而已矣"①。

祭祖实际上又是对祖先历史的回忆与追溯，从而"教民报德，不忘本也"②。所谓"不忘本"，首先要不忘祖先与父母的养育之恩；其次是返古复始，不忘天地孕育万物之德；最后不忘师长辛勤教诲之情。"万物本乎天，人本乎祖，此所以配上帝也。郊之祭也，大报本反始也。"③ 自外而言，祭祀乃是对于先祖的回报，以及对于先祖神明的反馈。自内言之，则是以诚敬之心回报先祖之恩，以固人性之德。因此，祭祀的仪式是外在之礼文，而作用于内心之德，一内一外，成就祭祀教化之功能，这在中国古代史书中不乏记载。《诗·大雅·抑》云："无言不雠，无德不报。"《礼记·礼器》载："礼也者，反本修古，不忘其初者也。"《礼记·郊特牲》言："天垂象，取财于地，取法于天，是以尊天而亲地也，故教民美报焉。家主中霤而国主社，示本也。唯为社事，单出里，唯为社田，国人毕作，唯社，丘乘共粢盛，所以报本反始也。"

综上所述，何土司家族每年定期举行的祭祖活动，使得祭祀主体的内在德性借祭祀礼仪而提升，将儒家的家族伦理文化和报本返始等思想内化为其情感需求，并推此及人，成为其日常生活中的行为准则，"故礼之教化也微，其止邪也于未形，使人日绽善远罪而不自知也"④。因此，祭祖也是何土司教化家族成员的重要方式。

第三，何土司的家族祭祀加强了其在宗法制度下的封建族权统治，也进一步巩固了其土司地位。

清代以来，何土司的势力已是日薄西山。从外部而言，中央王朝不再倚重土司，很少命其随军出征，并把土司逐步排除出西北行政管理体系之外，失去了"尚方宝剑"和朝廷的恩赏，何土司对于其家人及土民的威慑力大为减弱；从内部而言，土民自雍正四年之后直接向国家纳粮交赋，由国家控制，刑事诉讼也必须交由官府审理，土司对于其家人及土民的控制力大为减弱，已是徒拥虚名，与普通的地主富户无异。

社会学的研究认为，一切社会秩序的建立和稳定都依赖于社会控制，

---

① 《礼记·祭统》第二十五。
② 《大戴礼记》第 77 篇《朝事》。
③ 《礼记·郊特牲》第十一。
④ 《礼记·经解》第二十六。

家族秩序也不例外。正如美国著名的社会学家丹尼斯·H. 朗（Dennis H. Wrong）所言："在一切的社会交往中，至少在周期性的或'定型的'社会互动中，社会控制是固有的。"① 一般而言，社会控制有两种形式，即政治统治和社会约束。而何土司已逐步失去了其政治权威性，因此，通过祭祀将家族规范与家族价值内化于家族成员，就成为何土司团聚族人、加强族权的重要手段。

在祭祀活动中，作为大宗的土司、土舍，不仅主持祭祀，率领依据严格等级和辈分的高低依次站立的家族成员祭拜先祖，而且可代祖先言事，发号施令，在祭祀现场严禁喧哗及其他与静穆氛围不相协调的气氛出现，如果发生则必然会受到土司的呵斥，甚至惩处。家族成员在静穆的氛围中自身主体产生"敬"的思想，对土司产生"畏"的情感，长久以往则必然会使每个家族成员深刻意识到自身的家族地位以及相应的家族角色，从而对土司、家族产生一种皈依与驯从的心理状态。更为重要的是，土司依借族民对于祖先的崇拜，又为其在家族中的绝对权威披上了一层神秘的面纱。同时，通过祭祖过程中对于死者严格的昭穆顺序的安排以及土司所处的独尊地位，实际上也将生者全部纳入家族内部的宗法等级体系之中。

正所谓"非我族类，不得戎祀"。家族是以血缘关系为基础，经常性的聚全族而共祭祖先，必然会加深家族成员对于自身血缘同一的自觉，使家族成员之间产生一种全体认同，从而可以增加族员之间的团结，增强家族的凝聚力。

在何土司家族中，家族成员行为的规范主要依靠家族制度，而这种家族制度多数情况下是通过非正式规则包括伦理规范、价值取向、道德、习惯等文化性因素的作用即文化价值的制度化来实现对家族成员的行为约束。那么重要的则是如何将这些外在的非正式规则内化为家族成员的自觉意识，家族祭祀起到了关键作用。在祭祀过程中不仅是对个体地位认同，同时还产生一种皈依与顺从，变外在的强制为内在的需求，将伦理道德内化于人而产生约束人的力量，形成和谐有序的家族秩序，从而达到"敬宗收族"的目的。何土司将土司统治与家族统治相结合，而家族统治又是其土司统治的基础和支柱，何土司通过每年的祭祖活动加强了其在家族

① ［美］丹尼斯·H. 朗著：《权力论》，陆震纶、郑明哲译，中国社会科学出版社 2001 年版，第 3 页。

中的领导地位，必然有利于巩固其土司统治。

第四，何土司家族的祭祀承载了家族娱乐的主要功能。

每年一次的春社祭祖是何土司家族一年中难得的酬神娱人活动。祭祖完毕后，家族成员分享祭品，饮酒畅谈，或是行"会拜之礼"，或是讼读谱牒，旌劝子弟，小孩嬉闹其间，老者笑容可掬，一派家族和睦、其乐融融的幸福场面。

在祭祖仪典之后的这种"集体欢腾"是家族生活中必不可少的。在平时生活中，经济活动占据了人们的大部分时间，而这种经济活动非常乏味无聊，难以唤起人们的活跃激情，而且家族成员的分散状态也使得社会生活单调、萎靡和沉闷，只有在这种宗教仪典的"集体欢腾"中，人们平时被压抑的情感可以毫无顾忌地释放出来。河州地区苦寒、荒凉而贫瘠，人们的苦难太多，悲剧太多，因此这里的人们对于节日、喜事往往办得特别隆重，男女老少都毫无例外地参加进来，为自己制造出欢乐、喧闹的气氛，以抚慰现实带给自己的创伤，补充生命的力量，鼓舞继续奋斗的勇气。家族成员之间相互交流情感，纵情嬉笑打闹，这种"集体欢腾"补偿了他们心理的平衡。我们看到了家族成员坚定乐观的信念，深深体会到他们内心深处的酸甜苦辣。

第六章

何土司家族的宗教信仰

"宗教是关于超人间的、超自然力量的一种社会意识，以及因此而对之表示信仰和崇拜的行为，是综合这种意识和行为并使之规范化、体制化的社会文化体系。"① 王建新先生将民族的宗教文化大致分为两种不同的系统。"一种是在特殊的自然人文环境中形成的、与地方性社会文化浑然一体的原生性宗教系统，如各类自然崇拜、祖先崇拜等信仰体系；另一种是形成于异文化环境、而在文化传播和交融过程中融入本土文化的次生性宗教系统，如佛教、基督教、伊斯兰教、道教等世界或民族宗教。"② 何土司家族恰恰体现出这两种系统相互融合的特色，从而形成了多元一体的宗教文化体系。

第一节　何土司家族的藏传佛教信仰

一　藏传佛教在河湟地区的传播

公元 836 年，朗达玛继吐蕃赞普位，开始了大规模的灭佛运动，"当时藏中大法高僧纷纷避难，远至阿里（藏名俺日）、青海（鄂多）、西康（喀木）等地，西藏佛教几至绝迹"③。此时在西藏曲卧日山（位于雅鲁藏布江南岸）禅修的玛尔·释迦牟尼、藏饶赛和约格迥"三智者"在得知灭佛的消息后，遂带着律部经论西逃至阿里，后又辗转来到安多地区，在河湟一带传播佛法。据《喇勤·贡巴饶赛传略》记载："他们（'三智

---

① 吕大吉：《宗教学通论新编》，中国社会科学出版社 1998 年版，第 79 页。
② 王建新：《宗教文化融合研究——民族学理论的实践及拓展》，《中国民族学集刊》2008年第 2 辑。
③ 刘家驹：《西藏政教史略》，中国边疆学会 1932 年版。

者’）先住在安群南宗、罗多杰崖等地，后来听到丹斗寺的名声，不由地到了丹斗，并在此长期居住，在此期间，将贡巴饶赛收为徒弟。"① 贡巴饶赛遂以丹斗寺为基地，建寺收徒，弘扬佛法，僧侣云集，盛极一时。藏传佛教得以以河湟地区为中心再次向四周传播，并于970年，吐蕃王室后裔云丹第六世孙擦拉纳·意希坚赞派鲁梅·次臣希饶、仲·益希永丹、拔·次成箩哲、热协·次承仲尼、松巴·耶喜罗哲、罗敦·多杰旺秀、葱增·喜饶森格、阿里俄杰兄弟、俄东巴·黎哇代噶等10人前往丹斗寺学法，这标志着佛教后弘期之始。公元975年，此10人先后学成返回卫藏，使卫藏地区的佛法得到再度复兴。因此，河湟地区成为藏传佛教后弘期的传播中心。公元11世纪至12世纪，藏传佛教的宁玛、噶当、萨迦、噶举等各教派相继产生并兴起，此时的苯教一蹶不振，而佛教独占鳌头，并吸纳了苯教的某些鬼神，以扩大在群众中的影响。由于佛教密宗宣扬"三密相应"，"即身成佛"，认为只要如法修行，可事半功倍，因此吸引了大量信徒追求金刚乘，密宗得到了普遍流传。伴随着佛教的再度兴起和广泛传播，僧侣在社会中的角色和地位迅速上升，普通群众的婚姻、丧葬、耕种、游牧、狩猎等事务甚至是统治阶级之间的矛盾纠纷，都需要僧侣出面解决，藏传佛教在藏区的影响和势力与日俱增。

元代时鉴于藏传佛教在藏区的巨大影响，因俗而治，"世祖以其地广而险远，民犷而好斗，思有以因其俗而柔其人"②。利用藏传佛教统治番众。"尊尚其教而敬礼之，日盛月益，大抵为社稷生灵计也。"③ 在这一思想的指导下，元朝大力扶植藏传佛教萨迦派，许多佛教上层人士被封官授爵，八思巴的尊号被加到无以复加的程度，"赐号皇天之下，万人之上皇文辅治大圣至德普觉真智佑国如意大宝法王、西天佛子、大元帝师"。由帝师领导的宣政院，秩从一品，用三台银印，与中书省、枢密院、御史台平行，可见其地位之崇。

明袭元制，继续大力扶植藏传佛教，"盖明自太祖怀柔西番，尊崇佛教，历世因之不改"④。同时，明代总结了元朝独尊萨迦派的教训，利用

① 才旦夏茸著，尼玛太译：《喇勤·贡巴饶赛传略》，《西藏研究》1987年第1期。
② 《元史》卷202《释老传》。
③ 《国朝文类》卷41《经世大典序·礼典释》。
④ 张维：《陇右金石录·校补》。

藏传佛教教派林立的特点，实行"惟因其俗、尚用僧徒、化导为善"① 的政策。洪武六年（1373），故元摄帝师喃加巴藏卜等人亲自前往南京，朝觐朱元璋，朱元璋加封其为盛佛宝国师，并在赐予喃加巴藏卜的诏书中明确表示："凡在幅员之内，咸推一视之仁。"② 尤其在永乐、成化、正德年间大批僧侣得到封授，先后"封授法王、西天佛子、大国师、国师、禅师者不可胜记"③，从而形成了一套较为完善的僧官制度，并要求他们"为官者，务遵朝廷之法，抚安一方；为僧者，务敦化导之诚，率民为善"④。所封僧官，"许之世袭，且令岁一朝贡。由是诸僧及诸卫土官辐辏京师"。明政府采用多封众建、尚用僧徒的策略，从而收到了"西番之势益分，其力益弱，西陲之患亦益寡"的良好效果。⑤

明代时藏传佛教格鲁派迅速兴起。格鲁，意为善律，其始祖宗喀巴大师（1357—1419）顺应形势，对当时已现"颓废萎靡之相"的藏传佛教实行大刀阔斧的改革。他主要依据噶当派的教义，要求僧侣敬重戒律，提倡苦行，不娶妻、禁饮酒、戒杀生，严格寺院组织和管理制度；弘扬显宗和密宗两者并重之说，强调显密兼修和先显后密的修行次第。宗喀巴的主张顺应了当时封建领主阶级和信教群众的要求，在政治上得到了帕主集团的大力支持，发展迅速。万历六年（1578），格鲁派首领索南嘉措受邀前往青海，与蒙古俺答汗会晤于青海湖畔的恰卜恰，双方互赠封号，索南嘉措被俺答汗尊称为"圣识一切瓦齐尔达喇达赖喇嘛"，这是达赖喇嘛称号的由来。并在会见之地建寺镇地，称为恰卜恰寺。从此，蒙古各部大力扶植格鲁派，鼓励广大牧民入寺院为僧，并明确规定："瑚巴喇克（即喇嘛）不派畋猎，不索供赋。"⑥ 尤其是和硕特蒙古进入青藏高原后，格鲁派在藏区逐渐形成了独尊的局面，许多藏传佛教寺院改尊黄教。

格鲁派在河湟地区的传播开始于明永乐、正德年间。永乐十九年（1421），宗喀巴的大弟子、大慈法王释迦也先再次进京朝见天子，途经今青海民和县转道貌岸乡的宗摩卡地方，授记弟子释迦崔臣在此建一寺

① 张维：《陇右金石录》卷 10。
② 《明太祖实录》卷 79，洪武六年二月癸酉。
③ 《陇右金石录》卷 6《广福寺碑》。
④ 《明太祖实录》卷 79，洪武六年二月癸酉。
⑤ 《明史》卷 330《西番诸卫》。
⑥ 萨囊彻辰：《蒙古源流》卷 7。

院，取名丹曲塔尔林寺，意为"圣法解脱洲"，即灵藏寺，又名马营寺。
永乐元年（1403），朱棣遣侯显谒乌斯藏，迎请大宝法王哈立麻，"路由
河州，其从张星吉藏卜跟随入京。正统四年（1439），法王圆寂，敕建渗
金铜塔，藏其佛骨，七年（1442），奉敕河州建寺，赐名鸿化。"① 弘化寺
成为格鲁派在甘青地区发展的基地和与内地联系的中转站，备受尊崇。该
寺寺主的封授、袭职和升迁均由中央政府决定。《明英宗实录》卷一七二
载："命陕西弘化寺罗汉领占节目袭普应禅师"②，寺主每次新的承袭也要
由朝廷再次换给新的诰命。《明神宗实录》卷一三七载："陕西弘化寺番
僧锁南坚挫袭替大国师职事，换给诰命。"③ 明廷并颁布谕旨给予弘化寺
特殊恩赐。明英宗就曾敕谕河州、西宁等处官员、军民保护弘化寺，曰：
"朕惟佛氏之道，以空寂为宗，以普度为用，西土之人久事崇信。今以黑
城子厂房地赐大慈法王释迦也先盖造佛寺，赐名弘化，颁敕护持。本寺田
地、山场、园林、财产、孳畜之类，所在官军人等不许侵占、骚扰、侮
慢。若非本寺原有田地、山场等项，亦不许因而侵占扰害。军民敢有不遵
命者，必论之以法。"④ 天顺四年（1460），朝廷又特"给弘化寺禅师喇嘛
领占等廪米月六斗"⑤。成化九年（1473），大慈恩寺崇化大应法王扎实巴
在一份奏折中言道："陕西弘化寺乃至善大慈法王塔院，岁久损坏，乞敕
镇守等官修筑城堡，如瞿昙寺制。"又曰："天顺间寺僧五百五人，月给
廪米人六斗，军民夫六十人守护，"得到明宪宗的批准。弘化寺有"世袭
香火地百余顷"⑥，分布在今青海民和县的马营、转导及甘肃永靖县孔家
寺一带，足以供养寺中僧众，朝廷还特赐廪米，并派兵守护，寺院如有损
坏，由当地镇守官亲自修建，足见明廷对弘化寺的重视以及该寺巨大的政
治、经济实力。中央政府通过宗教统治人民，"自是，其徒争建寺，帝辄
赐以嘉名，且赐敕护持，番僧来者日众⑦。明嘉靖《河州志》卷二《典
礼志》中记载仅河州就有报恩寺、冰灵寺、弘化寺等藏传佛教寺院

---

① 龚景瀚：《循化志》卷六《寺院》。
② 《明英宗实录》卷172，正统十三年十一月丁亥。
③ 《明神宗实录》卷137，万历十一年五月丁酉。
④ 《明英宗实录》卷95，正统七年八月辛亥。
⑤ 《明英宗实录》卷315，天顺四年五月甲午。
⑥ 龚景瀚：《循化志》卷6《寺院》。
⑦ 《明史》卷330《西番诸卫》。

17 所。

　　清朝初期在西北地区重申了"一切政治悉因其俗"，承认了元明以来各级僧人的宗教世俗特权，清政府清醒地认识到格鲁派不仅对藏族，而且对蒙古族的巨大作用，即所谓"外番蒙藏唯喇嘛之言是听"①。于是清政府采取了大力扶植格鲁派的政策，以巩固其在蒙藏地区的统治。顺治九年（1652），在顺治帝的多次诏谕邀请下，达赖偕同班禅的代表入京，受到清廷极为隆重的礼仪迎接，皇帝亲自赐宴，并赏赐大量金银、珠宝、绸缎等物。并在北京为达赖专门修建了驻锡之所——黄觉寺。翌年，达赖返藏时，顺治帝又派亲王硕塞等带兵护送，赐金册、金印，封"西天大善自在佛所领天下释教普通瓦赤喇怛喇达赖喇嘛"，足见清政府对于格鲁派的尊崇。然而，在康熙六十一年（1722），准噶尔部的策妄阿拉布坦联络西藏上层僧人阿尔布巴等人进行反清活动。青海厄鲁特蒙古首领罗卜藏丹津也与策旺阿拉布坦相互配合，进军河州、西宁一带，对清朝的西部边疆产生严重威胁。在平定叛乱之后，清廷才对藏传佛教的政策进行了一定的调整，在继续采取笼络利用的同时，对其势力进行了一定的削弱和限制，以加强对藏传佛教的控制。

　　清代对于藏传佛教的继续推崇，使河州地区的藏传佛教发展更为兴盛。正如史籍所载："边人见其车服赫奕，殊以为荣。故番人、土人有二子，必命一子为僧。且有宁绝嗣，而愿令出家者。汉人亦有为番僧者。"②河州地区又兴建了众多的佛寺，据《循化志》卷六《寺院》记载，河州地区藏传佛教寺院地理位置或历史沿革可考者有 21 处，另有 32 处只录其名，但不知其处所，各族寺喇嘛达 481 名，以致"西海境诸民尽衣赫衣，鲜事生产者达几万户"③。藏传佛教的迅猛发展使其成为河州地区一支举足轻重的政治、经济和宗教文化力量，并已渗透到社会的各个方面。河州地区的土司家族为了巩固自己的统治，一方面积极效忠于中央王朝，定期朝贡、听从征调、保卫边塞；另一方面借助藏传佛教的巨大影响，控制土民的思想意识，以进一步巩固家族的世袭统治。于是，他们不遗余力地扶植藏传佛教，修建寺院，供奉神祇，广作佛事，积极崇佛，将世俗的统治

---

① 蒋良骐：《东华录》顺治朝十九。

② 杨应据：《西宁府新志》卷 15《祠祀志》。

③ 杨应据：《西宁府新志》卷 34《艺文志》。

与宗教特权结合起来，为其家族统治又披上了一层神秘的宗教外衣。

作为藏族首领的何土司家族，久居西土，自然对藏传佛教极为崇信，藏传佛教是其家族文化的核心内容。何土司家族通过积极建立佛寺、广作佛事，一方面祈佑家族世袭特权的永久，另一方面将何土司家族特权乃"天命神授"的思想植根于当地民众的思想意识之中，树立起家族至高无上的权威，何土司家族修建和控制的寺院主要有报恩寺、宝觉寺等。

二　大报恩寺

临夏大报恩寺位于临夏市民主东路，原何土司衙门，现临夏回族自治州武警支队的前方，是河州地区著名的藏传佛教格鲁派寺院。报恩寺自创建至今已有700多年的历史，是拉卜楞寺108个属寺之一，在藏传佛教历史上具有一定的地位。该寺之所以取名"报恩寺"，是取"报国恩、报众生恩、报父母恩、报世宗恩"之意。

（一）创建历史

元至元十二年（1275），大报恩寺由土官平章政事答立麻坚藏修建。初建时占地达三十余亩，大殿、经堂、廊亭、僧舍、大小山门、牌坊等建筑一应俱全，规模甚是壮观。寺内僧人众多，经典、法器应有尽有，焚香拜佛者络绎不绝。明洪武二十六年（1393）三月，朱元璋在大报恩寺设立僧纲司，属河州卫。[①] 以故元国师魏夫拉坚藏为河州卫汉僧纲司都纲，以僧月坚藏为河州卫番僧纲司都纲。从此，历代僧官均由藏僧担任并主持各种佛事活动，青海、四川、甘南等地活佛和大德高僧常常到此讲经布道，香火更盛，素称一代名寺。清同治元年（1862），西北回民起义，报恩寺被焚，僧人外逃，香火中断。直至清光绪年间，由何土司第十八世祖何柄出资，在原寺址的废墟上，报恩寺得以重建。于是何土司家族进一步完全控制了报恩寺，成为何土司家族的家寺。这次重建虽不及初建时的规模，但仍气势宏伟，占地达十九亩，建有大小山门各一座，五转七大殿一座，内供燃灯、释迦牟尼、弥勒三大佛，大殿西侧建有六间专供僧人诵经的经房，东侧建有七间专供外来僧众住宿之僧舍，大殿外东侧从南至北一字形建有上、中、下三院。分别为宗喀巴佛殿、千手观音佛殿、护法佛殿、僧迦学院，以及报恩寺僧人的住舍、花园、车马棚厩等，报恩寺再次

---

① 吴祯：《河州志》卷2《典礼志》。

恢复了往日的兴盛。当时寺内每年主要举行五大法会。即农历正月十五日的千魔大法会；四月十五日的祈祷释迦牟尼出家大法会；九月二十二日释迦牟尼降凡传法大法会；十月二十五日黄教创始人宗喀巴大师圆寂大法会；十二月十五日祈祷本寺护法保佑国泰民安、五谷丰收献神大法会。

1958 年，由于反封建斗争扩大化，报恩寺再次惨遭浩劫，佛像被毁，寺院被拆，土地被占，该寺主持吴和春喇嘛被捕入狱，普通僧人被迫回乡还俗。党的十一届三中全会以后，随着宗教信仰自由政策的落实，1988年 10 月，在临夏州政府和何土司家族后裔的大力支持下，报恩寺再次得以重建。现在报恩寺虽已不可与以往同日而语，仅有 1 名主持，4 名僧人。但仍有众多百姓前来烧香祈祷，尤其是何土司家族的后裔，每逢法会，都要不远万里前来参加，并向寺院施舍大量钱财。

（二）主要建筑

现报恩寺占地约 1 亩，一进院门，首先映入眼帘的是气势宏伟的大雄宝殿，坐北朝南，共两层，典型的格鲁派藏传佛教寺院的建筑风格，飞檐斗拱，雕梁画栋。每层栏杆上插有各色旗幡，屋顶的顶脊正中置有法轮，法轮两侧金鹿对卧，昂首翘角。

大殿回廊宽阔，内供两排圣像。第一排正中端坐着宗喀巴大师的佛像，左为普贤菩萨和文殊菩萨，右为地藏王菩萨。后排则供奉着三世佛：即燃灯古佛、释迦牟尼佛、弥勒佛。大殿两侧墙壁则是以藏族特有的唐卡的绘画风格，精心绘制的文殊菩萨、普贤菩萨、观世音菩萨、金刚手菩萨、虚空藏菩萨、地藏菩萨、弥勒菩萨、除盖障菩萨等八大菩萨的画像，巧夺天工，栩栩如生。大殿二层供奉着由缅甸爱国华侨付凤英女士从缅甸迎取的汉白玉释迦牟尼佛像，高约一尺，造型精美。佛像左侧是大威德金刚，右侧为白伞盖大陀罗尼。墙壁两侧同样以唐卡风格绘制有十八罗汉的精美画像。

大雄宝殿的右侧是一排两层平顶建筑，是供僧人会客、居住的厢房，大殿前方是一座古典风格的藏经楼。飞檐四角，高垂铜铃，风吹摇曳，响声悠扬，颇有一番决断尘世、到了梵宫净土的肃穆情调。藏经楼内藏的藏传佛教经典主要有：《大藏经》《宗喀巴全集》《嘉木样全集》《贡鹿仓全集》《赛仓全集》《般若八千颂》《赞劫经》《山摩地王经》，等等。

（三）重大法会

举行法会是藏传佛教弘扬佛法的重要表现形式。大报恩寺现在主要举行六大法会，即正月初一至正月十五举行的十愿大法会；二月十五举行的神变节的大法会；四月初一至四月十五举行的娘乃节大法会；九月十二释迦牟尼降凡娑婆世界传法大法会；十月二十五宗喀巴大师圆寂日大法会；十二月十五护法救生大法会。

正月大法会：一般从正月初三开始，到正月十七，历时 15 天。藏语称"毛兰姆钦莫"，意为"祈愿大法会"，又称"传召大法会"，是为了纪念释迦牟尼于正月初一至正月初八破除外道、广弘佛法之事。举行法会期间，除僧人诵经外，还举行辩论、放生、跳神、晒佛、酥油花灯会等活动，这也是报恩寺法会中规模最大、最隆重的一次。

此法会产生于明永乐七年（1409），当时藏传佛教格鲁派祖师宗喀巴在拉萨大昭寺集结 8000 余僧众第一次隆重举行了规模空前的祈愿大法会。并在这次法会上宣布了自己将整顿宗风，创立格鲁派的主张。

神变节：二月十五举行神变节大法会。此日若行广大善业、功德无量，为释迦牟尼佛展现众多神变、大胜外道之日。

娘乃节：娘乃节即闭斋节，也称"四月会"。在藏历的四月十五日举行，是为了纪念这一天是佛祖释迦牟尼降生、成道、涅槃之日。善男信女纷纷到寺院朝拜，要转法轮、念嘛呢，闭斋忌食一日，行善戒杀一月。

释迦牟尼降凡娑婆世界传法大法会：每年的九月十二日举行。此日午刻时分要举行隆重的法舞。此活动最初由四世班禅倡导，兴起于西藏扎什伦布寺，后传至拉卜楞寺，由于报恩寺乃拉卜楞寺之属寺，于是也举行此项活动。参加法舞的大约有 20 人，还有数人组成的乐队。舞者皆头戴面具，主角为死神之法王（系文殊菩萨的化身）及其明妃。还有饰作骷髅的查事鬼、带角的鹿和牦牛等使者。法舞开始时，在乐队的伴奏下，先将放置在广场中心的人形"郎卡"焚毁并投进油锅烧尽，寓意以佛法镇压了各种妖魔鬼怪。最后由大法王率领舞者和僧众将"多日玛"送至城郊焚毁。通过跳法舞，来祈求吉祥如意、万事顺利。

宗喀巴大师圆寂日大法会：藏语称"阿木却钦毛"，是为纪念格鲁派创始人宗喀巴大师圆寂而创设的。

护法救生大法会：僧众在十二月十五日这一天辞旧迎新，集体念诵消灾经，忏悔一年之中的过失，并要放生，以祈祷来年风调雨顺、五谷丰登。

（四）主要属寺

元明清以来，藏传佛教寺院逐渐形成了政教合一的统治制度，他们不仅拥有一定数量的僧众和财产，有一套等级森严的管理系统，而且还管辖数目不等的族民，甚至拥有自己的武装力量。为了加强对所属土地和族民的管理并扩大自身实力，较大的寺院一般都设有众多属寺。如拉卜楞寺的属寺就达108座。大报恩寺在极盛时属寺众多，现在可考的就有12处，它们分别是：石佛寺，"（河州）州南五里山岩之南。楼阁耸秀，石泉流清，系古迹。每遇胜夏，游客争赏"①；坡头寺，位于临夏县坡头乡；分觉寺，位于东乡县河滩乡高家嘴；周家寺，位于临夏县桥寺乡；尕大孟家寺，位于临夏县北源乡；郭崔家庙，位于临夏县北源乡；朱潘庙，位于临夏县北源乡；车家坪庙，位于临夏县北源乡；何家寺，位于临夏县土桥镇；八排庙，位于临夏县土桥镇尹王村；麻尼寺，位于临夏县折桥乡；坡跟寺，位于临夏县先锋乡。

（五）历任主持

由于大报恩寺曾两次惨遭劫难，寺中建筑、藏经、法器等全部毁于一旦，有关寺院历史的珍贵材料也未能幸免。故大报恩寺前代主持已无从可考，现记清末以来的寺院主持如下：

唐喇嘛：何柄在重建报恩寺后，请临夏县桥寺乡唐家大寺的唐喇嘛来报恩寺担任主持。

魏喇嘛：唐喇嘛之徒，德高望重，受人尊敬，是河州地区著名的得道高僧。民国31年（1942）正月初一圆寂于报恩寺，享年70余岁。魏喇嘛圆寂后，河州名士张志深、张建等，亲扶灵柩，绕城一周，众多群众在街道两旁，瞻仰祭拜。

吴和春：出身商人地主家庭，曾前往拉卜楞寺学经，1942年起担任报恩寺主持。吴喇嘛有四大弟子，其中尹国敏现已担任该寺主持，王景超成为夏河县上卡加扎杂仓活佛。1958年，报恩寺被毁，吴喇嘛被捕，后释放，靠四处化缘为生。

尹国敏：（1938.9—　）报恩寺现任主持。出生于临夏县土桥镇尹王村一汉族农民家庭，是家中长子，有三个弟弟。1944年在报恩寺出家为僧，

---

①　吴桢：《河州志》卷2《典礼志》。

1950 年前往拉卜楞寺天文学院学经，师从阿莽苍活佛，并受比丘大戒。1958 年西藏发生叛乱，尹喇嘛又跟随部队前往藏区，充当翻译。1962 年回到临夏，但报恩寺已然被毁，只得回尹王村务农。1978 年党的宗教政策落实后，尹喇嘛即奔波于政府和普通信众之间，多方筹集资金，终于在 1988 年重建报恩寺。尹国敏喇嘛现任临夏回族自治州佛教协会副会长、州政协委员。

三　宝觉寺

宝觉寺，现位于临夏市东北二华里之北塬坡根，距今已有一千三百多年的历史，是一座历史悠久、影响远及三陇的汉传佛教名刹。初建时名万寿寺，又名白塔寺。金代称为慈济院，后又更名为宝觉寺，沿用至今。

（一）宝觉寺的始建年代

宝觉寺始建于唐初贞观年间。明嘉靖《河州志》卷二《典礼志》载："万寿寺，州北四里。唐初建，以镇西番朵思麻之地。后鄂国公尉迟恭重修，浮屠十二层。"清康熙《河州志》卷二《古迹》中的记载略有不同，"万寿寺，州北二里，唐建，以镇西番朵思麻之地。鄂国公尉迟监修，浮屠十二级，高二十丈"。尉迟恭在贞观年间担任陇右道总管，史志中亦有记载："尉迟恭，鄂国公，贞观年间陇右道总管，监造白塔寺，镌于塔珉。"[1] 综合以上史料来看，宝觉寺应该是在唐初兴建，贞观年间尉迟恭再修浮屠十二层，遂具规模，并有明代学士解缙作诗为证——"河州城东白塔寺，古碑上有贞观字。时时独立倚青空，大夏河流宛如直"[2]。清康熙时河州人吴之瑜《重修万寿宝塔碑记》亦称：

> 今岁之秋，曾登塔拂石而读其遗文，知塔成于唐，为尉迟恭创建，塔周绕以曲廊，递废递兴，代远莫考。至都纲班麻失加等尝一身任之，随处劝募，重修其成，迄清盖三百二十余年于兹矣。游人黯澹，得吾郡□□□负荷损囊，鸩□□□□□□□□□□。[3]

（二）宝觉寺的历次修建

宝觉寺的第一次重修是在金贞祐三年（1215）由居士齐惠明等捐资修

---

① 吴桢：《河州志》卷 2《人物志》。
② 吴桢：《河州志》卷 3《文籍志上》。
③ 赵忠编辑，达理校订：《宝觉寺诗文集》，甘肃临夏宝觉寺编印。

建。唐尉迟恭所建为梵式覆钵塔，青砖或土坯筑之，外层粉刷白灰，下为须弥座和覆钵，上为十二级塔身，再上有一层出檐，并置宝瓶，总共十三层，故名白塔寺。此次重修则为砖塔，即八角重檐楼阁式玲珑宝塔。宝塔周围绕以曲廊，十三级，高二十丈，佛龛供佛十三尊，并命名为瑞容佛光塔。

1960 年临夏市折桥公社设农业中学于宝觉寺旁，学生平地种菜，于塔基下挖出石碑一块，高 122 厘米，宽 66 厘米，厚 20 厘米，石质细白，额篆书"敕赐瑞容佛光之塔"八字，下刻礼部牒文，系依原式摹石，凡十一行，文如下：

> 尚书礼部　行宫　字三
> 河州华岩邑居士齐惠明等，请承卖慈济院砖塔名额。于本州仓库纳讫银粟宝券见钱须至书填者。
> 牒奉
> 敕可赐瑞容佛光塔牒至准
> 敕故牒
> 贞祐三年□月□日　令史李仲璋
> 主事郝之才　员外郎□□□
> 正议大夫行宫尚书礼部郎中徒单
> 骠骑卫上将军尚书礼部侍郎驸马都尉徒单
> 荣禄大夫太子太傅兼礼部尚书翰林学士承旨知制诰修国史张①

碑文明确记载居士齐惠明等重修砖塔后，在本州仓库纳粮、钞票及现钱，请求承买砖塔名额。由令史李仲璋、主事郝之才，礼部侍郎徒单，礼部郎中徒单，礼部尚书张行简签署，发给谱牒。

第二次重修是都纲班麻矢加。清康熙十一年（1672）河州人吴之瑜游览宝觉寺，并在《重修万寿宝塔碑记》中写道："至都纲班麻失加等尝一身任之，随处劝募，重修其成，迄清盖三百二十余年于兹矣。"② 以此推算，这次重修当在公元 1342—1352 年，为元末至正年间。

第三次重修是在明洪武十三年（1380）由都纲失剌坚藏扩建，占地

---

① 赵忠编辑，达理校订：《宝觉寺诗文集》，甘肃临夏宝觉寺编印。
② 同上。

二十余亩，建庭院七进，计修有天王殿、罗汉堂、弥勒殿、大雄殿、观音殿、卧佛殿，另有藏经楼一座，藏经五千余卷。嘉靖《河州志》卷二《典礼志》载："（宝觉寺）洪武十三年都纲失剌坚藏复修。二十六年作汉僧正司。"《明太祖实录》卷二二六亦载：洪武二十六年（1393），明政府在河州"设立河州卫汉僧纲司，以故元国师魏夫拉坚藏为都纲；河州卫番僧纲司，以僧月监藏为都纲"①。此时，宝觉寺达到极盛时期，成为陇右地区著名的佛教寺院。

第四次重修是在清光绪初年。同治年间西北爆发回民反清起义，寺院毁于兵燹。光绪初年，僧人群众募化集资重建。

第五次重修是在清宣统元年（1909）。光绪二十一年（1895），在河湟地区再次爆发撒拉族、回族起义，宝觉寺再次毁于战火。宣统元年又进行了修复，限于财力，仅修了三院殿堂。

第六次重建是在民国时期。民国十七年（1928），冯玉祥的国民军与河州回民发生矛盾，马仲英成立"黑虎吸冯军"，自称司令，先后三次围攻河州城，宝觉寺被毁，瑞容宝塔倒塌。后僧俗群众募资重修，陆续修建了山门、弥勒大殿、大雄宝殿及两侧厢房。黄陶庵《导河县志》卷二《祠寺》记载："宝觉寺……唐尉迟恭创建，有碑记。明洪武间，清康熙、光绪、宣统间，历经重修。民国戊辰火，塔存。"

新中国成立后，宝觉寺改办农业中学，"文革"中寺院被拆毁。1981年宗教政策落实后，在宝觉寺主持达理法师的积极努力下，四方募化，陆续修建了大雄宝殿三间、山门和藏经楼一座，地藏王殿三间、倒坐观音殿三间，护法殿三间，客堂三间，僧房十七间及九层浮屠一座。

（三）何锁南与宝觉寺

何锁南与宝觉寺的不解之缘虽在正史中未曾提及，但在《宝觉寺寺志》中却有明确记载：

> 明洪武初年，河州卫指挥同知何锁南在临夏下二社修建了新官署。当时朱元璋有传谕嘉奖何锁南之意，被政敌探悉，欲以何锁南造官殿，图谋不轨，窥测神器之口实，加害于何锁南。何锁南便舍家为寺，并从四川照觉寺请来临济宗和尚密云主持寺院，并命名为南溪

① 《明太祖实录》卷226，洪武二十六年三月乙丑。

寺……明洪武二十六年（1393），宝觉寺设置僧正司，由南溪寺方丈密云和尚驻锡该寺，主持事务。南溪寺遂改称宝觉南寺。

密云和尚来到河州之后，便发愿传四十代，并拟定了和尚法号名谱，排行如下：

> 密云宗祖太，智慧普了法。圆明静觉海，性理广通达。
> 心光含妙绪，湛如温清辉。可传继照智，少得永昌宏。①

嘉靖《河州志》卷二《典礼志》中记载："宝觉南寺，在南关外东"，即今临夏市下二社。民国年间被国民党临夏专员马为良占用，修为私宅。寺僧含贵于 1931 年央请马步青调解，由马为良付给寺院白洋两千元，寺院遂迁至关家台。1958 年含贵还俗回家，寺不复存在。

密云和尚受何锁南邀请来到河州，先驻锡南溪寺，后主持宝觉寺，并成为三陇地区临济宗之祖师。密云有弟子五人，一驻锡青海西宁，其余四人于洪武二十年前后相继成为河州宝觉寺、宝觉南寺、潮音寺的主持。

潮音寺，宝觉寺属寺，"在南关外"，今临夏市大夏河滨水桥口，"祷雨有感"②，始建于明代，同治年间回民起义，毁于战乱。民国六年（1917）由甘肃提督马安良动员，并买给寺址地皮，迁建于临夏市大背街，并由河州名士邓隆题写寺名匾额，并撰楹联以记其事。

弥陀寺，亦为宝觉寺之属寺。清代中期宝觉寺方丈在临夏市城内北街建弥陀寺，驻尼姑。

第二节　何土司家族的湫神崇拜

一　河岷洮地区的湫神崇拜

在河、岷、洮地区比佛教、道教更为浓厚的宗教信仰乃湫神崇拜。湫神主要是以明朝开国功勋或皇亲国戚为原型，逐渐被民间神化，并赋予其神学功能，得到当地百姓崇拜和祭祀的民间神祇。男性湫神一般称"龙

---

① 赵忠编辑，达理校订：《宝觉寺诗文集》，甘肃临夏宝觉寺编印。
② 吴桢：《河州志》卷二《典礼志》。

王"，女性则称"圣母"或"娘娘"。1938 年，顾颉刚先生在西北考察时就对洮州的湫神崇拜进行了调查，他在《西北考察日记》中写道："临潭十八乡有十八龙神，其首座曰'常爷'，即常遇春。其他亦并明初将领……盖此间后人皆明初征人之后裔，各拥戴其旧主为龙王，以庇护其稼穑。"① 湫神奉祀有一村或数村祭祀一位湫神的，也有一乡祭祀数位湫神的。河州、洮州（今甘肃省临潭县）、岷州（今甘肃省岷县）都有所谓的"十八位湫神"，但人物却不尽相同。这十八位湫神仅仅是具有代表性并被官方承认的民间神祇。实际上在河、岷、洮地区关于湫神的传说还很多。现将洮州地区、岷州地区的 18 位湫神列表如下：

洮州十八位湫神

座次	姓名	神衔	庙址
1	常遇春	敕封总督三边常山盖国都大龙王	冶力关乡池沟
2	徐达	敕封陀龙宝山都大龙王	新城乡城背后
3	李文忠	敕封镇三边朵中石山镇州都大龙王	新城乡大石山
4	胡大海	敕封洮河威显黑池都大龙王	新堡乡青石山
5	郭英	敕封普天同知显应龙王	扁都乡杨家沟
6	康茂才	敕封东郊康佑青龙宝山都大龙王	新城乡晏家堡
7	马秀英	敕封九天化身白马太山元君	长川乡冯旗村
8	朱亮祖	敕封南部总督黑池都大龙王	流顺乡土寨村
9	安世魁	敕封镇守西海感应五国都大龙王	临潭县城关镇
10	赵德胜	敕封祥渊赤察都大龙王	陈旗乡石旗崖
11	朱氏	敕封西郊透山响水九龙元君	头水乡白土村
12	花云	敕封四季久旱降雨护国都大龙王	流顺乡水磨川
13	郭宁妃	敕封金木元君	陈旗乡牌路下
14	武殿章	敕封五方行雨都大龙王	总寨乡秦关村
15	成世疆	敕封成沙广济都大龙王	羊沙乡甘沟村
16	张德胜	敕封祥眼赤察温卜都大龙王	陈旗乡梨园村
17	韩成	敕封水司杨四将军都大龙王	陈旗乡韩旗村
18	刘贵	敕封金龙龙洞宝山小吉都大龙王	扁都乡刘旗村

---

① 顾颉刚：《西北考察日记》，《西北通讯》1947 年第 6 期。

岷州十八位湫神

座次	名号	俗称	原型	庙址
1	忠简公	南川大爷	北宋：宗泽	城郊乡南川村
2	汉代忠良	梅川大爷、白马爷、缩脖大爷	东汉：庞统	梅川乡杏林村
3	汉室佑风	关里二爷、白马爷	东汉：庞统	城郊乡龚家堡村
4	汉代忠良	王家三爷	东汉：姜维	十里乡王家山村
5	汉代直臣	河北爷	汉代：朱云	十里乡上北小路村
6	太子太保	太子爷	北宋：范仲淹	城郊乡下北小路村
7	总督三边	黑池爷	明代：胡大海	西寨乡大庙滩村
8	兵部侍郎	艰难爷	明代：张锦	西寨乡坎铺塔村
9	唐代忠良	涂朱爷	唐代：雷万春	清水乡清水村
10	金龙大王	大王爷	唐代：李晟	宕昌县各童庄
11	珍珠圣母	崖上阿婆	天仙玉女碧霞元君	城郊乡周家崖村
12	金火圣母	金火阿婆	地方神话传说人物	城郊乡白塔寺村
13	斗牛宫主	斗牛阿婆	地方神话传说人物	寺沟乡杨家堡村
14	金花圣母	金花阿婆	兰州民女	寺沟乡纸坊村
15	乃慈圣母	奶子阿婆	地方神话传说人物	寺沟乡白土坡村
16	分巡圣母	小西路阿婆娘娘阿婆	甘南康多藏家女	秦许乡包家族村
17	头山娘娘	透山阿婆	地方神话传说人物	岷山乡下迭马村
18	铁丝娘娘	添炕阿婆	地方神话传说人物	宕昌县哈达铺新寨村

　　河、岷、洮地区的湫神崇拜已有几百年的历史。根据湫神原型生活的时代推断，湫神崇拜应早在明朝初年即已兴起，明末清初最终形成。最早记载湫神奉祀的方志是康熙二十六年（1687）的《岷州卫志·坛庙》，其载："黑松泽祠，在城南二十五里。有池，每岁五月十五迎赛。"[①] 这里的"黑松泽祠"指的就是奉祀南川大爷——宗泽的祠庙。成书于康熙四十一年（1702）的《岷州志》卷七《合祀》附《民间赛会》载："诸湫神庙，每岁五月十七，众里民各奉其湫神像，大会于二郎山，各备祭羊一，请官主祭。"卷一一《岁时》亦称："然岷境称湫神者甚众，惟经长吏给帖者

---

　　①　甘肃省岷县志编纂委员会编：《岷州志校注·岷州卫志·坛庙》，1988 年。

为正神，其他为草野之神。十六日会正神于城南古刹，计十有九位。"①
可见官方认可的湫神数目并不是一成不变的，康熙时就有 19 位，而不是
后来的 18 位。光绪《洮州厅志》卷二《风俗》记载："五月五日……择
月厌日，由官给刡，请十八位龙神，上朵山禳雹，回至西关外赛会，男女
皆喜赴之。"卷三《建置·寺观》载："龙王庙，邑龙神有十八位，庙宇
建造极多，几乎庄堡皆有。天旱禳雨于神池，其应如响，乃一方之神
福也。"②

　　不同的湫神都有各自的祭祀日，届时四面八方的信徒会前来进香、祭
拜，并要举行迎神、祭神、游神、赛神、送神等祭祀仪式，于是形成规模
盛大的庙会。在河、岷、洮地区，规模最大的祭祀活动一般在每年农历的
五月份举行。陆泰安先生在 1947 年出版的《洮州纪略》中生动描写了岷
县维新乡元山咀农历 5 月 12 日的高庙迎神赛会，他写道：

> 　　每逢此日，洮岷抬诸神十余位赶会，村村相迎，家家恭祀，山巅
> 形成闹市。男女人等穿红戴绿，其徒步顶礼赴会朝山者不下五千人。
> 往来参神，逢场照戏。待诸神登山后，就在高庙的戏台下，先由抬神
> 者乱跑乱跳，继则护神者持刀玩棒，喊声震天，飞石乱舞，杀气凌
> 人。人们往往将平日的新仇旧恨都搬到这儿来重演了。每年因报复而
> 伤亡者，不可胜数。这一天，诸神供宿这庙，凡是远道前来赶会者，
> 大都食宿于此。他们彻夜高唱，那新颖香艳的词句，婉转嘹亮的声
> 韵，动人魂魄，醉人心神。男女问答相和，若彼此情意融合，即在庙
> 前神龛，权作结婚前奏，同席者不以为奇。翌日诸神纷纷乘轿回府，
> 人们就在此复仇、艳遇，以难解难分的场面结束了一年一度的高庙
> 盛会。③

　　河、岷、洮地区的湫神崇拜又是如何演变而来的呢？一般认为，
常遇春、徐达、李文忠等人被奉为湫神，主要是源于戍边将士拥戴旧

---

① 甘肃省岷县志编纂委员会编：《岷州志校注·岷州志》卷 7《合祀》，卷 11《岁时》，
1988 年。

② 张彦笃修，包永昌等纂：《洮州厅志》卷 2《风俗》，卷 3《建置》。

③ 陆泰安：《洮州纪略》，载《西北通讯》1947 年第 6 期。

主为"神"。但在以明代功臣为原型的湫神中，只有徐达、李文忠、沐英等曾统兵征战西北，其余根本没有到过甘肃。而邓愈、宁正等直接参与攻占河、岷、洮的将领却又不在湫神之列，所以上述观点并不全面。

笔者认为，河、岷、洮地区的湫神奉祀与明初的功臣祭祀有很大的渊源关系。洪武元年（1368），朱元璋从统一全国的战略需要出发，为表彰和激励将士，钦定功臣位次，并敕命在江宁府东北的鸡笼山建立功臣庙，"序其封爵，为像以祀"①。在全国统一后，朱元璋又将开国功臣奉于功臣庙，"死者塑像，生者序其位"②，并将其封为神，命全国各地立庙祭祀。在今陕西华阴县华阴庙内的碑林中，现存有朱元璋的"封神碑"。碑文中言道："于民有功者神之，于民无功者不祀。"《明一统志》卷三二《西安府》亦载："开平忠武王庙，在长安县治西。王本朝常遇春也，以开陕功，朝廷敕有司立庙，岁时致祭。"③《明史》卷五〇《礼志》"功臣庙"条记载这 21 位功臣分别是：

> 中山武宁王徐达、开平忠武王常遇春、岐阳武靖王李文忠、宁河武顺王邓愈、东瓯襄武王汤和、黔宁昭靖王沐英、越国武庄公胡大海、梁国公赵德胜、巢国武庄公华高、虢国忠烈公俞通海、江国襄烈公吴良、安国忠烈公曹良臣、黔国武毅公吴复、燕山忠愍侯孙兴祖、郢国公冯国用、西海武壮公耿再成、济国公丁德兴、蔡国忠毅公张德胜、海国襄毅公吴桢、蕲国武毅公康茂才、东海郡公茅成。④

由此可见，河、岷、洮地区崇拜的湫神主要是以明代的开国功勋为原型，又加入了当地人民敬仰的英雄人物和神话传说人物而最终形成。如在洮州的 18 位湫神中与明初配享太庙的 21 位功臣相比，保留有徐达、常遇春、李文忠、张德胜、胡大海、赵德胜、康茂才等 7 人。而像朱亮祖、安世魁、花云、成世疆、韩成、武殿章、刘贵、郭英等湫神也都是明初开国

①　《明太祖实录》卷38，洪武二年正月乙巳。
②　《明史》卷50《礼志》。
③　《明一统志》卷32《西安府》。
④　《明史》卷50《礼志》。

将领。湫神原型的另外两个来源则主要是历代功臣名将，如朱云、庞统、姜维、雷万春、范仲淹、宗泽等，以及民间传说人物，如珍珠圣母、金花圣母、乃慈圣母、金火圣母、分巡圣母等。

二　何土司家族的湫神崇拜

在何土司家族后裔聚居的村落——何堡村至今还建有湫神庙。由于湫神的职司范围广泛，凡吉凶、祸福、盈亏、丰歉皆在祈祝范围之内，故被视为"福神"，所以村里人又称其为"福神庙"。1999 年初何堡村村民集资对福神庙进行了扩建，3 月动工，7 月竣工，耗资近 2 万元，占地约 1000 平方米，湫神大殿面积约 50 平方米，主要奉祀"金龙爷"徐达和"白马爷"李文忠。村民有病或遇到灾祸时，就前往湫神庙内烧香，请湫神禳治。由此可见，何土司家族也是崇拜湫神的。

何堡村每年最大的一次湫神祭祀活动是在农历二月举行，村里人称作"打醮"。这一天村里的青壮年天一亮就用轿子抬着"金龙爷"和"白马爷"来到河州城内，并举行"献羊"仪式。下午则在河州东门隆重举行由地方绅士主持的"降香"仪式，然后前往城隍庙大殿落座。第二天则要抬神轿、举銮驾、奏鼓乐、列仪仗，出城隍庙缓缓游街。行进时，鸣锣开道，仪仗导引，仪仗由幡、伞、旗、牌等组成，神牌上写有"肃静""回避"等字样。两侧住户、商店皆摆好香案，呈上祭品，燃放鞭炮、焚香、煨桑、迎神、谢神，还要专门邀请法师跳法舞，大批民众夹道欢迎、祭拜，场面甚是热闹。村民抬着湫神大声吆喝跳跃，呼声震天动地，遇到鞭炮亦不畏惧，俗称"扭佛爷"。游街结束后再回到城隍庙重新入座。第三天，村民抬着两位湫神上北塬，回到何堡村，族长则要率领族众，再次上香祭拜，祈雨求丰，禳雹除灾，保佑太平。

三　何土司家族湫神崇拜的文化内涵

何土司家族笃信藏传佛教，但同时也接受并信仰具有浓重汉文化色彩的湫神崇拜，这显然与河州地区的历史、人文背景和社会环境密切相关，其中也蕴含着深刻的文化内涵，归纳起来有以下几点：

（一）何土司家族的湫神崇拜是多元文化荟萃的集中体现

元代时河州地区的宗教信仰主要是以藏传佛教为主，建立了弘化寺、报恩寺、马营寺等著名寺院。河州卫设立后，明政府立即着手于文化制度的建设，这不仅体现在卫学、文庙等官方儒学体系的建立，更体现在官方神学体系和民间神学体系的构建。在官方神学体系中，明初河州卫就相继建立了社稷坛、风云雷雨山川坛、郡厉坛、旗纛庙、马神庙等。而属于民间神学体系的湫神崇拜在与国家祭祀的完美结合之后，被当地百姓所接受。明朝通过政府行为将儒教、道教等宗教信仰嵌入河州文化之中，使河州的宗教文化同样体现出多元荟萃的特点，这就为何土司家族的多元信仰提供了前提条件和宽松的氛围。

实际上作为藏族的何土司家族信奉汉族民间神祇湫神并不为奇，直至今日河、岷、洮各地的湫神庙香火依然十分旺盛，不仅汉族，亦有大量藏族群众虔诚信仰、顶礼膜拜。对于广大普通信众而言，切身的现实意义更为重要。地处西北边陲的河州，干旱少雨，雹灾频仍，因此湫神祭祀以祈求降雨、驱雹、镇水为主，凡吉凶、祸福、盈亏、丰歉等事皆在祈祝范围之内，它饱含着信徒祈福去灾、企盼风调雨顺、五谷丰登的殷切希望。在何土司家族宗教信仰的话语中，他们并不关注神明的教派、来历和可信仰的程度如何，而只折服于神降灵显时的鬼怪神奇，如《洮州厅志》卷三《建置·寺观》在记录湫神时也只言道："天旱禳雨于神池，其应如响，乃一方之神福也。"① 而且藏传佛教讲求万物有灵、多神崇拜，这也使得何土司家族的宗教信仰体系更具有包容性，体现出多元一体的特色。

（二）何土司家族的湫神崇拜是河州地区民族融合的一个缩影

明朝时河州地区主要生活着汉、回、藏三大民族，而他们各自都具有完全不同于其他民族的宗教信仰。显然，宗教信仰就成为民族群体认同的精神支柱，也成为不同民族边界的重要体现。宗教信仰作为一种文化载体，承担了不同民族文化认同的作用，将具有共同信仰的民族紧紧地联系在一起。但同时又具有强烈的封闭性和排他性，将不同信仰的民族"毫不留情"地排斥在本文化圈之外。宗教文化认同越深，同一民族的认同越强，民族群体意识就越强，不同民族间的边界也就越明显。反而论之，何土司家族对汉族民间神祇湫神的崇拜，显然打破了不同民族信仰不同宗教的边界，从而淡化了该家族对本民族的文化认同，模糊了民族之间的界限，成为汉、藏民族不断交流、相互融合的一个缩影。

在岷州奉祀的 18 位湫神中就有一位以甘南康多藏区的藏家女为原型

---

① 张彦笃修，包永昌等纂：《洮州厅志》卷 3《建置》。

的湫神——分巡圣母，其原名叫达苏阿玛，又叫婆格达苏。相传分巡圣母因婚姻不谐，自缢身亡，死后阴魂不散，为进山伐木的农民解难，遂被民间祭祀。嘉靖二年（1523），岷境大旱，诸神祈雨不灵，唯分巡圣母祈之降雨三日，于是被州官列为地方正神。以藏家妇女为神祇，这在洮州湫神祭祀中同样可以见到，如临潭县八角乡的汉、藏群众每年农历五月二十五日到二十七日都要到庙华山顶的常遇春庙（俗称常爷庙）举行迎神、祭海、煨桑、诵经、赛马和唱神戏、花儿等活动。当地藏族把常遇春称为姑夫。相传常遇春曾娶康多"六十家"部落的女子为妻，因此藏族同胞，包括寺院中的喇嘛每年此时也要到庙华山祭祀"海神娘娘"（海即冶海，是一个自然天池，汉族称其为"常爷池"），并献上雪白的哈达及元宝、银元、食物等。卓尼勺哇的土族更是将常遇春视为本家，其群众亦有常姓，每年还要将"常爷"接回家，被称为"回娘家"。历史上，常遇春并未到过河、洮、岷地区，所谓常遇春曾娶康多"六十家"部落的女子为妻，只不过是当地汉、藏民族对于民间通婚的认同和美化。因此，庙华山上的庙会也成为汉藏群众共同的节日。同样，河、岷、洮地区亦有大量汉族信仰藏传佛教，藏族崇拜的白马神更是在河州以及甘肃各地的汉族中广为信奉，这恰恰成为河州地区各民族和谐共处、相互融合的象征。

（三）何土司家族的湫神崇拜是将家族祭祀纳入国家祭祀圈之中

洪武四年（1371），朱元璋谓中书省臣曰："太庙之祭，以功臣配列庑间。今既定太庙合祭礼，朕以祖宗俱在，使功臣故旧殁者得少依神灵，以同享祀，不独朝廷宗庙盛典，亦以寓朕不忘功臣之心。"[1] 朱元璋将徐达等 21 位开国功勋配享太庙，并奉祀为"军神"，彰显的是忠君烈士的伟绩和精神，体现了国家的思想和意志，属于国家祭祀。朝廷立庙祭祀功臣，除了表达缅怀之意外，更重要的是要以此激励将士精忠报国、英勇杀敌、立功疆场的勇气和情怀。在明初，由于军队将士屡次征战、开边拓土，还有着很强的国家观念和责任感，所以这种祭祀还能够唤起他们的斗志，但到明朝中后期，随着军纪废弛、官员腐败，这种明显带有功利色彩和政治说教的祭祀就很难达到它的预期目的。因此，这种"军神"祭祀虽然属于国家祭祀，并被国家大力提倡，但它如果很难与人民生活相联系，缺乏足够的民众支持，其影响力自然会十分有限，只能局限于军队和

① 《明史》卷 50 《礼志》。

军属的范围内，所以被朱元璋敕令在全国范围内普遍奉祀的"军神"在明朝中期以后已是日薄西山、凋零惨淡，但在河、岷、洮地区却香火旺盛、神运久长，这主要是因为其完成了由"军神"向"民神"的转变，得到了广大人民群众的认可和崇拜。

在这一嬗变的过程中，神学功能的转变显得至关重要。"军神"崇拜主要是祈求作战勇猛、立功疆场，这显然与人民的日常生活毫无关联。而当民众逐渐向其祈求降雨禳雹、早生贵子并得到灵验时，可以说，这就完成了由"军神"向"民神"的转变。河、岷、洮地区的湫神多被称作龙王，"意取作雨润田，故多谓之龙王"①。清乾隆《狄道州志》卷一二《艺文上》记载了康熙四十年（1701）知州娄玠的《马啣山金龙大王祠记》，其曰：

> 予至兰……未逾月，而民以旱闻，或曰马啣山有金龙大王者，祷辄应。于是命父老舁至邑，焚香再拜。具巫觋以祝。郡伯许大夫、城守薛将军及文武诸僚皆晨昏往叩焉。未几，雨得，小润；再拜、再祷，越二日而甘澍沛至。吁嗟乎！王之灵应如响斯答矣。吾闻王姓谢名绪，宋之诸生也……行四，故世谓金龙四大王。王之灵在天下，而狄民独崇奉而敬祀之异于他处。昔在康熙丁未岁，大旱，前令胡鼎文亦祷于王，得大雨而岁亦不饥。因为文以记。②

马啣山在今兰州榆中县境内。在兰州的金龙大爷是以宋代谢绪为原型，而在岷州则指的是唐代李晟，到河州又变成了徐达。

柯杨先生曾在河、洮、岷地区搜集了许多花儿中的"求子歌"，其中一首唱道：

> 送子太太花娘娘，你把我没儿女的惜孽障。
> 给上一个胖儿郎，我给你献肥羊来点长香。

"送子太太"即"送子娘娘"；"花娘娘"即痘娘娘。这首花儿显然

---

① 岷州志编纂委员会办公室：《岷州志校注·岷州续志采访录·艺文》，1988 年。
② 呼延华国：《狄道州志》卷 12《艺文上》。

是唱给以碧霞元君为原型的珍珠圣母，祈求早生贵子。

由"军神"得以向"民神"转变的另一个主要原因是湫神崇拜承载了民间娱乐的主要功能。河、岷、洮地区地处边陲，苦寒、荒凉而又贫瘠，民众的苦难太多、悲剧太多，这里的生活太冷清，太单调，太缺少欢乐，所以人们需要喜事，需要节日，需要通过娱乐活动弥补内心的不足。所以每逢喜事、节日，人们都办得异常隆重，男女老幼都毫不例外地参与进来，人们纵情地敲锣打鼓，纵情地跳舞歌唱，为自己制造欢乐，以忘却痛苦的记忆，抚慰现实带给自己的创伤，鼓舞继续奋斗、迎接挑战的勇气。

在河、岷、洮地区，无论是迎神赛会还是春节的社火表演，湫神都是主要角色，这也成为当地老百姓一年中难得的酬神娱人的活动。除此之外，迎神赛会或春节期间，还要演"会戏"、唱"花儿"。四乡民众、邻近州县的客商、百姓都会汇集于此，场面甚为壮观。群众唱花儿诉愿，歌祝神灵，以保佑年景丰盈。在迎神赛会上，还有湫神落轿听花儿的风俗，每至赏心处，便起轿狂跳。随着时间的推移，迎神赛会上唱"花儿"的活动更具世俗性，曲曲皆为民众心声，有诉愿者、传言者，特别是爱情"花儿"占据了主导地位。民国时学者于式玉在《黑错、临潭、卓尼一带旅行日记》中记载了临潭嫘祖山庙会的盛况，上面写道：

> 这一天有一事特别不与内地相同，就是本城的老男老女都趁这个时候东一堆、西一堆聚在一块唱情歌。他们午前在庙上唱过之后，午后回到城里并不回家，就在店里吃些饭，然后就一帮一帮在大街上走来走去地唱，直唱到天亮才散。①

当河州湫神完成了"军"转"民"的嬗变之后，何土司家族又将其"借用"过来，成为家族祭祀的重要内容，从而将家族祭祀融入国家祭祀圈之中。这种"借用"一方面是何土司家族主动融入汉文化的表现。随着湫神崇拜在河州地区的盛行，湫神奉祀成为当地民族认同的重要标志。何土司家族通过这种方式以淡化与汉族的民族边界，推动自身文化的变迁，并融入主流文化之中。另一方面，这种"借用"，也包含着慎终追远

---

① 《新西北月刊》第2卷第3、4期合刊。

的祭祖情怀，伴随着对烽烟往事的回忆。想当年何土司家族的先祖也和徐达、李文忠一样，英勇血战、效死沙场。因此，何土司家族的湫神祭祀实际上也是一次缅怀先烈、怀旧往事的回顾，凸显着对祖先骁勇善战的颂扬。

何土司的家族的湫神祭祀与国家祭祀的完美结合，彰显的是国家"忠君""勇武"的正统文化，使自己的家族祭祀获得了合法性。在明代，祭祀如果不能与国家提倡的文化导向相一致，不能体现国家精神，则很有可能会被命令禁止。《明会典》卷一六五《律例六·禁止师巫邪术》即载：

> 凡师巫假降邪神、书符咒水、扶鸾祷圣，自号端公、太保、师婆及妄称弥勒佛、白莲社、明尊教、白云宗等会，一应左道乱政之术，或隐藏图像，烧香集众，夜聚晓散，佯修善事，煽惑人民者，为首者绞，为从者各杖一百、流三千里。若军民装扮神像、鸣锣击鼓、迎神赛会者，杖一百，罪坐为首之人。里长知而不举者，各笞四十。

（四）何土司家族的湫神崇拜是"忠君"与"勇武"的国家精神与家族精神的完美结合

何土司家族主要供奉两位湫神，即"金龙爷"徐达和"白马爷"李文忠。这两位都是明朝久经征战、功勋卓著的沙场宿将，在肖像功臣庙中分别位列第一和第三。徐达和李文忠都曾征战西北。《明史》卷一二五《徐达传》载：

> （洪武二年，徐达）遂渡陇，克秦州，下伏羌、宁远，入巩昌，遣右副将军冯胜逼临洮，（李）思齐果不战降。分兵克兰州，袭走豫王，尽收其部落辎重。还出萧关，下平凉。思道走宁夏，为扩廓所执，其弟良臣以庆阳降。达遣薛显受之。良臣复叛，夜出兵袭伤显。达督军围之。扩廓遣将来援，逆击败去，遂拔庆阳。良臣父子投于井，引出斩之。尽定陕西地。

《明史》卷一二六《李文忠传》载：

十二年，洮州十八番族叛，（李文忠）与西平侯沐英合兵讨平之，筑城东笼山南川，置洮州卫。

明代功臣庙正殿立有一牌位，总书"故指挥千百户卫所镇抚之灵"①，可见朱元璋将明初功臣封为"神"，应当视为军队的"偶像"，属"军神"，并敕令在全国范围内立庙祭祀，这些"军神"在河、岷、洮地区经过民间塑造嬗变成为"湫神"，并且独享奉祀、神运久长。何土司家族世袭指挥同知，属军职，所以从这一角度也不难理解何土司家族的湫神崇拜。

何土司家族在众多湫神形象中为何唯独选择了"徐达"和"李文忠"？实际上仔细分析，我们就不难看出，"徐达"和"李文忠"是国家"忠君"和"勇武"精神的典型代表，这恰恰与何土司家族所倡导的家族精神相一致。明政府也恰如其分地利用湫神形象及时宣扬以"忠君""勇武"为核心的正统文化，将"忠君""勇武"的国家精神润物细无声般地灌输到少数民族首领及其家族的心中，实现国家权力对土司的有效控制，以"忠君""勇武"的国家意识掌握民间的话语权。在湫神祭拜的过程中，在满足普通信众祈求福佑、消灾避难的同时，何土司也巧妙地将"忠君""勇武"的国家精神与家族精神相结合，将这种观念灌输到家族成员的思想中，成为其家族世世代代忠君爱国、勇武不屈的思想源泉。

事实上，不管是国家政权还是作为家族精英的何土司，如果仅仅依靠正规教育和祖辈的言传身教，而不能很好地利用民间宗教这一载体，就很难有效地将"忠君""勇武"的精神灌输到普通民众中去，尤其是少数民族的群众中去。相反，何土司家族通过湫神崇拜将家族祭祀纳入国家祭祀圈中，将国家政权与家族统治、国家精神与家族精神水乳交融般地完美结合在一起，从而进一步强化了民族、家族的凝聚力和向心祇。何土司家族的湫神崇拜，既是"忠君""勇武"的国家精神向地方基层的渗透和延伸，也反映出何土司家族与国家在价值观上的统一。

综上所述，湫神崇拜不仅仅是简单的民间信仰，还是江南文化与西北文化、汉文化与少数民族文化相互交融的产物。在这一民间神学体系中，

---

① 《明史》卷50《礼志》。

我们既可以看到"屯堡文化"的身影，又可以寻到本土文化的脉络。既凸显汉文化的精髓，又深受当地少数民族的影响。何土司家族对于湫神的崇拜，标志着何土司家族的文化变迁更加深入，标志着汉文化与藏文化的整合达到了更加成熟的阶段，标志着儒家文化在何土司的家族文化中逐步占据主导地位。

河、岷、洮地区的湫神已不再是一个个原始形态的民间神祇，而是一个包含了诸多文化和情感因素的地方神学体系。他们从单一的求雨禳雹演变为祈福祛灾、求子避邪、保佑平安等多种神学功能的神祇。何土司家族的湫神崇拜也不再是单一的祭神行为，而是集神学、文娱等众多活动于一体的家族盛会。它在和谐民族关系、凝聚家族成员、传承家族文化等方面发挥着不可替代的作用。由此可见，何土司家族的湫神崇拜是其家族文化建设中不可或缺的组成部分，为何土司家族的文化建设提供了巨大支持。

第三节　何土司家族的家神崇拜

家神崇拜在我国藏族等少数民族之中十分流行，这主要是源于藏传佛教的护法神信仰。护法神即护卫佛法之神，是藏传佛教中最为庞大的一类神祇。护法神大多源于其他宗教，有的源于印度婆罗门教和印度教，如帝释天、四大天王等；有的源于西藏的苯教或民间信仰，如长寿五仙女、十二丹玛女神等；还有的源于蒙古和汉地的民间社会信仰，如白哈尔、关羽等。不过，这些外来神祇进入藏传佛教成为护法神之后都被重新赋予了新的宗教履历和宗教功能。有的被藏传佛教某一教派奉为护法神；有的成为某地或某寺的保护神；有的掌管众生的生死；有的专司世间福禄。如在格鲁派中，吉祥天母受到达赖喇嘛的特别崇信，她是达赖和班禅的保护神，受到二世达赖喇嘛根敦嘉措和五世达赖喇嘛阿旺罗桑嘉措的大力推崇。

当护法神被某一部落或家族奉为自己的保护神时，该护法神也就成为该部落或家族的家神。家神对于藏族部落或家族而言，至关重要。它不仅是一个部落或家族精神家园的守护者，更与人们的日常生活息息相关。归纳起来，主要有五个方面的神学功能：

1. 占卜。每逢大事，如发动战争或出远门，都必须在家神面前上香、祈祷、占卜，以预测吉凶。

2. 驱鬼避邪。家神是一个部落或家族的保护神，它能制服妖魔鬼怪，驱除邪魔恶神，保佑族人幸福安康。

3. 治病救人。在少数民族地区，医疗条件十分简陋，尤其对于普通农牧民而言，也缺乏请医看病的经济能力，于是只能求助于家神。通过喇嘛、巫师一系列的跳神活动，把病魔和邪气从病人身上驱走，从而达到治病救人的目的。

4. 保护生产。在科学技术不够发达的古代社会，自然灾害给人民带来的乃是灭顶之灾。所以，家神又被赋予了保苗、禳雹、求雨驱旱、祛除瘟疫、保护生产等神学功能。

5. 护佑家族。作为家族的保护神，家神更重要的是家族成员精神家园的守护者。青藏高原地处边陲，自然条件极其恶劣，民众生活十分艰苦，部落或家族之间的冲突时常发生。因此，普通民众缺乏幸福感和安全感，人们需要一个感情的避风港、一个精神的寄托地，而家神恰恰给予了他们战胜困难的力量、克服挫折的勇气。因为他们坚信家神能够护佑家族兴旺发达、绵延永长，保佑族人平安幸福、吉祥如意。

一　何土司家族的家神崇拜

2009 年 5 月，笔者在何堡村的田野调查中，在村南端发现了何土司家族的家庙，里面供奉着其家族的家神，村里人习惯称其为"祖师爷"。家庙正堂有一木龛，内挂一彩色帧子。帧子由上至下共分三层，第一层是北宋佘太君的画像，第二层画着北宋名将杨四郎身着铠甲，骑着白马，率领众将出征图，场面甚是壮观，旌旗飘飘，军容整肃，令旗上赫然写着个"杨"字。第三层是杨四郎归来图。但令人匪夷所思的是，杨四郎骑着白马，脚踩祥云，众星捧月般地凯旋归来时，却已是人身羧颅头（当地人称山羊为羧颅），何堡人尊称其为"羧颅单千"，这就是何土司家族崇拜的家神。据村里的老人回忆，以前在永靖老庄时，家家正堂都挂有这样一幅"祖师爷"的帧子，每天早上必要上香祭拜。在临夏报恩寺尹国敏喇嘛处，笔者看到了一幅同样的帧子，这是何土司家族后裔聚居的另一村落——临夏折桥乡尕何家村民众，因几次辗转变迁，村中何姓人丁稀少，无力供养家神，故送至何土司家族的家寺——报恩寺中供奉。

关于"祖师爷"的来历，何堡村中流传着这样一段传说：

北宋年间，契丹屡次犯我边境，杨四郎奉命出征迎敌，在一次与

敌军的大战中，身先士卒，奋勇杀敌，数次被劲敌砍下头颅，但杨四郎总是捡起来后安上，重新酣战，最后一次头颅被砍落后，恰好空中飞过一只伺机觅食的老鹰，就将杨四郎的头颅叼走了，匆忙间杨四郎捡起地上的一个羖颅头（即山羊头）安上，但安反了，没来得及扶正，又奋勇搏斗，最后大胜而归。所以帧子归来图上杨四郎是人身羖颅头了。

令笔者匪夷所思的是：何土司家族的始祖乃何锁南，可其崇拜的"祖师爷"怎么会是杨四郎，他与何土司又有怎样的联系？带着疑问，笔者又访谈了何堡村何氏家族的族长何中魁老人，他说：

> 何锁南其实是杨四郎的后代。杨家将先祖杨业本来就姓何，后来兵败投靠赵匡胤，才被赐姓杨。杨家将与辽国多次大战，打得辽国很是害怕，但在金沙江战役中，由于中了埋伏，大郎、二郎、三郎战死，杨四郎被俘，结果被辽国公主看上了，于是招为驸马，后来还回来看过佘老太君。几年之后杨四郎觉得对不起列祖列宗，就拔剑自刎而死。辽国公主伤心欲绝，带着她与杨四郎的孩子离开了辽国，来到今天甘肃临夏生活，何锁南其实就是他们的后代。到了明代，何锁南投降了明朝，朱元璋查阅史书，说他祖上本来姓何，于是就让他恢复了本性。

显然，何中魁老人所讲只是附会之说。历史上杨家将与何锁南并无任何联系。《宋史》卷二七二《杨业传》中明确记载：

> 杨业，并州太原人。父信，为汉麟州刺史……弱冠事刘崇，为保卫指挥使，以骁勇闻。累迁至建雄军节度使，屡立战功，所向克捷，国人号为"无敌"。
>
> 太宗征太原……业劝其主继元降，以保生聚。继元既降，帝遣中使召见业，大喜，以为右领军卫大将军。师还，授郑州刺史。帝以业老于边事，复迁代州兼三交驻泊兵马都部署，帝密封橐装，赐予甚厚。
>
> ……

（986 年，宋太宗派三路大军北伐，不利，在陈家峪战役中）业
力战……马重伤不能进，遂为契丹所擒，其子延玉亦没焉……乃不
食，三日死。

虽然何中魁老人的谈话只是何土司家族世代的口头传说，不足为信，
但何土司家族为何要将何锁南与杨家将联系起来？这为我们解读何土司家
族的家神崇拜，提供了新的启示。

第一，何土司家族的家神崇拜大约应形成于明朝后期，其依据有二：

1. 关于何土司家族家神的传说实际上主要源于杨家将的故事，是将
汉族民间故事的某些情节成分有机地吸纳、糅合到本家族的祖先传说之
中，从而构建与本家族的联系。①

关于杨家将的文字记载，最早应见于欧阳修作于宋皇祐三年（1051）
为杨业之侄孙、杨延昭之侄杨琪写过的一篇《供备库副使杨君墓志铭》，
其中言道："继业……延昭，父子皆为名将，其智勇号称无敌，至今天下
之士，至于里儿野竖，皆能道之。"② 此说不免言过其实，但说明杨家将
的故事在北宋时期已经开始流传。余嘉锡在《杨家将故事考信录》一文
中说：

余以为杨家父子之名，在北宋本不甚著，今流俗之所传说，必起
于南渡之后。时经丧败，民不聊生，恨胡虏之乱华，痛国耻之不复，
追惟靖康之祸，始于徽宗之约金攻辽，开门揖盗。因念当太宗之时，
国家强盛，倘能重用"杨无敌"以取燕、云，则女真蕞尔小夷，远
隔塞外，何能侵陵上国。由是讴歌思慕，播在人口，而令公、六郎父
子之名，遂盛传于民。③

余嘉锡认为杨家父子之名盛传于民间应在南宋时期。就在此时，杨家
将的故事也以话本这一文学形式出现。南宋罗烨的《醉翁谈录》甲集卷

---

① 参见姚大力《"狼生"传说与早期蒙古部族的构成——与突厥先世史的比较》，《元史论
丛》第 5 辑。

② 欧阳修：《欧阳修集》卷 29《居士集》，《唐宋八大家全集》，国际文化出版公司 1997 年
版。

③ 余嘉锡：《余嘉锡论学杂著》，中华书局 1963 年版，第 422 页。

一《舌耕叙引·小说开辟》中所列的南宋话本，其中就有《杨令公》《五郎为僧》《杨志卖刀》三目。① 由此看来杨家将的故事，南宋时就已增添了许多虚构的成分，与杨家将的真实事迹拉开了距离。但此时杨家将的故事还处在片段、分散的状态，故事人物也主要局限于杨业、五郎、六郎等人。

到明朝中后期，杨家将故事进入鼎盛时期，并逐渐系统化、定型化，人物形象也扩展为整个杨家将英雄群体。演述杨家将故事的小说不在少数，然而其中集大成者且流传至今的主要有两种，也皆为明万历年间所作。其一为《杨家府世代忠勇演义志传》，简称《杨家将演义》②。书序末署"万历丙午"，可知成书于明万历三十四年（1606）。其二为《北宋志传》，因与《南宋志传》合刊，总名《南北宋志传》。后来的通行本鉴于《北宋志传》不甚明确，多称《杨家将演义》。其初刊本为明万历年间三台馆刻本，时间当在万历三十五年（1607）至四十八年（1620）。③ 所以此时杨家将的故事可以说是妇孺皆知，在山西、河北、陕西、甘肃、四川、云南、江苏、福建等地的地方志中俯拾皆是，难以一一列举，仅以明代兵备副使王灵凤的诗为证：

> 宋业偏安一水分，舆图今已尽燕云。
> 野旷沙平陵谷异，耕民犹说六将军。④

另外，被何土司家族奉为家神的杨四郎在史书中的记载甚为简略，且其姓名也记载不一。《宋史》卷二七二《杨业传》载：

> 业既没，朝廷录其子供奉官延朗为崇仪副使，次子殿直延浦、延训并为供奉官，延瑰、延贵、延彬并为殿直。

宋末元初徐大焯的《烬余录》甲编中有如下一段文字：

---

① 罗烨：《醉翁谈录》，古典文学出版社 1957 年版。
② 秦淮墨客校订，周华斌、陈宝富校注：《杨家将演义》，北京出版社 1981 年版。
③ 裴效维校订：《杨家将演义·前言》，宝文堂书店 1980 年版，第 3 页。
④ 蒋一葵：《长安客话》，北京古籍出版社 1980 年版。

（杨业战死时）长子渊平随殉；次子延浦、三子延训官供奉，四子延环、五子延贵并官殿直；六子延昭以从征朔州功，加保州刺史；七子延彬屡有功，并授团练使……延昭子宗保官同州观察。①

《宋史》中杨四郎名叫杨延瑰，《烬余录》中又被称作杨延环。而且在正史中杨四郎并未被辽国招赘为婿，而是封官殿直。民间故事中杨四郎的人物形象在宋元时期也尚未清晰化、丰富化，直到明中后期的小说中，才出现了何土司家族传说中有关杨四郎的故事。明代秦淮墨客校订《杨家将演义》卷一《太宗驾幸昊天寺》中记载：

（杨四郎被俘后，萧）太后见其慷慨激烈，神采超群，心甚爱之。谓萧天左曰："意欲将琼娥公主招赘此人，卿言如何？"天左曰："纳叛释降，王者为也，娘娘所言极是。"……（四郎）择日与琼娥公主成亲。②

如果以上考证不谬，杨四郎的故事在民间广为流传并传播到西北边陲被何土司家族所借用，至早在明朝后期。

2. 自明朝中后期起，何土司家族已显颓势，走向衰落。尤其是到清代，土司已不再被中央王朝所重视，伴随着河州战略地位的下降以及清政府采取一系列限制土司的措施等，何土司家族多是世守原职，未有发展，失去了往日的光辉。何土司家族应该是在面对这样的政治危机之时，恰好河州民间正广泛流传杨家将的故事，为了巩固统治，树立自己统治的正统性，进一步取得中央王朝的信任，何土司家族需要借用杨家将的故事，将其机械地虚构一些情节，与自己的始祖相联系，创造出了新的家族起源历史，以获得新的族群身份认同。

第二，何土司家族的家神是其家族传说中的祖先形象与护法神形象有机结合的产物。

---

① 徐大焯：《烬余录》，《国粹丛书》第3集，国学保存会辑刊，光绪三十二年（1906）。
② 秦淮墨客校订，周华斌、陈宝富校注：《杨家将演义》，北京出版社1981年版，第24页。

　　关于藏民族有无祖先崇拜的问题，学术界一直以来存在争议。不过，从早期藏文史料来看，藏民族还是十分重视祖先、世系的，具有祖先崇拜的观念。祖先崇拜是建立在灵魂不灭观念的基础之上，在早期苯教的理论中，人的身体存在三个最为重要的本原：呼吸的气息、体内的根本精神以及灵魂。呼吸的气息终究会衰竭、消亡，身体的根本精神及灵魂则可以永恒存在而不会毁灭。后期的雍仲苯教认为人体是灵魂、意和心这三者的组合。心起着主导作用，而意和灵魂对一个人而言分别是财富和力量的源泉。灵魂被认为存在于人身体的心脏部位，但又不完全依止于心脏，它在全身有数个分布点，如额头、肚脐等，这些部位一般被叫做命根处。而且强有力者和大人物的灵魂能够寄居于身体之外，如山峰、湖泊或动物、植物等的体内。这种灵魂居所概念也被称作"寄魂"，是藏族灵魂观中的独特之处。可见在藏族传统的生命观中，同样存在灵魂不灭、人魂同行的观念，并把它作为生命存在的内在力量和基本要素，这就为祖先崇拜提供了思想基础。

　　古代西藏祖先崇拜的另一个重要表现形式是十分重视世系谱牒的记载，并以此作为血缘传承的凭证。比如在敦煌吐蕃文献中，我们可以看到开创吐蕃王朝的鹘提悉补野部落一直保存着其世系传承的线索。敦煌吐蕃文献 P. T1286 号《赞普世系及小邦王名表》中记载：

> 神自天国上降世，在天国之上，有天父六君之子，三兄三弟，连同赤之敦祉共为七人，赤之敦祉之子，即为赤聂赤赞普。大地上有父王土地，（他）即降临此父王之地。降临拉日降多（神山降多）的时候，日布山向他"鼓堆堆"地躬身敬礼，林丛树干"阳裳裳"地奔走相迎，山间泉水"温嘻嘻"地清洁等候，石头石块都"聂碌碌"地滚弯身腰，（因此他）就成为了吐蕃六牦牛部的主宰。①

　　这段记载不仅记录了该部落的祖先世系，还明显带有神化、美化祖先的色彩。

　　吐蕃时期赞普对于先王也会举行隆重的祭拜仪式。《巴协》中记载在摩尼赞普时期，苯教徒和佛教徒就赤松德赞去世以后按照何种仪礼安葬展

---

①　根据古代吐蕃喜用象声词的特点翻译而成。

开了辩论：

> （苯教徒）钦赞谢来思说，历代先王赞普都按照苯教仪轨举行致
> 祭王宫城堡，筑起四座城门，因而吉祥丛生；以雅拉香波为国神。灵
> 寝修于热瓦塘。雅拉香波凶猛而法力高强，咸陆热瓦塘风水好。因
> 此，仅凭下岳如之地征服了桑布杰赤庞松和象雄聂库拉米等小国。社
> 稷昌盛，声闻四方。赞普升遐之日，后事隆重，陵寝宏大。倘今日违
> 背先王之定规，照天竺释教的仪轨办理后事，如若出现不祥之兆，必
> 定会招致社稷衰败……①

这显然包含了祖先崇拜的思想。苯教徒坚决主张"赞普升遐之日，
后事隆重、陵寝宏大"，这样就可以得到祖先护佑，使得"社稷昌盛，声
闻四方"。

然而在吐蕃王朝灭亡之后，祖先崇拜逐渐衰微，这与西藏地区的封建
庄园制度有着很大关系。封建庄园制的核心是封建领主，他们作为贵族，
拥有家族的封号，而普通民众往往隶属于封建领主，几乎没有人身自
由，没有独立身份，这无疑造成了家族的祖先记忆和族系符号的淡化。
即使是贵族家族，对于祖先崇拜也并不热衷，因为延续其家族的决定性
因素，除了血缘关系外，更为重要的是在地方政府中获得高官和政治
地位。

藏族祖先崇拜的衰微主要原因还是由于受到佛教的长期影响，祖先崇
拜虽然存在，但已经同其他神灵尤其是地域神混同了。成书于清代的一部
介绍西藏地区民间宗教信仰和佛教、苯教等思想的著作《白琉璃》中
写道：

> 通过阳神便可以增加男性（能量），从而确保获得许多后裔世
> 系；通过阴神可以增加兄弟姐妹，并使财产得到增加；通过舅神可以
> 方便同别人搞好关系，有了充足的福央；通过战神可以多得财富而少

---

① 恰白次旦平措：《论藏族的焚香祭神习俗》，达瓦次仁译，《中国藏学》1989 年第 4 期。

竖敌人；通过生命之神则能取得长寿和坚强的生命力。①

从这段记载中我们可以看到，藏族民众的世系、传宗接代的能力以及生活境域都可以通过不同的神灵而取得。这类神灵又属于藏族民间统一的一类神，即五守舍神。在这里，古老的祖先神所具有的一切功能都被五守舍神所取代，那么纯粹的祖先崇拜也就变得毫无意义了。

然而在更多的情况下，藏族民间更倾向于将家族的祖先和地域的护法神相互结合。这样，护法神既可以护佑一方净土，又可以保佑家族的绵延久长。我们还可以看到，藏族地区的很多护法神就来源于部落或家族的头人或英雄人物，由于他们对于该部落或家族的卓越贡献，死后则被奉为神灵，成为一方护法。何土司家族的家神就是典型的祖先形象与护法神形象有机结合的产物。

何土司家族的家神是人身羖颅头的杨四郎，笔者认为，这"人身"自然是源于何土司家族传说中的先祖杨四郎，而羖颅头即山羊头应源于其家族的护法神——骑羊护法，山羊是骑羊护法的坐骑，更是其生命的依附之处，是骑羊护法最为鲜明的符号特征。所以，山羊被何土司家族奉为圣物，甚至可以看作其家族的图腾。于是何土司家族就为其传说中的先祖杨四郎"安上了"羖颅头，从而达到进一步"神化"杨四郎的目的。何土司家族称其家神为"单千"，这恰好是其家族护法神藏名——"唐坚"的异音，同时，其家神也被叫作"祖师爷"，杨四郎被认为是其家族的祖先，这又明显包含着祖先崇拜的蕴意。

何土司家族精英为了维持家族内部秩序，有效地争夺象征性资源，以凝聚家族力量，扩展家族活动的公共空间，更重要的是利用强大的家族力量以维系统治，而逐渐将家族祖先进一步神圣化，将家族资源进一步整合化，将家族祖先和护法神合二为一，于是创造出了人身羖颅头的杨四郎形象。这种造神运动正是家族精英依靠对宗族话语权和民间文化诠释权的垄断，利用其在家族中的权威、地位和声望，有意识地将祖先和家神有机结合，并通过每年的祭祀仪式，逐渐渗入家族成员的思想中，使其固定化，并世代沿袭。在这种力量的作用下，家神崇拜被何土司家族认可，并融入

---

① 第司·桑结嘉措：《白琉璃》卷2，拉萨木刻本；［法］石泰安：《西藏的文明》，耿昇译，中国藏学出版社1999年版，第232页。

其祭祀圈之中，成为何土司家族的私家神祇。

第三，何土司家族的家神崇拜是汉藏文化相互交融的深刻体现。

中国汉族设立家庙，祭祀祖先之风，始于原始社会后期。司马光曾对此做过简练的概述："先王之制，自天子至于官师皆有庙。君子将营宫室，宗庙为先，居室为后。及秦，非笑圣人，荡灭典礼，务尊君卑臣，于是天子之外，无敢营宗庙者。汉世公卿贵人多建祠堂于墓所，在都邑则鲜焉。魏晋以降，渐复庙制。其后，遂着于令，以官品为所祀世数之差。唐侍中王珪不立私庙，为执法所纠，太宗命有司为之营，以耻之，是以唐世贵臣皆有庙。及五代荡析，士民求生有所未逭，礼颓教哆，庙制遂绝。"①

家庙本是汉族品官大臣祭祀祖先的地方。因此，家庙是封建等级制度的产物，是身份的象征，是一个家族的荣誉。《礼记·王制》规定："天子七庙，诸侯五庙，大夫三庙，士一庙，庶人祭于寝。"唐代时立庙祭祖之风盛行，并以五品官作为界限，五品以上之官员才可立庙。至五代，这种由国家法令规范下的家庙祭祀制度被破坏殆尽。但随着宋统治的稳定，士大夫们要求恢复家庙祭祀制度的呼声日益高涨，最终于皇祐二年（1050）12 月，宋朝对家庙制度作了一整套详细而具体的规定：

> 官正一品、平章事以上立四庙；枢密使、知枢密院事、参知政事、枢密副使、同知枢密院、签书院事以上，见任同宣徽使、尚书、节度使、东宫少保以上，皆立三庙；余官祭于寝。凡得立庙者，许嫡子袭爵（以主祭，其袭爵世降一等），死即不得作主祔庙，别祭于寝。自当立庙者，即其祔主。其子孙承代，不计庙祭、寝祭，并以世数亲疏皆祧；始得立庙者不祧，以比始封。有不祧者，通祭四庙、五庙。庙因众子立，而嫡长子在，则祭以嫡长子主之，嫡长子死，即不传其子，而传立庙者之长。凡立庙，听于京师或所居州县；其在京师者，不得于里城及南郊御路之侧。②

这标志着五代以来走向衰落的家庙制度逐渐得以恢复。从上面的这段

---

① 司马光：《温国文正司马公文集》卷 79《文潞公家庙碑》，《四部丛刊》初编，上海书店 1989 年版。

② 马端临：《文献通考》卷 104《宗庙考十四》，中华书局 2003 年版。

史料我们可以看出，有资格设置三庙的官员品级至少要达到从二品，其余的官员没有立庙的资格，只能祭于寝，这大大缩小了官僚立庙祭祖的范围。徽宗大观四年（1110），宋朝对家庙制度进行了调整，明确规定："文臣执政官、武官节度使以上祭五世，文武升朝官祭三世，余祭二世。"① 也就是说，从二品以上官员立五庙，正八品之上的官员立三庙，其余官员立二庙，这使得所有官员都有资格立庙祭祖，从而大大扩大了立庙祭祖的人员范围。

明清时期的家庙制度进一步完善化。光绪《大清会典事例》卷四五五《礼部·家祭》中记载：

> 品官家祭之礼，于居室之东立家庙。一品至三品官，庙五间，中三间为堂，左右各一间，隔以墙。北为夹室，南为房。堂南檐三门，房南檐各一门，阶五级。庭东西庑各三间，东藏遗衣物，西藏祭器。庭缭以垣，南为中门，又南为外门，左右各设侧门。四品至七品官，庙三间，中为堂，左右为夹室，为房，阶三级，东西庑各一间。余制与三品以上同（世爵公侯伯子视一品，男以下，按品为差等）。八九品，庙三间，中广，左右狭，阶一级。堂及垣皆一门，庭无庑，以箧分藏遗衣物，祭器陈于东西房，余与七品以上同。（在籍进士举人视七品，恩拔岁副贡生视九品）。堂后楣北，设四室，奉高曾祖祢四世，皆昭左穆右，妣以适配，南向。高祖以上，亲尽则祧，由昭祧者，藏主于东夹室，由穆祧者藏主于西夹室。迁室祔庙，均依昭穆之次，东序西序为祔位。②

明清时期允许一品至九品的所有官员设立家庙，并将这种特权从官僚扩大到了进士、举人、恩贡生等。清代庶民虽不能设立家庙，但已被允许进行四世祭祀：

> 庶士（贡生、监生、生员）家祭之礼，于寝堂之北为龛，以版别为四室，奉高、曾、祖、祢，皆以妣配。

---

① 马端临：《文献通考》卷104《宗庙考十四》，中华书局2003年版。
② 《大清会典事例》卷455《礼部·家祭》。

庶人家祭之礼，于正寝之北为龛，奉高、曾、祖、祢神位。[1]

藏族虽然也有祖先崇拜的思想，但在明朝时已然衰落。何土司家族设立家庙祭祀祖先显然是其深受汉族影响，家族文化发生重大变迁的表现，但在何土司家族的祭祀中同时也融入了藏族文化的诸多因素。何土司受封河州卫世袭指挥同知，从三品，依明制，三品以上官僚可设五庙，庙内由西开始依次供奉高祖、曾祖、祖、父的神主。何土司家族虽借鉴了汉族立庙祭祖的习俗，但其具体形式和内容却有所不同。

现存何土司家族的家庙正中立一神龛，神龛中供奉着何土司家族的家神——"殁颅单千"。神龛两侧则悬挂着何土司家族历代土司中功勋卓著的几位先祖的彩色画像，他们依次是何锁南、何铭、何敏、何英、何勋、何扬威、何武。他们的形象同样也被神化，皆头顶光环，脚踏祥云。这也非常类似于中国宋元时期在汉族社会中非常盛行的影祭，即祭祀祖先画像而非神主。正如王禹偁所言："古者自天子至士皆有家庙，祭祀其先，以木为神主，示至敬也。唐季以来，为人臣者此礼尽废，虽将相诸侯多祭于寝，必图其神影以事之。"[2]

综上所述，何土司家族实际上是将汉族的祖先崇拜与藏族的家神崇拜结合起来，既学习汉族设立家庙祭祀祖先，同时又将藏族信仰的家神供奉其中，这显然是汉藏文化相互交融的深刻体现。

二　家族的记忆

何土司家族一方面始终刻意不提自己的具体族属，似乎完全忘记了自己的历史和传统；另一方面何土司家族不将何锁南作为家神崇拜，却将自己的始祖与一位显然完全不属于自己文化范畴的汉族小说人物杨四郎联系在一起，并奉为家族的图腾。我们现在关注的是这种忘却和联系到底是如何发生的，其背后又隐藏着什么样的社会场景。

近年来国内外一些历史研究强调的历史记忆的理论，为我们解读何土司家族的家神崇拜提供了很好的视角。这种理论受到社会学和社会心理学研究中"集体记忆"或"社会记忆"理论的启发，指出在社会的"集体

---

[1]　冯尔康等：《中国宗族社会》第4章，浙江人民出版社1994年版。

[2]　王禹偁：《小畜集》卷14《画祭》，文渊阁《四库全书》，台北商务印书馆1986年版。

记忆"中，有一部分以该社会所认定的"历史"形态呈现与流传，人们借此追溯社会群体的共同起源（起源记忆）及其历史流变，以诠释当前该社会人群各层次的认同与区分，被称为"历史记忆"。在"历史记忆"的结构中，通常有两个因素——血缘关系与地缘关系。它强调历史其实是各个不同时代的人在当时社会场景下的一种社会记忆，认为"一个社会组织或群体，如家庭、家族、国家、民族等，都有其对应的集体记忆以凝聚此人群"，而这种集体记忆"常常是选择性、扭曲的或是错误的"。既然有记忆，也就有忘却和失忆。当然这种历史失忆不仅仅是指因为年代的久远，一些客观历史事件、人物、地点未能被人们记住而湮没在历史当中，而有些失忆是主观的，我们更加注重失忆的主体通过有目的的忘却某些历史而满足某种历史需要，即所谓的"结构性失忆"。我们认为历史记忆与历史失忆同样重要。因为这两者中最重要的部分都是群体的共同起源的历史，历史记忆维持群体的凝聚，而历史失忆则重组和创造凝聚。①

（一）王朝的更迭造成政治利益环境的变迁，使得何土司家族希望通过对于何锁南祖先的"结构性失忆"，以及重构新的祖先传说的"集体记忆"，重新得到新王朝的认可，以维护其统治的正统性

元朝实行民族分化等级制度，即将国人分为蒙古、色目、汉人、南人四等。实际上又大致可分为两个等级，即蒙古、色目为统治阶级，汉人、南人为被统治阶级，而藏族也属于第一等级，他们在居官入仕、科举入叙、刑罚服色、征发马匹、收藏兵器等方面都享有种种特权和优待。

元朝建立之初，即在中央专设宣政院，管理藏区，其位同于中书省和枢密院。终元一朝，共有 8 位皇帝，每个皇帝都封有帝师，先后有 14 名藏传佛教萨迦派僧人出任帝师一职。帝师地位极为尊崇，《萨迦世系史》记载："八思巴到达朝廷后，在他三十六岁的阳铁马年（1270），当皇帝再次请求传授灌顶之时，改西夏甲郭王的玉印为六棱玉印，连同诏书一并赐给，封八思巴'皇天之下，大地之上，西天佛子，化身佛陀。创制文字，辅治国政，五明班智达八思巴国师'。所奉献大供养为白银一千大

---

① 参考王明珂《历史事实、历史记忆与历史心性》，《历史研究》2001 年第 5 期。

锭，绸缎五万九千匹。"① 可见，包括何锁南在内的吐蕃上层人士，在元朝深受统治者的信任，得到极高的礼遇，并握有实权。何锁南在元朝担任过中书省平章政事，即丞相，又调任吐蕃等处宣慰使司的宣慰使司都元帅，乃安多藏区的最高军政长官，这在明朝都是绝不可能的。

元亡明兴之后，汉族不仅是全国的主体民族，也成为统治民族。明朝统治者对少数民族首领表面上采取的是怀柔政策，实则是在利用控制，并心存芥蒂，所谓"非我族类，其心必异"。因此，少数民族首领不可能真正得到统治者的信任，往往是有职无权，有权无实。西北少数民族首领虽然被授予原官，镇戍原地，并允其世袭罔替，但同时又委派了大量的汉族流官，驻戍大批屯军，对其进行监管，西北各军事卫所的统治大权一般都掌握在汉族出身的流官手中，土官只是为之佐而已。

由于王朝的更迭带来的政治利益环境的变迁，使得何锁南面临新的政治困境，其当务之急则是如何获得中央王朝的真正信任。所以，何土司家族多次率兵参与明朝的军事行动，甘打头阵，视死如归，立下赫赫战功，以获取明廷的信任。不仅如此，要想真正消除汉族统治者的芥蒂之心，关键在于模糊民族的差异，由"他族"变成"我族"。于是何土司家族通过对家族祖先的"结构性失忆"，以及重构新的祖先传说的"集体记忆"，将汉族百姓崇拜的杨四郎奉为家族图腾，并通过祭祀活动不断强化这种记忆，从而完成民族认同的变迁，表明自己的"我族"身份，以真正得到新王朝的认可和信任，维护其统治的正统性。

（二）河州地区民族构成的变迁，使得何土司家族陷入族群认同的困境

河州地理位置重要，历来是中央王朝与各少数民族的争夺之地。唐中叶以后吐蕃占领河、湟、洮、岷地区，并统治此地长达 300 余年，藏族成为当地的主导民族，藏族的分布范围也向东扩展到今甘肃天水、陇西、平凉、庆阳一带。元朝时更是将统治藏区的三大机构之一——吐蕃等处宣慰使司都元帅府设于河州，从而进一步巩固了河州作为脱思麻藏区中心的地位，并任命了包括何锁南在内的藏族上层人士担任最高长官。明初，邓愈克河州，沐英征西番，以镇西武靖王卜纳刺和何锁南为首的河州、西宁等地的吐蕃、蒙古首领前来归降，河州的吐蕃势力受到一定削弱，逐渐收缩

---

① 转引自萧蒂岩《元明汉族史家笔下的八思巴》，《西藏研究》1983 年第 1 期。

至河州以西地区，并开始丧失作为河州主体民族的地位。明中叶以来，蒙古俺达汗部崛起，驻牧青海，河湟地区的藏族再度受到蒙古人的重创。元朝的脱思麻藏区，明朝时几乎从史籍中销声匿迹，大多受到汉族影响，分化为熟番，羁绊在土司制下。清朝，罗卜藏丹津之乱平定后，河湟地区藏族的活动被划定在固定的区域内，不得轻易逾越，寺院的喇嘛也被限定编制由国家供养，并在西宁设立了驻藏机构，推行乡约制度，加强对藏族的管控。明清时期对于藏族势力的打压和限制，使得河州已由藏族的中心地区变为边缘地带，而处于族群边缘的何土司家族又面临新的民族认同的困境。

回族进入河州是从香料之路来的，但主要是从丝绸之路进入。河州乃是西域进入中原的第一站，地理位置得天独厚，随蒙古军队西征带来的大量大食、波斯、中亚的穆斯林军士、工匠、平民等，屯驻河州地区，"蒙古征伐戎狄，恒以回队为前锋，以其性多勇也，具有团结力"①。公元1273年，元世祖忽必烈下令屯戍的色目人"随地入社与编民等"，于是为数众多的色目人落为民籍，定居河州。河州自古就是一个多民族聚居的地区，又处于汉、藏两大文化圈的中间地带，从而形成了多元鼎立和兼容并包的文化特质。河州还是重要的贸易集散地，外来人口较多，人口流动性较大，所以河州对于外来民族是包容而非排斥，是鼎立而非对立，这又为回族进入河州提供了较为宽松的环境。明朝实行的土流参治制度，吸收一部分少数民族上层进入政府行政系统，较好地处理了当地的民族关系，营造了一个融洽、和谐的民族氛围。明代以来，对于河州一带藏族势力的打压，使得藏族势力迅速收缩，这就出现了一定的空白地带，而明初的移民实边又不失时机、恰如其分地弥补了这一空白，大量移民的涌入却不会遇到过多的阻力和困难，其中不乏大量回族。河州回族的繁盛也与中央政府推行的民族政策相关。河州许多人迫于明初"禁胡服、胡语、胡姓"，严禁胡人族内通婚的规定，以及明清以来一系列歧视性政策的强大压力，相继皈依了伊斯兰教，成为河州回族的一部分。因此，河州回族中素有藏回、蒙回、东乡回、撒拉回、保安回等众多成分，而更多的则是汉回。

元朝时河州回族先民并不令人瞩目，明初邓愈兵克河州之后，令韦正

---

① 穆寿祺：《甘宁青史略》卷13。

驻守，"正初至，城郭空虚，骼货山积，将士咸欲弃去"[1]。据明嘉靖《河州志》记载，此时河州回族人口也只不过 5 万人左右[2]，而清康熙时河州回族人口已达 12 万之多。[3] 随着河州回族的发展壮大，其自身结构也发生了明显的变化，一大批新兴的回族大封建主、商人在明中叶以后异军突起。他们通过购买土地、宅院组成了新的回族聚居区，摆脱了藏族土司的管束，甚至与之分庭抗礼，争夺土地、农户，清代河湟一带多次爆发回族起义，更是铸就了显赫一时的马家军阀。回族逐渐成为河州地区的主要民族。

汉族虽早在西汉时期就已进入河州地区，但唐安史之乱之后汉族在该地呈式微之势已是不言而喻。自明代以来，伴随着屯戍边疆卫所军队的到来，大量汉族移民来到河州。明代河州卫的军士达到近万人，正军之外尚有舍丁、军余。粗略估计，随同迁往河州的家属等就达十万人之多。而嘉靖年间河州民户总共只有五千二百八户，九万八百四十五口，[4] 与军户人口大致相当。明代卫所军屯具有三大特点：（1）驻地固定，无朝廷命令不得随意变动；（2）军皆世籍，父死子继，军籍与民籍完全分开。（3）凡为军者结婚后需带妻室前往驻地。《明史·兵志》即言："军士应起解者皆金妻。"[5] 明代卫所军制的这些特点，使得驻屯的汉族军队，成为当地的永久居民，这使得汉族在河州地区的人口不断增多。民国时张其昀在《青海之山川人物》中的一段文字即反映了上述情况："今吾人于西宁附近所见妇女之弓鞋，犹存明代之遗风。甘肃临潭、岷县一带妇女亦着弓鞋，《洮岷志》称之曰凤阳婆，盖明初军队多安徽凤阳籍，开抵洮湟，移民屯田，淮上妇女随之俱来，故一部分女子服饰犹存故风。"[6]

明代以来，伴随着藏族、蒙古族势力的收缩以及回族、汉族势力的迅速崛起，河州地区的民族构成发生了重大变迁。作为藏族首领的何土司家族，其势力、影响本在藏族内部，民族构成的变迁无疑加剧了处于族群边

---

① 夏燮：《明通鉴》卷 1《太祖洪武元年戊申》。

② 据嘉靖《河州志》卷 1《贡赋》推算。

③ 据康熙《河州志》卷 2《田赋》推算。

④ 吴桢：《河州志》卷 1《食货志》。

⑤ 《明史》卷 89《兵一》。

⑥ 张其昀：《青海之山川人物》，《西陲宣传公署月刊》1936 年第 1 卷第 4、5 期，第 213 页。

缘的何土司家族在当地的孤立局面和政治困境，并由此演化为族群认同的危机。何土司家族为了摆脱这种危机，通过重新创造自己家族起源的记忆，或主动或被动地进入华夏文化圈，完成族群认同的变迁，在地方政治中以抵抗邻近强势族群的宰制，也不失为一良策。

正如王明珂所指出的："族群边界环绕中的人群，以共同的祖先记忆来凝聚，因此个体和人群都借着改变原有的祖先记忆，来加入、接纳和脱离一个族群，造成族群认同的变迁。"①

（三）儒家文化与伊斯兰文化在河州地区的相继兴起，又为何土司家族带来了文化认同的危机

河州文化可谓是中华文化的一朵奇葩，多民族的聚集建构了河州文化多元鼎立和兼容并包的特质。但其文化虽然多元，却有主流；虽然兼容，但有核心。早在十六国时期，河州就是佛教传承最为兴盛的地区之一。炳灵寺是四方佛僧云集、讲经弘法的著名寺院。据《高僧传》记载，西秦时期包括法显大师在内、到河州一带弘法的大师就达十余位，释经二十余卷。公元 9 世纪，达玛灭佛之后，玛尔·释迦牟尼、藏饶赛和约格迥"三智者"正是来到河湟地区，以丹斗寺为基础，建寺收徒，弘扬佛法，揭开了藏传佛教再度复兴的序幕。尤其自唐中叶以来，吐蕃长期统治河州，藏文化成为河州地区的主体文化，河州一度成为藏传佛教的中心。公元 1255 年，帝师八思巴就曾离开忽必烈的营地，来到河州附近跟从由西藏请来的各教派的高僧涅唐巴·扎巴僧格、恰巴·却吉僧格等人接受比丘戒，完成了成为一名佛教僧侣的全部仪式。蒙哥汗在位时期，噶玛巴什同样是来到河州，"并将二十四座城池所有之如意宝树集聚起来，在低谷有树林及风水佳盛之处，请求神佛驾临，于是其时上下均被如来佛像所布满"，并得到"只要凭藉众多寺院，凡事均可行"的佛教启示②。八思巴的封地同样位于河州，《汉藏史集》记载："在河州的热布卡地方，有属于囊索管辖的庄园，在城墙根有叫做拉哇城的，再往下有叫做典康谿的庄园，这些是按照圣旨奉献给上师八思巴的份地，不负担府库及驿站等汉地、吐蕃的任何税负差役，不在编籍之内。据说有可下五百蒙古克种子的

① 王明珂：《华夏边缘——历史记忆与族群认同》，社会科学文献出版社 2006 年版，第 4 页。

② 黄颢：《〈贤者喜宴〉译注三》，《西藏民族学院学报》1987 年第 1 期。

土地。"① 可以说，河州曾是藏文化的中心地区之一。但自明清以来，伴随着中央政府对河州藏族的打压和限制，河州藏族要么西迁，要么汉化，使得藏文化在河州迅速衰落，而汉文化和伊斯兰文化则快速崛起。

明代以来儒家文化不仅快速回归河州地区，而且引领着该地的主流文化。借用左宗棠的话来说，甘宁青地区"汉蒙回番杂处其间，谣俗异宜，习尚各别。汉敦儒术，回习天方，蒙番崇信佛教……置省以来，诸凡建设，或创或因，于武备尚详，而文治独略"②。依照左宗棠的看法，儒家文化之所以回归河州地区是依靠了强大的政治、军事力量，乃"武备尚详"之故。明、清《河州志》中记载的64位历任河州知州，均是来自内地的汉族，且大多出身进士。他们与民间文化传播一道，对推动该地区政治、经济、文化的发展起到了至关重要的作用。诚然如此，强大中央政权的支持、推动固然重要，但汉文化自明代以来能成为河州文化的主导，关键在于其内部先进的科技因子，它推动了河州地区文化的进步，尤其是大批屯兵的到来，将先进的农业耕作技术带到河州，推动了当地由游牧文明向农业文明的发展，明代嘉靖年间河州"民地三千五百五十八顷八十四亩有奇"，而"屯田共三千四百五十二顷七十三亩"③，屯田数与民地数大致相当，这显然说明汉族军士的到来对河州农业文明的发展作出了巨大贡献。汉文化先进的科技因子犹如一条不可缺少的、更无法替代的文化纽带，把该地区各少数民族的文明进程与先进的科学文化紧紧联系在一起，进而为汉文化在当地的兴盛奠定了牢固的基础。汉文化代表着河州文化的发展方向，河州各少数民族虽语言风俗、宗教信仰各不相同，其近代化的历史进程也先后不一，但近代化发展的方向都是沿袭汉文化的，这一点即使在今天也是如此。

清代以后，伊斯兰文化在河州异军突起。如果说河州藏族文化的特质是古老厚重，汉族文化的特质是先进前卫，那么经商文化的发达则是伊斯兰文化的基石。在河州的多元文化之中，伊斯兰文化是最晚进入河州地区的，它要在汉、藏两大强势文化的夹缝中破土而出，并占据自己的一席之地，商业贸易为其提供了经济基础。明代对伊斯兰民族虽然实行"转相

---

① 达仓宗巴·班觉桑布：《汉藏史集》，陈庆英译，西藏人民出版社1986年版，第170页。

② 左宗棠：《请陕甘乡试分闱并分设学政疏》，《皇朝经世文续编》卷53。

③ 吴祯：《河州志》卷1《食货志》。

化导"的民族政策，但其"禁胡服、胡语、胡姓，严禁胡人族内通婚"的规定，显然仍旧带有民族歧视的色彩。通过经商扩大本民族的实力是河州伊斯兰民族获得国家认同、增强民族自尊心的主要途径。农耕经济与游牧经济的巨大差异，为河州的伊斯兰民族提供了绝好的商机。汉、藏两地广阔的空间既是商品销售的巨大市场，又是源源不断的原料供应基地。历史选择了河州伊斯兰民族，他们以其良好的商业素质、重商乐商的文化传统以及吃苦耐劳的民族精神，建构出一座通衢八方的商业桥梁，在河州的经济文化中占据了不可或缺的重要地位。费孝通先生在《临夏行》中写道："我认为必须有人把提高牧民生活所需的用品送到高原上去换取牧业产品，但不应该忘记藏族牧民居住在三千米上下的高原和交通十分不方便这一事实。商品自己不会走动，要有人去运输，还要有人去出售，这支队伍在哪里呢？藏族牧民很少有商品意识，汉人又大多不习惯在高原上活动。我曾为此发愁，这次访问临夏，却见到这支队伍事实上已形成，而且正在活动，这支队伍主要就是历史上形成的、生活在陇西走廊里的回族。"① 所谓"学而优则仕"，汉族获得他人认同的方式是通过科举，步入仕途，一旦金榜题名，那就是荣华富贵，显赫一生。而河州地区的伊斯兰民族长期生活在边远地区，信息闭塞，文化的发展受到经济、宗教等诸多因素的限制。其通儒达经的水平自然与内地不可同日而语，即使在河州与当地汉族相比，也难以望其项背，常常受到以士大夫为代表的主流社会的歧视。河州地区明清两代中进士的六人之中，除马应龙之外，其余无一人是伊斯兰民族。因此，伊斯兰民族恰恰将汉族视为"末流"的经商作为平衡民族心理、获得民族自尊心的主要手段。在多民族共存的文化圈中，一个民族的自尊心往往与这个民族在该文化圈中受认可的程度相辅相成。在河州，穆斯林的经济实力往往在汉族之上，这不仅增强了伊斯兰民族的实力，提高了民族的自信心，而且使伊斯兰文化立足于河州的主流社会。甚至在河州文化中逐渐占据主体地位。一部分穆斯林也正是通过经商这一途径成为河州当地有影响力的核心人物。此外，门宦制度的兴起也是伊斯兰文化在河州快速崛起的重要表现。

面对伊斯兰文化的异军突起，有些藏族群众皈依了伊斯兰教，甚至出现整个藏族部落改信伊斯兰教的状况，即所谓的"藏回"。19 世纪中叶，

---

① 费孝通：《临夏行》，《瞭望》1987 年第 23 期。

法国传教士古伯察在西藏考察时曾发现："西藏人（以及克什米尔人——信仰伊斯兰教的西域人）声称自己不大尊重汉人，因为他们认为这些人是不信宗教者。"① 可见，少数民族对于宗教信仰的虔诚心态，很容易使他们以此为尺度来划分彼此间的亲疏。对于信教者，尽管所信之教并非相同，但有时仍能产生出一种虽非同类却异常亲近的感觉。但笔者认为这种"伊斯兰化"更主要地表现为一种文化的博弈，是弱势文化群体在面对强势文化时所作出的必然选择。

同样，何土司家族自明初归附中央政权以来，可谓是忠心耿耿，屡立战功，对于西北边疆尤其是藏区的稳定做出了不可替代的贡献。但在明清时期河州地区文化发生巨大变革之中，中央政府并未能帮助何土司家族解决身份认同问题。藏文化在河州地区的衰落已是大势所趋，何土司家族"选择"杨四郎作为家族图腾，正是其面对强势伊斯兰文化的日益逼近，为维护自身统治的正统性，走出这种文化的困境，推动自身文化转型所作出的一种努力。当然，这一过程更多地是在潜移默化、不知不觉中进行。何土司家族选择杨四郎作为家族图腾，也恰恰反映了其对汉族身份的渴望。

（四）何土司家族的家神崇拜显然是一种"攀附"心理，这种"攀附"又是一种特殊的身份认同，这种特殊的身份认同代表着另一种生存策略

在非汉族族群与汉族中央政权的互动过程中，非汉族族群往往面临两种抉择，一种是"攀附"，另一种则是"抵抗逃遁"。所谓"攀附"则是华夏周边的非汉族族群通过祖先传说、家族族谱等，与汉族建立想象中的血缘联系，这是在整个中国历史时期普遍存在的现象。然而，生活在东南亚大陆和我国西南部的一些族群，却选择了"抵抗逃遁"，他们想方设法地逃离环绕周围的国家政体所推动的同化和管治计划。如果这些族群不逃遁，他们在国家的统治下也将不可避免地被同化到主体民族中，并丧失土著族群本身的身份认同。

本书重点关注的是非汉族族群的攀附心理。在我国的贵州东南部生活着一支特殊的族群——僙家人，约有5万多人，被"联合国保护世界乡土文化基金会"列为世界18个少数民族文化保护圈之一，他们一般被认为

---

① ［瑞士］来歇尔·泰勒：《发现西藏》，耿升译，中国藏学出版社1999年版。

是苗族的一支，但这一论断遭到僰家人的坚决反对，因为他们也拥有自己的语言、服饰和风俗，所以僰家也是一个至今仍有待识别的民族。僰家民间保存着一个被称作"武丁射日"的神话传说：

> 一个叫"武丁"的英雄，他的射艺非常好，将天上的六个太阳和六个月亮射了下来，只剩下一对太阳和月亮，将人类从炽热的光照中解救出来。这名神话英雄被名叫"蚩尤"的恶魔所击败，逃入深山中，娶了一名发声像"僰家"语的聋妇，从此繁衍了僰家这个族群。当蚩尤再次残害侵扰世人，武丁召集了族人协助黄帝将蚩尤击败和杀死。胜利之后，黄帝赏赐给武丁一套将领军服，武丁将之转交给他的女儿，成为了现在僰家妇女的传统盛装服饰。

　　根据僰家妇女的服饰中类似射箭的头饰和各种的传说与习俗，有的学者推断僰家的祖先武丁就是汉族神话传说中的后羿，而他们是"羿"的后人，僰家祖先的发现很快便在广大僰家群众中广泛传播。位于贵州凯里市的麻塘村已经准备建造一座 3 米高的后羿雕像，放在村的进口处，用以标示僰家的族源共祖。①

　　僰家的族源传说与何土司家族似乎如出一辙，同样是在"攀附"这一文化概念下，循一固定模式去回忆与重塑"历史"，与汉族建构想象中的血缘联系。这是一种特殊的身份认同，更代表着另一种生存策略。

　　僰家的祖先传说是在国家的民族识别计划中，抗拒苗族的身份并寻求国家承认他们所自称的单一民族类型的一种努力。蚩尤"被追认为"是苗族的祖先，但在僰家的祖先传说中却被认为是"恶魔"，并被僰家的祖先与汉族的祖先共同击败和杀死。僰家人希望通过这一"历史记忆"，划清与苗族的族群边界，强调本民族的主体身份认同，并为了得到国家主体民族汉族的认可，又与汉族族源建构某种联系。

　　何土司家族建构与汉族的血缘联系，同样是在面对河州地区局势的剧烈变动中，而采取的一种"攀附"。何土司家族自六世祖何勋四处征讨、战死沙场之后，其后代子孙几乎再未作为主帅出兵平叛，也未能加官晋

---

① 参考刘芝风《寻找羿的后人》，人民出版社 2005 年版。

爵，只是世袭原职，更已失去了何锁南时期在藏区的巨大影响力和号召力。可以说，何土司家族已经在逐渐淡出中央政府的视线。从整个河湟地区而言，何土司家族是以政治上的归附、军事上的藩篱为契机，在河湟地区占有不可替代的一席。尤其是在军事上，与中央王朝保持密切联系，并共建河湟防御体系，以隔绝番房，维稳边疆。所谓共建是指中央王朝以其军事威慑和重点征讨为河湟土司提供保护，而河湟土司反过来又以分关把守、层层藩卫为中央王朝担当藩篱。作为元末包括河湟地区在内的整个安多藏区的最高统帅，何锁南在归附明朝之后，自然也成为少数民族在这一地区的最高代理人。明初河湟防御体系的中心是河州卫，并将西安行都指挥使司设于河州，其地位相当于吐蕃等处宣慰使司。洪武十年之后，明朝相继增设了岷州卫、洮州卫，西安行都指挥使司也被移至甘州，河州卫的战略地位随之下降。明代中期以后，东蒙古不少部落先后移牧西海，并胁迫诸番，进攻明朝边地，抢掠诸族，史称"海寇"，这成为明代嘉靖至万历朝数十年的重点防御对象，于是西宁卫在河湟防御体系中的中心地位随之日益突出。正如《西宁卫志》所描述的那样："西宁方隅千里，火、真墩其南，生番聚其北，东接松庞，西阁海酉。而宾兔、巴兔、着力兔、克臭、哈坛巴都、沙剌、永邵卜、瓦剌他卜囊校联绕之。西宁如以孤缒悬弹丸，掷之群房掌中，左右前后，无所倚仗。堂皇篱落，自为中外吁危矣。所恃者，通年碳榨、暗门、边墙、水洞、城堡、营寨、墩堠栉次鳞比，在在创造，时时增修，足少恃焉。"[1] 明万历十二年（1584），为了防卫西海蒙古，西宁卫驻军由嘉靖年间的 4500 余名增至 9710 名。万历十八年（1590），明朝更是派朝廷重臣、兵部尚书郑洛经略青海。

随着河州战略地位的下降和西宁卫作为河湟防御体系中心地位的巩固，西宁卫下辖土司得到朝廷重用，实力日益增强。如"李、祁二巨族，众数万人，咸习弓马"[2]，"李家土兵四百一十名，食粮；祁家土兵五百名，不食粮。或番夷大举，族长率领策应"[3]。李英、李文二土司多次率军平定叛乱，立下赫赫战功，先后被封为会宁伯和高阳伯，秩正一品。又如西宁卫土司祁秉忠早年率所属土兵多次参加抵御西海蒙古的战争，由指

---

[1]　苏铣纂修：《西宁卫志》卷1《地理志》。

[2]　周一敬：《甘肃镇考见略》。

[3]　杨应琚：《西宁府新志》卷18《武备·兵制》。

挥同知积功升至甘肃总兵官，后因其"智勇兼资，威名夙著，且多蓄健卒"①而被调赴辽东抗击后金，成为一代名将。

明代中期以后，河湟地区其他土司势力迅猛发展，并被朝廷所倚重，尤其是在肃清"海寇"，明末协助朝廷镇压农民起义等方面，河湟土司发挥了重要作用。而何土司家族却在不断衰落，逐渐失去了其作为中央王朝在河湟地区主要代理人的角色。何土司家族深切感受到，自己已经不被朝廷所重用，更无功可建，面对河州地区藏族势力的江河日下以及伊斯兰文化的咄咄逼人，也许只有"攀附"汉族，进一步融入华夏文化圈，才是不被中央王朝"抛弃"的唯一途径。不管是主动抑或是被动，何土司家族最终选择了汉族中的英雄人物杨四郎，通过与这位英雄的血缘联系，构建何土司家族的汉族身份认同。杨四郎是深受汉族群众崇拜的爱国将领，他的英雄事迹在民间广为流传。显然正是这种具有正面形象的影响力促使何土司家族选择了历史失忆，建立起符合新社会的文化身份和凝聚力。在新的文化环境中，以新的显赫身份，有助于何土司家族的长盛不衰、绵延久长。

（五）何土司家族"选择"杨四郎作为家族图腾，既是其家族的自我写照，也是向中央王朝彰显自己的赤胆忠心

何土司家族自明初归附之后，始终忠于职守，为朝廷立下赫赫战功，数百年来，一直"有捍卫之劳，无悖叛之事"②。永乐十年（1412）凉州土酋老的罕叛乱，何锁南之子何铭出征甘肃，同时明廷派丰城侯李彬、西宁侯宋琥等助剿。何铭勇猛异常，追虏至沙金城（今青海大通县境内），对敌而亡。何土司家族六世祖何勋在正德九年（1514），领兵征西宁，作战勇猛，斩番首十五。嘉靖五年（1526），又征洮州（今甘肃临潭县），守碾伯（今青海乐都县），斩虏首五。嘉靖九年（1530），再戍甘州，众敌临境，同百户孙福，先锋对敌而亡。③何土司家族一门忠烈，堪称楷模。

民间传说中的杨四郎也正是忠臣烈士神化和凝固的形象，是国家对军队将士英勇作战、拓土守疆的颂扬和瞩望，更是百姓对一代名将忠君爱

---

① 《明熹宗实录》卷3，天启元年三月癸亥。
② 《明史》卷310《土司传》。
③ 龚景瀚：《循化志》卷5《土司》。

国、视死如归的崇拜和缅怀。可见，杨四郎形象正是何土司家族战死沙场、为国捐躯的真实写照，是其家族世代忠于职守的自我赞誉，也是其拳拳赤子情的真实流露。正因为如此，"选择"杨四郎作为家族图腾，也正是何土司家族的自我塑造，通过年复一年的家神祭祀，何土司的后裔透过杨四郎形象折射出自我，看到了家族曾经的辉煌，并转化为他们的自我激励和慰藉，成为他们世代忠君的精神楷模。

三　"二悖现象"

何土司家族通过家神祭祀活动，不断强化对虚构祖先的家族记忆，这种"主动认祖"实际上却是在"主动背祖"，是在逐渐忘却本家族真正的起源历史，这种"二悖现象"正是处于族群边缘的何土司家族矛盾心理的体现。但同时也是何土司家族获取新的家族认同，重组和创造新的家族凝聚的重要手段。何土司家族从明朝初年建立，在周边众多土司家族衰落甚至消亡的大背景下，仍然能够生生不息、兴旺发达，历经多次重大变迁，至今仍保持同族聚居，家神崇拜的整合作用至关重要。

美国学者保罗·康纳顿在讨论社会记忆如何传播时，将社会记忆、纪念仪式、身体实践三者结合起来。认为社会记忆催生了纪念仪式，又在纪念仪式中得以体现，并在仪式中影响到个人。[①]

每年的农历腊月初一，报恩寺的尹喇嘛总会如期而至，来到何堡村为家神念经，村里人称为"东刚索"。上午全村的男性村民全部在家庙前集合，按辈分高低分行排列。随后由族长带领，向家神燃香、煨桑、跪拜。仪式结束后，族长会再次向村民讲述关于祖先和家神的传说，然后尹喇嘛便率领几名弟子念经超度，直到中午才能结束。最后由族长牵来一只羖颏，即山羊，在家神"羖颏单千"的面前转一圈，然后向山羊身上泼洒凉水，如果山羊随之抖一抖身子，即说明家神接受了，如果山羊并没有抖身子，则要再次向家神祭拜、煨桑，向山羊身上泼洒凉水，直到山羊抖一抖身子，表示家神已经接受，才可宰杀，并要将山羊头献于"羖颏单千"的帧子前，其余则由村民分享。每年的家神祭祀活动大约持续一天，这也是全村一年里的重大集体活动。虽然何土司家族的家谱已失，且其后裔散

---

① ［美］保罗·康纳顿：《社会如何记忆》，纳日碧力戈译，上海人民出版社2000年版，第124—125页。

居在今甘肃临夏、青海贵德等地，但大都知道自己的祖上是何土司，而且每年都会争取前往何堡村参加祭祀家神的活动。

据史书记载：北宋时期的著名宰相向敏忠，其家族庞大，成员众多。然而"自建炎南渡，中原故家崎岖兵乱，多失其序"。向敏中的后人向子态想要重整宗族，于是"纠合群从，恤孤继绝，始程氏书，建家庙，正神主，严祭祀事，思泽生产"①，从向子态的做法不难看出，"建家庙，正神主"是整合家族、维系血脉的重要手段。

何土司家族通过祭祀家神，共同分享并不断强化关于"祖先"的历史记忆，展现何氏家族悠久的历史以及祖先的功德，这已成为何土司后裔振兴家族、提升自己在当地社会的地位，加强对家族的认同感和荣誉感的重要手段。

四　余论

何土司家族的家神崇拜是以汉族民间传说中的杨四郎为原型，以藏传佛教中的护法神为神学功能，结合家族祭祀的仪式，整合而成的完整的家族祭祀圈。何土司的家神崇拜不是一次次简单的家族祭祀活动，而是包含着汉文化、藏文化，以及家族情感与希冀等诸多因素的家族神学体系。笔者认为，一个土司家族的长盛不衰除了需要政治上的赫赫战功，更得益于精神文化领域的建设。

何土司家族的家神崇拜正是将其家族的"起源记忆"神圣化、仪式化。并通过"历史失忆"和新的"历史记忆"完成族群认同的变迁。当然，"历史的失忆"与"历史的记忆"，并不能割断历史，反而为我们研究何土司打开了另一扇窗户，看到了土司家族鲜为人知的精神世界。历史失忆只是何土司家族在社会剧烈转型时期摆脱文化困境、政治困境的一种努力。只要社会发生剧烈变动，这种努力就会以"失忆"或者"记忆"或者其他形式表现出来。小到一个家庭、家族如此，大到一个民族、国家亦如此。例如，中国清末民初流行的"华夏民族西来说"，抗日战争时期国民政府迁都重庆时期出现的"禹兴于西羌"和"夏民族起源于四川"等研究，这也反映出民族精英们，在体认到民族困境时，重新诠释民族的

① 杨万里：《四部丛刊初编·诚斋集》卷130《通判吉州向侯墓志铭》，上海书店出版社1989年版。

祖先起源，以期达到新的民族整合，从而实现民族复兴的情感和意图①。

　　笔者认为，家神崇拜具有协调人际关系、促进村落团结，增强家族荣誉感的现实意义和功能，是现今构建和谐社会的重要人文资源。借鉴历史人类学的视角，将对于文化系统的理解加入历时性研究，以掌握文化变迁的内在动力与外在环境的互动特质。对于我们传承传统文化，并利用好传统文化，具有重要意义。何土司家族家神崇拜的历史人类学研究即是在这一方面的一个探索。

①　王明珂：《华夏边缘：历史记忆与族群认同》，社会科学文献出版社 2006 年版，第 43 页。

附录一

岷州包家族考述

岷州"西亘青海之塞，南临白马之氐，东连熙巩，北并洮叠。内则屏翰蜀门，外则控制边境，为熙河重地"。宋神宗熙宁五年（1072），王韶发动熙河之役，青塘族大酋俞龙珂率先投诚，成为北宋熙河之役取胜的关键。俞龙珂降宋后被赐名包顺，迁居岷州，是为包家族之始祖。明代时更有其后裔包阿速受封岷州卫指挥同知，成为世袭土司。包家族历经宋、元、明等数朝，绵延不绝，枝繁叶茂，对岷州地区的政治、经济、文化等产生了深远的影响，成为当地著名的豪门大族。然而对岷州包家族的研究，只见汤开建、杨惠玲的一篇论文①，对包家族的由来、包家族的迁徙以及包家族与宋、金朝的关系等作了详尽研究，但仍有未尽之意，故本人愿在前人的基础上，做进一步的考述，不足之处，祈请指正。

一 包家族的族属问题

岷州包家族的研究，由于时代久远，常因苦于史志记录的简约和缺省而难以深入，而甘肃岷县《二郎山铜钟铭文》的保留为我们研究包家族提供了新的史料。

岷县二郎山位于县城东南，山上建有一座古色古香的小亭，亭中挂有一口铜钟。该铜钟铸于洪武十六年（1383），是为庆祝岷州卫军民指挥使司的设置以及城垣建筑完毕而铸造的。铜钟通高 1.65 米，口径 1.23 米，壁厚 8—10 厘米，重达 3000 多斤，原挂于岷县城内的钟楼，清末钟楼毁

① 汤开建、杨惠玲：《宋、金时期安多藏族部落包家族考述》，《民族研究》2006 年第 1 期。

于兵燹，于是移存至岷县宣道会。1945 年当地集资修建二郎山钟亭，并将铜钟移至二郎山。二郎山铜钟上刻有铭文 3000 余字，主要分为两部分：第一部分记载了设置岷州卫的史实；第二部分记录了岷州卫的各署官员。铜钟部分铭文已模糊不清，现将根据拓片整理的《二郎山铜钟铭文》中与本文相关的内容摘录如下

> 明威将军佥岷州卫军民指挥司事马烨，淮东六合县人。洪武十一年秋八月，钦奉天子制开拓岷州卫……紫宸宫……皇图，钟鼓合鸣……天听，世世生生广为□□，敬以赞曰：铸钟功德之缘□妙……之法，交穹响亮之声，以□□封疆之万里。祝圣寿以无量□□齐眉之万岁。烨等仰……天乾圣永为亿载之……祈保宁谧之丰……降临坛所普济……阴功共成圆满。
>
> 洪武十六年九月初六丙午日
>
> 本卫官
>
> 明威将军岷州卫军民指挥使司守御官：马烨
>
> 广威将军指挥佥事：姚贞、潘贵、杨政
>
> ……
>
> 合署官
>
> 十八族军民千户所
>
> 武略将军副千户：包旺
>
> 昭信校尉百户：马珍、包木明肖、包辇占肖、包阿速、包答蛮、郎扎即、包扎秀、赏占密
>
> 忠显校尉所镇抚：陈坚、谈谷智
>
> 忠翊校尉都管：成那速、包□、包辇占、包速南党、成先宜、□速南党只……
>
> 吏目：谭□
>
> ……

《铭文》中岷州卫十八族千户所下的包姓官员皆是岷州包家族成员。明洪武三年（1370）卫国公邓愈兵克河州（今甘肃临夏回族自治州），吐蕃等处宣慰使司都元帅何锁南普，招抚归诚。第二年，明王朝即在河州设卫，"置千户所八：曰铁城、曰岷州、曰十八族、曰常阳、曰积石州、曰

蒙古军、曰灭乞军、曰招藏军；军民千户所一：曰洮州；百户所七；曰上寨、曰李家五族、曰七族、曰番客、曰化州等处、曰常家族、曰爪黎族；汉番军民百户所二：曰阶文扶州、曰阳砸等处"。同年，"西番十八族元帅包完卜乩、七汪肖遣侄打蛮及各族都管哈只藏卜、前军民元帅府达鲁花赤坚敦肖等来朝，诏以包完卜乩为十八族千户所正千户、七汪肖为副千户，坚敦肖为岷州千户所副千户，哈只藏卜等为各族都管"①。洪武五年（1372）二月，"西蕃十八族千户包完卜乩等来朝，贡马。诏赐文绮、衣服、靴袜有差"②。十八族千户所初归河州卫管辖。洪武十一年（1378），明王朝又"命西平侯沐英率陕西属卫军士城岷州，置岷州卫镇之"③。十二年（1379），岷州卫除直属的左、中、右、前、后五个千户所外，明廷又将阶州、汉阳、礼店、洮州、岷州、十八族番汉军民千户所等原本由河州卫管辖的千户所全部转归岷州卫节制。而铜钟为洪武十六年所铸，故《铭文》中的十八族千户所为岷州卫属。值得注意的是《铭文》中昭信校尉百户包阿速，后因功升为岷州卫指挥同知，成为当地著名的世袭土司。包阿速之子鬼儿，鬼儿之子曾，曾之子海，海之子虎，虎之子贵，贵之子世英，皆袭职，传至明隆庆年间，共承袭七代。④然而据康熙四十一年成书的《岷州志》等史料记载来看，清王朝在岷州封授的土司计有：土副千户赵氏，土百户马氏，土百户后氏，土百户赵氏，土百户后氏，蕃僧纲司后氏等六家，并未见到包土司家族，只有清代光绪年间包家族后裔举人包世禄及其兄贡生包世福见于史料⑤，可见包土司家族在明末清初就已断袭。

包阿速与明初受封的十八族千户所正千户包完卜乩同属岷州包家族。据《甘青土司志》记载，包阿速为波忒国三叠族人⑥，波忒国为吐蕃异译，那么包家族的族属是吐蕃三叠族，而明实录记载，包完卜乩又为西番十八族首领。由此推断吐蕃三叠族应属于西番十八族。那么西番十八族的族源又是何族？它还有没有其他部族呢？

---

① 《明太祖实录》卷60，洪武四年春正月。

② 《明太祖实录》卷72，洪武五年二月壬寅。

③ 《明太祖实录》卷119，洪武十一年六月。

④ 张维遗稿，张令瑄辑订：《甘肃、青海土司志》，《甘肃民族研究》1983年第12期。

⑤ 岷州志编纂委员会：《岷州志校注·岷州续志采访录·孝义》，第464页。

⑥ 张维遗稿，张令瑄辑订：《甘肃、青海土司志》，《甘肃民族研究》1983年第12期。

西番十八族应源于北宋时期的青唐族。青唐族是宋代古渭州（今甘肃陇西）地区的吐蕃大族。"青唐"并非专指唃厮啰政权之都城——"青唐城"（今青海省西宁市），在古渭州之北亦有青唐。宋熙宁四年（1071）八月，宋廷"置洮河安抚司，自古渭寨接青唐武胜军，应招纳番部市易，募人营田等事，并令韶主之"①。《宋史》卷三三一《马仲甫传》云："古渭介青唐之南"。王韶《平戎策》亦云："夏人比年攻青唐不能克，万一克之，必并兵南向，大掠秦、渭之间，牧马于兰、会，断古渭境，尽伏南山生羌。"②显然，古渭州之"青唐"并非河湟之"青唐"，青唐族并不居住在河湟地区的青唐城，而是生活在古渭州境内。

在秦渭各族中，"青塘族有七八万人"③，且"青唐族最强，据其盐井，日获利可市马八匹"④。《宋会要辑稿》一九九册《蕃夷》六载："缘青唐一族人马颇众。"其中，"番部俞龙珂在青塘最大"⑤，为青塘族大首领，⑥正鉴于此，熙宁五年（1072）王韶在发动"熙河之役"前，"从数骑直抵其帐招诱之（俞龙珂），且留宿以示不疑，龙珂遂率其属十二万口来附"⑦。宋神宗在熙宁五年（1072）五月九日即"以青唐大酋俞龙珂为西头供奉官"。俞龙珂进京时，对使臣说："平生闻包中丞拯朝廷忠臣，某既归汉，乞姓包。"宋神宗遂赐其姓名包顺⑧。不久，俞龙珂之兄瞎药亦率部来降，"诏以为内殿崇班本州蕃部都监，仍赐姓包，名约"⑨。并于熙宁六年（1073）四月将包顺及其弟包诚派往岷州驻扎，"王韶等言，岷州近为羌兵所隔，势甚孤危，西京左藏库使包顺、内殿承制包诚，婴城拒敌，保全其州"⑩。实际上此时岷州正为唃厮啰之孙辖乌察所控，此时即派包顺、包诚前往岷州，当然是要利用他们在藏族中的影响和军事实力协助北宋收复岷州。同年九月，王韶即克岷州。包顺、包诚兄弟进入岷州

---

① 《续资治通鉴长编》卷226，熙宁四年八月辛酉（以下注释简称《长编》）。

② 《宋史》卷328《王韶传》。

③ 《长编》卷214，熙宁三年八月辛未。

④ 《长编》卷175，皇祐五年闰七月己丑。

⑤ 《宋史》卷328《王韶传》。

⑥ 《宋史》卷15《神宗二》。

⑦ 彭百川：《太平治迹统类》卷16，《适园丛书》本。

⑧ 《长编》卷243，熙宁五年五月庚寅。

⑨ 《长编》卷244，熙宁五年十一月癸丑。

⑩ 《长编》卷244，熙宁六年四月丁亥。

后，宋朝又将原属包家统领的青唐族归隶岷州，并令包顺管理在岷州投降于北宋的蕃部。① 故熙宁七年（1074）所立《岷州广仁禅院碑》称包顺、包诚为岷州之"酋豪"②。《皇宋十朝纲要》卷一六崇宁二年（1103）载："熙河奏：乞包震等兄弟十三人分管岷州本族人马，从之。"崇宁年间，还有包喜"夙以材能服勤疆场，河湟之复，咸有战功"③。包震是包顺之子，包喜为包诚之子。可见，直到北宋末年，包顺、包诚及其所统率的青唐族仍长期定居在岷州。

关于十八族的记载恰好开始于南宋时期，《宋史》卷四二《理宗纪二》：宋理宗端平三年（1236）三月，"阶、岷、叠、宕十八族降"。《鹤林集》卷二〇又载："而交秦、巩，三军不结，而结十八族。"《蜀文辑存》卷二八亦载："已至渭节村、风节村、十八族多已投降。"元代时，中央在岷州一带又设有十八族元帅府④，为吐蕃等处宣慰使司所辖九元帅府之一。在吐蕃等处招讨使司中，其属就附有"岷州十八族周回捕盗官二员"⑤。《元史》卷五《世祖纪》又载，至元元年（1264）秋七月，"以西番十八族立安西州，行安抚司事"。《元史》卷六〇《地理志三》载："至元五年，割安西州属脱思麻路总管府"；"七年，并洮州入安西州"。由此可见，西蕃十八族主要生活在岷州一带，元朝立元帅府管其军事，设安西州管其民事。

综上所述，从青唐族与十八族先后居于岷州以及青唐族首领包顺的后裔包完卜乩元末任十八族元帅等史料来看，十八族应源于青唐族。青唐族先居于古渭州，降宋后即迁于岷州，其内部应包含若干较小部族，并融合了岷、洮、阶、叠、宕一带的藏族部落，南宋时逐渐形成了主要的十八个部族，后世便直接以十八族称之。很有可能，西蕃十八族就是岷州十八族。《明史》卷三三〇《西番猪卫》载："其他族种，如西宁十三族，岷州十八族，洮州十八族之属，大者数千人，少者数百。亦许岁一奉贡，优以宴赉。"那么西番十八族又包括哪十八个部族呢？现据考证，分列

① 《宋会要辑稿》199 册《蕃夷》6 载："熙宁八年十月一日，诏以青唐蕃部并蕃兵隶岷州。"《长编》卷 500 元符元年七月丁巳："熙河奏：乞遣降羌于岷州住坐，令包顺主管。"

② 张维：《陇右金石录》卷 3，《中国西北文献丛书》，兰州古籍书店 1990 年影印版。

③ 慕容彦逢：《摘文堂集》卷 7，文渊阁《四库全书》本。

④ 《元史》卷 91《百官志七》。

⑤ 《元史》卷 87《百官志三》。

如下：

哈鲁结、厮纳、蕃城、凌硅四族　宋哲宗绍圣四年（1097）六月己酉，熙河兰岷路经略司言："本路蕃官东上阁门使、登州防御使作岷州一带蕃部钤辖包诚昨赴泾原陷殁，有一十三人。长如京使海，哈鲁结族巡检并岷州一带蕃部巡检；次内殿承制明，厮纳族；次右班殿直喜，次猛，并蕃城族；次三班奉职文，赊凌硅族；八人未有职名。"① 包诚之子包海、包明、包喜、包猛、包文分别为这四族首领，此四族为包家族统属的岷州蕃部，当属十八族。

突门族　金占领熙河地区后，也出现了包家族的一支。《金史》卷一〇三《乌古论长寿传》称："乌古论长寿，临洮府第五将突门族人也。本姓包氏，袭父永（为）本族都管。"乌古论长寿即包长寿，金宣宗贞祐三年（1215），金赐姓为乌古论。② 包长寿居于临洮，《明一统志》载："宝应初陷于吐蕃号武胜军，宋复改为镇洮军，寻改熙州治狄道县，金改熙州为临洮府。"③ 临洮府在北宋时为熙州。包约降宋后即迁往熙州④。所以从地望上来看，包永、包长寿应为包约的后裔。突门族是包家族的属部，也为十八族之一。

三叠族　前文已论。

讷支蔺毡部　《宋史·张升传》载："青唐蕃部蔺毡，世居古渭。""古渭寨乃秦州属地，张纳支临占世为蕃官"，其"先世跨有九谷，后浸衰，仅保三谷，余悉为他族所据"⑤。可见讷支蔺毡部与俞龙珂部同属古渭州青唐族，并先后归附宋朝。宋朝又于熙宁八年（1075）十月一日，诏以青唐蕃部并蕃兵隶岷州，由包顺管理，故讷支蔺毡部应属十八族。

固密族　宋熙宁六年（1073）十二月，熙河路经略司言："固密族首领六人助包顺、辖吴叱战有功，诏各转一资。"⑥ 此时，包顺、辖吴叱（即唃厮啰之孙辖乌察）皆为岷州蕃将，可见固密族也属岷州蕃部。

青龙族　宋熙宁六年（1073）二月，王韶克河州。得河州后，以景

① 《长编》卷489，绍圣四年六月乙酉。
② 《金史》卷14《宣宗上》。
③ 李贤：《明一统志》卷36《临洮府》，万寿堂刻本。
④ 《长编》卷244，熙宁五年十一月癸丑。
⑤ 《长编》卷183，嘉祐元年八月壬子。
⑥ 《长编》卷248，熙宁六月十二月壬午。

思立知州事，自率军穿露骨山，"入岷州，分兵破青龙族于绰罗川"①。绰罗川在岷州，青龙族为岷州蕃部，属十八族。

容、李、龙三族　熙宁七年（1074）四月，木征乘"景思立踏白之败围岷州，蕃僧温遵率容、李、龙族应之，道路不通者几月，（高）遵裕登西门遣偏将及包顺引兵纵击……贼遂败去"。高遵裕言："容、李、龙三族应贼，而龙氏实破和尔川寨。"② 和尔川寨在岷州，从容、李、龙三族破和尔川寨，并与包顺同属岷州高遵裕部，可以说明容、李、龙三族为岷州蕃部，应属十八族。

罗斯结、贝斯结二族　宋熙宁九年（1076）十一月，吐蕃大酋鬼章"又以兵三万据铁城，收贝斯结、罗斯结族以临青唐"③。铁城即铁城堡（今甘肃岷县维新乡元山坪），宋熙宁十年（1077）置，系岷州属堡，可见罗斯结、贝斯结二族为岷州蕃部，属十八族。

纳斯结族　宋淳熙十六年（1189）七月二日，西和州（今甘肃西和县）奏报："祐川县所管地分界外，洮州铁城界讷厮结族及叠州陇逋、青厮逋、心挦等三族蕃部，累次出没过，掩杀五功官兵，乞行推赏。"④ 祐川县宋时属岷州。南宋时期属洮州的铁城堡，北宋时系岷州属堡，那么纳斯结族也为岷州蕃部，属十八族。

衣彪族　宋绍圣二年（1095）五月："岷州管下衣彪族首领当征结等四十户，投西蕃结兀捉。"衣彪族"当征结等，旧属汉户，因事逃避朝廷"⑤。系汉人吐蕃化的岷州蕃部，属十八族。

以上共十六部族，其余待考。

二　包家族与唃厮啰家族的关系

《梦溪笔谈》卷二五载："青堂羌，本吐蕃别族。唐末蕃将尚恐热作乱，率众归中国境内离散。国初有胡僧立遵者，乘乱挟其主钱逋之子唃厮啰，东据宗歌邈川城。唃厮啰人号瑕萨钱逋者，胡言赞普也。"⑥《梦溪笔

---

① 《长编》卷 248，熙宁六年十月庚辰。
② 《长编》卷 252，熙宁七年四月己卯。
③ 《长编》卷 279，熙宁九年十一月壬午。
④ 《宋会要辑稿》181 册，《兵》。
⑤ 《宋会要辑稿》199 册，《蕃夷六》。
⑥ 沈括：《梦溪笔谈》卷 25《杂志二》。

谈》所说之青唐羌实为唃厮啰族。但也有学者认为青唐族就是唃厮啰族,① 此说似乎有误。

其一,前文已论,北宋时期,有两地被称为"青唐",一为今青海西宁,另一个则在今甘肃陇西。青唐族所在之青唐为古渭州之地,今甘肃陇西,并非唃厮啰政权之都城。青唐族的活动范围主要在古渭州、武胜军(今甘肃临洮)、盐井(今甘肃漳县)等地,降宋后即迁居岷州,其另一属部——瞎药部曾迁居河州、洮州一带。所以,不要因青唐族的族名而误认为青唐族曾生活在唃厮啰政权之都城——今青海西宁一带,于是将二者混为一族。

其二,唃厮啰族应以湟水流域的吐蕃宗哥族为主体形成。大中祥符元年(1008)十一月壬申:"宗哥族唃厮啰贡名马。"② 这显然说明唃厮啰正式以宗哥族首领的身份向宋朝进贡。未见史料中将唃厮啰称作青唐族首领。唃厮啰先居河州,后迁廓州(今青海化隆),再迁宗哥(今青海平安县),又迁邈川(今青海乐都县),最后立于青唐城(今青海西宁),其活动范围主要在河湟一带,这显然与青唐族的活动范围不同。也未见青唐族迁徙到今青海西宁一带的记载。史料中有关于唃厮啰曾为渭州蕃族首领的记载,③ 但宋代渭州指今甘肃平凉一带,而古渭州乃唐渭州也,在今甘肃陇西,据此说"唃厮啰曾活动于古渭州一带"④ 似乎有误。纵然二地接近,也难以说明青唐族与唃厮啰族为同一部族。

综上所述,青唐族与唃厮啰是两个完全不同的吐蕃部族。但当然,青唐族首领包家族与作为河湟首领的唃厮啰家族关系密切,《宋会要辑稿》一九九册《蕃夷六》载:"俞龙珂与其兄瞎药皆为木征腹心。"同为吐蕃大族的唃厮啰家族与包家族的分分合合,对河湟地区的政治格局与北宋的边疆局势产生了重要影响。

第一,迁居河州,拥立木征。包家族初为古渭州之大族,《名臣碑传琬琰之集》卷二八《梁庄严肃公适墓志铭》载:"初建古渭寨据(秦)

---

① 汤开建、杨惠玲:《宋、金时期安多藏族部落包家族考述》,《民族研究》2006 年第 1 期。

② 《郡书考索后集》卷64《财赋门·内库类》。

③ 《长编》卷82,大中祥符七年五月己酉条载:"渭州蕃族首领嘉勒斯赍(即唃厮啰)。"

④ 汤开建、杨惠玲:《宋、金时期安多藏族部落包家族考述》,《民族研究》2006 年第 1 期。

州独远，间为蕃户所寇钞，及益兵拒守，而它蕃户多惊疑，公（梁适）至，则具牛酒召其大族瞎药鸡罗抚定之，罢所益兵，而蕃汉终公之去安然自居。"瞎药鸡罗即包约，由此足见包家族在古渭州蕃部中的巨大影响。但不久瞎药即率部迁居河州，拥立在河湟一带声名显赫的唃厮啰家族嫡孙木征。史书记载，宋仁宗嘉祐三年（1058）二月中，"瞎毡、磨毡角并因患亡殁，各有子□朝廷补署承袭，又缘瞎毡长男木征，自父在日即被青唐族蕃官瞎厮铎心并男瞎药勾扇出离河州，见在近汉地，名㮟纳城居"①。青唐族的加入无疑是强强联合，使木征部实力大增，嘉祐三年（1058）十月，宋朝即封木征为河州刺史。②熙宁三年（1070）二月，又以"木征为金紫光禄大夫，检校刑部尚书"③。

第二，立文法，扩实力。瞎药并不满足居于河州一隅，吐蕃之俗，最重贵种，他要以吐蕃赞普后裔木征为旗号，谋求发展，扩大实力。嘉祐三年（1058）十月："青唐族酋辖约及僧罗遵迎之（木征）居洮州，欲立以复洮、岷、迭、宕、武胜军诸羌，秦州以其近边逐之，乃还河州，后徙安江城，董毡欲羁属之不能有也。"汪藻《青唐录》记载与此略有不同，云："辖约格罗（瞎药）及僧罗遵共迎摩正，徙帐居宕州，欲立文法服诸羌，秦州遣人谕之，会诸羌不从，摩正（木征）逐辖约，复还河州。"④不管是在洮州，还是在宕州立文法，都说明瞎药欲进一步扩大地盘，统率洮、岷、迭、宕、武胜军（今甘肃临洮）一带蕃部，虽然在宋朝的打击下，瞎药未能达到自己的预期目的，但此时的木征部实力已不可小觑，即使当时河湟地区实力最为强大的董毡，亦不能制。《太平治迹统类》卷一六引熙宁元年王韶向神宗的奏章中说："如木征、瞎药及欺巴温之徒接与汉界相近，在洮、河间。"说明当时木征、瞎药直接控制的地区至少包括河州、洮州一带。

第三，与唃厮啰家族联姻，进一步巩固自身地位。随着瞎药在木征部实力的逐渐膨胀，也必然受到其他势力的排挤，尤其是来自瞎毡之舅李都克占的威胁，为此瞎药又将自己的妹妹俞龙七嫁给木征。《续资治通鉴长

①　张方平：《乐全集》卷22，文渊阁《四库全书》本。

②　《长编》卷188，嘉祐三年十月辛丑。

③　《宋史》卷15《神宗二》。

④　《长编》卷188，嘉祐三年十月辛丑。

编》卷一八八载："辖戬舅李都克占与辖约争班，辖约以妹妻摩正（木征）。"这使木征更加信任和倚重瞎药，致使"都克占怒曰：尔以妻为亲，以父为疏耶？遂举兵攻摩正，摩正徙居安乡城，伪与都克占和，遂杀都克占。"至此瞎药更是不可一世，炙手可热，成为河州的重要首领，乃木征之谋主也。① 俞龙七与木征的结合只是唃厮啰家族与包家族的政治联姻，双方都需要以此巩固关系，加强联合。木征降宋后，赐名赵思忠，与俞龙七的关系逐渐不和，宋神宗为此亲颁谕旨，居中调停，"诏思忠、包氏：闻汝夫妇不相能，自今当和睦。思忠不能奉诏，乃诏思忠居熙州，包氏俞龙七居河州"②。除此之外，包家族与唃厮啰家族的联姻，史籍可考的还有两人，一是木征弟弟——巴毡角的嫡孙赵阿令娶妻包氏③；二是扎实庸咙的后裔赵怀恩，即益麻党征也娶妻包氏。④

第四，分道扬镳，关系破裂。俞龙珂降宋后，木征成为北宋熙河开边的重要目标。熙宁五年（1072）八月，王韶率军攻打武胜军，"瞎药等弃城夜遁，……遂城武胜"⑤。不久，"王韶破木征于巩令城"，木征败走，"结吴延征举其族两千余人并大首领李愕占、讷芝等出降"⑥。面对宋军的节节胜利和强大的军事进攻，木征部发生分裂，包家族与唃厮啰家族的盟友关系破裂，熙宁五年（1072）十一月，瞎药独自率领部众归顺宋朝，"诏以为内殿崇班，本州蕃部都监……木征既败，约始归熙州听命"⑦。木征部的分裂和瞎药的率先归附与北宋的政治诱降也有很大关系。早在熙宁五年（1072）五月，宋神宗在与王安石讨论如何攻取木征时，安石即献计曰："如木征极易取，但令边将先阴厚抚结木征下首领，使其心内向，又善抚初附，令彼首领见而慕羡，则木征孤峙。"⑧ 此计果然奏效。自此，包家族与唃厮啰家族分道扬镳，并不断发生正面冲突，成为战场宿敌。熙宁六年（1073）七月，木征的弟弟"辖乌察率叠、宕诸羌胁青唐寇盐川

① 《长编》卷240，熙宁五年十一月癸丑。

② 《宋会要辑稿》199册，《蕃夷六》。

③ 《宋会要辑稿》96册，《职官》62。

④ 李石：《方舟集》卷16，文渊阁《四库全书》本。

⑤ 《长编》卷237，熙宁五年八月甲申。

⑥ 《长编》卷238，熙宁五年九月丙午。

⑦ 《长编》卷240，熙宁五年十一月癸丑。

⑧ 《长编》卷233，熙宁五年五月癸未。

寨，包顺击走之"①。熙宁七年（1074）二月，木征又与董毡部将青宜鬼章联合集兵二万，以投降为名，诱河州知州景思立于踏白城（今甘肃积石山保安族东乡族撒拉族自治县南），将其包围，景思立等人战死。当时"瞎药屡与景思立言毋出兵，而思立弗听，又言瞎药力战受伤而死"②。熙宁七年（1074）四月，王韶入朝，景思立在踏白城之战中败死，木征势复炽，遂围岷州，"（高）遵裕登西门遣偏将及包顺引兵纵击……贼遂败去"③。

第五，先后归附，共辅宋主。瞎药归附宋朝之后，木征部已是日薄西山，实力锐减。熙宁六年（1073）二月和六月王韶先后攻破木征的老巢河州、岷州，并获其妻子。熙宁七年（1074）夏四月乙酉，"王韶进筑珂诺城，与蕃兵连战破之，斩首七千余级，焚三万余帐，木征率酋长八十余人谒军门降"④，木征的归降标志着北宋最终收复河、岷、洮地区，取得熙河开边的重大胜利。但董毡大将青益鬼章仍不断骚扰北宋西部边境，成为北宋的心腹大患。熙宁十年（1077）二月，"鬼章结连南北诸羌入寇岷州城寨，占据铁城……赖包顺、马忠密请出兵……将佐协力，迎击取胜……皇城使包顺、马忠并迁遥郡刺史，顺康州，忠达州各与两子恩，崇仪副使赵绍忠为内藏库副使，赵醇忠为六宅副使……西京左藏库副使包诚为供备库使"⑤。赵绍忠与赵醇忠即为木征弟瞎吴叱与巴毡角，他们与包氏家族在铁城战役中，并肩作战，大败鬼章，受到朝廷褒奖。绍圣二年（1095）十一月，"熙河路蕃官包顺、诚、李忠杰、赵怀义、赵永寿屡立战功"⑥。赵怀义为木征之子，赵永寿为巴毡角之子，可见木征家族与包氏家族忠心耿耿，共事宋主，"包顺忠白向汉，众所惟服……内藏库副使赵绍忠、供备库使包诚皆戮力效死"⑦。唃厮啰家族与包氏家族再度合作，为北宋西北边疆的开拓与稳定立下了汗马功劳。

包家族是安多藏族中显赫一时的汉姓部落，其在岷州的驻守对于稳定北宋西北边疆，防止吐蕃进犯起到了举足轻重的作用。金朝更是为包家族

① 《长编》卷246，熙宁六年七月乙丑。
② 《长编》卷252，熙宁七年四月己卯。
③ 同上。
④ 《宋史》卷15《神宗二》。
⑤ 《长编》卷280，熙宁十年二月戊子。
⑥ 《宋会要辑稿》199册，《蕃夷六》。
⑦ 《长编》卷283，熙宁十年六月壬辰。

赐予国姓——乌古论，一个少数民族部落能有两个王朝赐姓，实属罕见。元明时期，包阿速官至从三品的指挥同知，成为岷州地区著名的土司家族，直至今天甘肃定西、陇南地区仍然生活着包家族的后裔。他们聚居的村落包括临潭的古占村、宕昌的麻界村、成县的包家寺村，岷县寺儿沟乡的寺儿沟村、绿沙村、织房村、白土坡村、秦许乡的包家族村、茶埠乡的树扎村、城关镇的包家堡村以及文斗乡等地。民国年间曾有清末武举包蕴珍，组成五百人的鞭杆队，参与马仲英起义；1936 年，红军途经岷县，在包家族村建立了甘肃历史上最早的苏维埃政权，张明远将军任主席……包家族世代相传，生生不息，涌现出了一批批可歌可泣的历史人物，在西北地区的历史上写下了浓重的一笔。

附录二

甘青土司家族文化探究

家族是社会连结的重要纽带，是社会和谐稳定、健康发展的基本单元，在中国传统社会中发挥着重要而特殊的作用。但综观已有研究，汉族是重点，而少数民族家族研究则相对薄弱，尤其在少数民族家族制度、文化、组织等方面，少有力作。中国地域辽阔，生态环境多样，文化丰富，民族众多，家族不可能不打上地域特色与民族特征。甘青土司家族绝大多数是藏、回、蒙古等少数民族家族，自明代兴起，在清末民国时期走向衰落，在甘青地区的历史上写下了浓重的一笔。

一　甘青地区土司概况

明洪武二年（1369），明军挥戈西进，采取"恩威兼施"的策略，招抚西北各少数民族。第二年，卫国公邓愈兵克河州（今甘肃临夏回族自治州），"故元陕西行省吐蕃宣慰使何锁南普等，以元所授金银牌印宣敕诣左副将军邓愈军门降，及镇西武靖王卜纳剌亦以吐蕃诸部来降"[①]，"由是番酋日至"[②]，西北各族首领"或以元时旧职投诚，或率所部归命"[③]。明政府采取因地制宜、因俗而治之策，授予故元官吏及当地少数民族首领一定的官职，并准其世袭，于是在甘青地区形成了大大小小数十家土司，他们世代相袭，绵延罔替，对当地的政治、经济、社会、文化等产生了深远的影响。

---

① 《明太祖实录》卷53，洪武三年六月乙酉。

② 《明史》卷330《西番诸卫》。

③ （乾隆）杨应琚：《西宁府新志》卷24《土司》。

明清中央政府在甘青地区敕封的土司主要有两类：即卫所土司和僧职土司。卫所土司是以卫所官职授予当地少数民族首领，采取"土流参治，土控于流"的方式，将土司纳于军事卫所的体系之中。据不完全统计，甘青地区的卫所土司主要有指挥使 8 人，指挥同知 10 人，指挥佥事 12 人，正副千户 30 人。① 另一类是僧职土司。明王朝在甘青地区推行僧纲制度，采取了多封众建、尚用僧徒的政策，甘青僧职土司有国师、禅师、都纲、僧纲等，仅在甘肃河州就有"珍珠族，世袭国师一，禅师一；弘化族，世袭国师，灵藏族，世袭禅师"②。僧职土司也采取父子相传或叔侄相传，形成家族承袭的政教合一体制。如河州弘化寺于明正统七年（1442）奉敕建立，赐张星吉藏卜世袭都纲之职，总理该寺政教事务，其都纲一职，历代由张家长子继承。该家族占地 2000 余亩，分布在今青海民和县的马营、转导和甘肃永靖县的孔家寺一带，一直延续到解放前夕。③

二 独具特色的甘青土司家族文化

甘青土司家族有自己的所管土地、所属之民、所领土军，家族成员共同生活在固定的土司封地上，不得随意迁徙，于是在土司家族内部形成了一个固定的交际圈，并世代相袭，他们交纳赋税、纠纷诉讼皆在家族内部进行，最终裁决权也完全掌握在土司手中，不受所在州县管理，这样一个与普通汉族家族相比更为封闭的环境，使甘青土司家族形成了独具特色的家族文化。

（一）甘青土司家族具有鲜明的宗法文化特征

宗法制度自我国周代出现以后，历朝历代皆沿用。从宋代以后，宗法制度走向平民化，乡村中出现了宗族组织，这种以血缘关系为纽带，以嫡长子继承制为基础，以父权、族权为基本特征的宗族管理制度成为中国历史和文化的重要组成部分，它对于一个家族的绵延发展、团结和睦、收宗

① 龚荫：《中国土司制度》，云南民族出版社 1992 年版，第 1284、1321 页。
② （康熙）王全臣：《河州志》卷二《中马番族》。
③ 蒲文成主编：《甘肃藏传佛教寺院》，青海人民出版社 1993 年版，第 33 页。

合族具有举足轻重的作用。但宗族制度不是宗法文化的全部，宗法文化还体现在日常行为规范、观念思想等方面。甘青土司家族虽绝大多数属于少数民族，但同样具有鲜明的宗法文化特征。

1. 甘青土司承袭中的宗法制度

对于土司的承袭明清两朝都制定了严格而完备的制度，其承袭顺序必先是"嫡子嫡孙承袭，无嫡子嫡孙，则以庶子庶孙承袭，无子孙则以弟或其族人承袭；其土官之妻或婿有为土民所服者，亦准承袭。如有子孙幼者或其族或其母能抚孤治事，由督抚拣委，至其子十五岁再令承袭。"① 清乾隆三十三年（1768）再次明令："土官袭替定例，必分嫡庶长次，不得以亲爱过继为词"，"承袭之人有宗派不清、顶冒、陵夺各弊，查出革职；具结之邻封土官照例议处"②。以青海民和李土司家族为例，其承袭情况是：李南哥——李英（子）——李昶（子）——李巩（子）——李宁（子）——李崇文（侄）——李光先（子）——李化龙（子）——李天俞（子）——李澍（子）——李洽（弟）——李师臣（子）——李大兴（子）——李国栋（侄）——李世泰（子）——李纯武（子）——李政（子）——李长年（子）——李承襄（子），李土司家族共传承19代，除五世土司李宁、十世土司李澍及十三世土司李大兴死后无嗣，是叔侄或兄弟相袭外，其余皆为父子相传，可见，嫡长子继承制是甘青土司家族土司承袭中必须遵守的法则。

同时，甘青土司承袭必须遵守一系列严格而细致的律例："土官承袭，务要验封司委官体勘，别无争袭之人，明白取具宗支图本，并官吏人等结状，呈部具奏，照例承袭。"③ 简而言之，土司承袭一是要有当地官员的查核和保送，二是要有土司的"宗支图本"，即宗族世系情况，并要"造册四本，都（察院）、布（政司）、按（察司）三司各存一本，一本年终送本部（吏部、兵部）备查，以凭查考。以后每三年一次造缴"。中央政府实行严格而繁杂的土司承袭制度，就是要防止"土司私相传接，支系不明"④，从而保证嫡长子继承的宗法制度。

---

① （光绪）《大清会典》卷12《吏部》。
② （光绪）《大清会典事例》卷589《兵部·司袭职》。
③ 《明会典》卷6《吏部五·土司承袭》。
④ 蒋良骐：《东华录》，顺治朝三十二。

甘青土司袭职后，需由中央政府依据职位高低赐予诰敕、官印，以示认可，据《大明会典》载，洪武二十六年（1393），定诰敕等级：一至五品授以诰命，六至九品授以敕命。① 正三品以上官员授银印，从三品以下授铜印。并根据品秩高低分别赐予大小、厚薄不一的铜印。②

2. 甘青土司统治具有鲜明的"宗法分封"的特征

土地的土司占有制是甘青土司制度得以建立和存续的基础。甘青土司在家族内部被视为"大宗"，其辖区内的土地由土司自由支配，处于整个家族等级制度的最顶端，是家族的支柱与核心，其独尊地位不容觊觎。土司的同宗兄弟，往往被派往自己的领地，管理一个或数个村庄，成为"小宗"，是土司家族重要的组成部分，也被称为"土舍"。清雍正三年（1725）九月，吏部曾奏请："嗣后各处土司文武官员嫡长子孙，仍令其照例承袭本职，其支庶子弟中有驯谨能办事者，俱许本土官详报督抚，具题请旨，酌量给世职衔，令其分管地方事务。"③ 此奏得到了雍正帝的批准，这也说明中央政府对土司在其辖区内实行"宗法分封"给予了认可。据《续修导河县志》卷四《土司》记载：河州何土司家族原管区域散布四乡，"东乡何闫家（今东乡县百合乡），南乡马家庄（今临夏市南龙乡），西乡沈家河（今积石山县境内），河北乡黑城堡、何家堡等（原在永靖县白塔川，1967年修建刘家峡水库，全村迁往临夏县先锋乡）"④。根据笔者对上述村落的实地调查，这些村落实际上并不由何土司直接管理，而是分封给其同宗兄弟的封地。

3. 甘青土司形成集族权、军权和政权于一身的宗法统治格局

甘青土司既是中央政府敕封的一级朝廷命官，又是所属封地的"最高统治者"，形成集政权、军权和族权于一身的宗法统治格局。甘青土司一般都建有规模宏大的土司衙门，是其权力的象征。如至今仍然保存比较完整的连城鲁土司衙门，位于今甘肃省兰州市永登县，始建于明洪武十一年（1378），清嘉庆二十三年（1818）十五世土司鲁纪勋又做了大型修建，占地面积达3.3万平方米，这里既是土司处理军政事务的场所，也是

---

① 《明会典》卷6《吏部五·诰敕》。

② 《明史》卷72《职官志一》。

③ 《清世宗实录》卷36，雍正三年九月乙巳条。

④ 徐兆潘修，黄陶安纂：《续修导河县志》卷4《土司》。

土司亲属家眷居住生活之地。

甘青土司之下一般设千总2人，一为领兵千总，佐土司掌管军事事务，训练土兵；一为护印千总，佐土司掌管行政事务，负责日常工作。次为把总4人，两人为军事把总，辅助领兵千总；两人为掌家把总，辅助护印千总，这是"报部备案"的土司建制。由于甘青土司多是少数民族，所以会从外地聘请文化较高的汉人担任师爷，帮助处理政务，土司衙门下又设有房科，类似于土司衙门办公室，其中掌案1人，经书、帖书若干，负责起草奏章，抄写文稿，这是甘青土司的军政管理系统。

为了更好地处理土司家族内部事务，直接掌握族权，甘青土司还建有家族管理系统。一般设总管三人，大总管掌管家族总务，二总管、三总管辅佐大总管。其中二总管掌管家族钱财和祠堂家谱，有记账等人，负责账目整理。三总管掌管监狱和后勤杂务，有班头、班役等，负责看管监狱。甘青土司所属村落部族，分为两类，一类为直管村落，由土司直接管理。如甘肃卓尼杨土司就有直属16掌尕、48旗。掌尕在卓尼城区及郊区，其头目多由土司衙门内的头目推荐，土司指定，土司衙门的各类人员也多由掌尕的属民充任。旗是军政合一的组织，旗长称长宪，多由总管推荐，土司直接任命。长宪负责处理旗内的一般事务，征收赋税钱粮，遇有战事，要随土司领兵出征。另一类为舍管村落，即由土司的同宗兄弟——"土舍"负责管理，土舍在自己的所管村落里拥有较大的自主权，土司通过"分封"同宗兄弟将族权进一步集于一身。

甘青土司有的还兼摄宗教权。利用宗教的影响，进一步巩固土司统治，甘青土司或自建藏传佛教寺院，或成为当地藏传佛教寺院的施主，有的甚至直接兼任寺院的堪布，从而形成集政权、军权、族权和教权于一身的土司统治。清嘉庆十九年（1814）卓尼杨土司家族第十五代土司杨宗基袭位，兼摄禅定寺"世袭僧纲"，自此，杨土司家族形成了"兄为土司，弟为僧纲"的统治格局。

4. 修订宗谱、祭扫祖坟是甘青土司家族宗法文化的又一特征

宗谱是宗法制度存在最明显的物化标志之一，家之有谱，犹国之有史，修宗谱以记世系，甘青土司承袭，须征信于谱，故甘青土司后裔极重家谱，以弘扬祖业，维护世袭特权。甘青土司几乎家家都纂有家谱，明清以来，甘青地区屡遭战火，变乱频繁，尤其是文革十年动乱，多致散失，湮没无传，现保存较好的只剩《李氏家谱》《鲁氏家谱》《祁氏家谱》

等。甘青土司家谱记载了土司家族的传承世系、主要事迹，录有与土司相关的诏敕、诰命、墓志、碑记等。

在中国传统社会中，家族之所以成立，根本原因是共同祖先的认定与祖产的建立。祭祀祖先亦成为甘青土司家族一年一度的重大活动，要专门设立祭祖管理组织，负责每年举行的祭祖事宜。在土司家族内再特设"总理"一人，管理祭祖事务，一般由德高望重、公正廉洁的长者担任，每三年一换，土司直接任命。再设"坟头"两人，每年更换一次，一般由家族内的富户或精明能干、有影响力的人来担任。坟头平时要负责陵墓的修葺、植树等，临近祭祖时要准备祭品、祭祀用具、祭祀典礼等，所做之事要向"总理"汇报，由"总理"最终决定。

甘青土司死后不可随意安葬，须由继任土司会同土舍商议，请专门的卜算之人"卜吉地"。历代土司皆葬于一地，以昭穆序葬，并采用族葬的方式，"族葬者，所以尊远祖，辨昭穆，亲逖属，宗法之遗意也"[1]。家族内其余之人，包括土司的同宗兄弟，也只能葬于土司坟墓之外围，这反映出甘青土司家族严格的宗法等级制度。

（二）甘青土司家族形成了严密完备、稳定有效的权力文化网络

家族是甘青土司维护自身统治的中坚力量和支柱，只有家族和睦有序，才能使土司统治长期稳定。西南地区部分土司正是由于家族内部的相互侵轧，最终导致土司政权的土崩瓦解。甘青土司清醒地认识到家族和谐稳定的重要性，于是建立了严密完备的组织机构和管理体系，

甘青土司家族内部的统治阶层主要由土司和土舍两大系统组成，被统治阶层主要有三类：一类称为"家人"，主要是土司的同姓属民，他们一般拥有自己的土地，只需要向土司交纳象征性的赋税，无需向国家纳粮，在家族内也拥有一定的政治、经济地位；另一类称为"直属土民"，主要是土司、土舍直接管理的部族土民，他们几乎没有人身自由，对土司有绝对的人身依附关系，除需向土司交纳各种赋税外，还要无偿为土司服劳役、兵役、站役等，遇有战事必须随同土司出征；还有一类则称为"佃户"，即租种土司土地之人，"汉人无田者亦从之佃种"，所以土司"所称

---

① 谢应芳：《辨惑编》卷 2《择葬》。

土户，不尽其部落也"①。佃户每年向土司纳草纳粮，但有绝对的人身自由，与土司没有人身依附关系。

甘青土司是整个土司家族的最高统治者，拥有至高无上的权力和地位。但另一方面，土舍也有自己的所管村落，拥有一套相对独立的组织管理系统，如负责管理日常事务的家长、负责管理宗族事务的户首、负责催款收粮纳赋的总管以及负责训导子弟、处理纠纷的老者等，这样就形成了甘青土司家族内部土司与土舍两大管理系统既相互独立，各司其职，又相互联系、相互制约的格局，

土舍需服从土司的管理，但又具有一定的独立性。甘青土司拥有一套严密完备的家族管理系统，前文已论，但在土舍封地上的大小事务并非全由土司裁决，只有涉及"人命盗贼重情""婚命火盗大故"或是"家人敢犯上肆行不规者"，及撰修家谱，修建家庙、祠堂等家族内的重大事务，土舍需上报土司，由土司亲自处理。而除此之外的其余事务都可由土舍自行裁决。即使是涉及土舍"所管家人内有斗殴、田土事务"②，土舍也有权处理。这既保证了土司在家族内至高无上的权力，又使家族内的事务能够得到及时有效地解决。同时，各土舍继承的祖遗田土，家人等亦可世代承袭，并同样实行嫡长子继承制，土司无权干涉。

土司与土舍之间既相互依存，又相互制约。土司"每年各给（土舍）印单一张为照，令其各守分业，永勿紊乱"。印单实际上是土司对土舍在其封地上拥有一定管理权的认可。但土司不顾冗繁，每年颁发印单，一方面是在向土舍不断彰显其权力源自土司的事实，另一方面也是对土舍权力的一种限制和约束。同时，对于"皇差词讼"等家族重大涉外事务，土司亦不得独专，要会同土舍一起商议。土舍还有权监督土司，如果土司不忠君爱民，恣意妄为，土舍认为土司不够称职，甚至可将土司罢免。例如，青海民和李土司家族就规定"如印官仍再阳顺阴违，姑息养奸，即系背祖指纵，许一十三门（土舍）公举贤良"③。李土司家族第十二世土司李师臣就因与土舍不睦，屡具讼端，而被罢职闲居。可见土司在本家族内并非大权独揽，独断专行，而是与土舍共同分享家族的统治权。

---

① （乾隆）龚景瀚：《循化志》卷4《族寨工屯》。
② 李鸿仪：《西夏李氏世谱》卷4《典册谱·印照》，辽宁民族出版社1998年版。
③ 同上。

由此甘青土司家族内部形成了土司——土舍——土民这样一种自上而下、层层管理的金字塔形的内部组织结构。土司除管理自己的直管部落和处理家族内的重大事务外，实际上是通过土舍对土民进行间接管理。土舍既有义务服从土司的管理，辅佐土司处理家族事务，又有直接管理土民的权力，起到了承上启下的作用，这种宗法等级制度，使各阶层既相互依存，又相互独立，从而形成了一套稳定有效的家族内部组织和管理系统。

纵观甘青土司家族的内部组织和管理系统，可见如下几大特点：①将土司统治与家族统治有机地结合起来。甘青土司通过对本家族合理而有效的管理，增强了家族的凝聚力和向心力，并发挥其核心作用，进而有效巩固土司统治。另一方面，又通过中央王朝的敕封和恩赏来威慑家族成员，强化土司在家族中的独尊地位。②具有封建等级制度的特点。甘青土司家族内部上有土司，中有土舍，下有土民，等级鲜明，层层隶属，土民的生杀予夺，全由土司裁决，土民必须服从。③组织严密、分工明确、管理有序。甘青土司家族的内部组织和管理系统虽然名号众多，异常庞杂，但杂而不乱，各有职司，井然有序，自成体系，既有专门管理军事事务的支系，亦有负责行政或宗族事务的支系，不同支系间互不干涉，同一支系内又互相协作。④形成一个较为封闭的社会单元。甘青土司家族成员根据不可更改的自然血缘来确定自己在家族中的身份和地位，以及人与人之间的等级关系，通过非正式规则包括伦理规范、价值取向、道德、习惯等文化性因素的作用来实现对家族成员的行为约束，并通过一定的内部组织和管理体系加以实施、推行，使这些非正式规则合法化、制度化。甘青土司家族实质上是由约定俗成的社会角色和行为模式构成的体系，这也成为家族成员很难逾越的界限，形成了一个较为封闭的社会单元。

（三）甘青土司家族文化一方面呈现出多元化的特征，另一方面儒家文化又在其中居于主导地位

甘青地区自古以来就是多民族聚居之地，逐渐形成了儒家文化、藏文化、伊斯兰文化等多种文化交汇交融的格局，成为汉、藏、伊斯兰等文明激烈碰撞的地区，这使得身处其中的甘青土司家族文化呈现出明显的多元化特征。例如，甘肃连城鲁土司家族为蒙元宗室后裔，崇信藏传佛教，在其辖区内建有数座藏传佛教寺院，如妙因寺、感恩寺、显教寺、海德寺等。明正德六年（1441）修建之妙因寺，是鲁土司辖区内的主寺，是鲁

土司所建影响最大、塑像最多、壁画最精的一座寺院，在甘青地区颇具盛名。寺内原设扎仓（学院）两处，分别研习佛教哲学和密宗学科，培养了一批高僧，还曾邀请松巴佛、土观佛、华锐饶布萨等著名学者来寺讲学。同时，鲁土司家族对道教也极为推崇。自五世土司鲁麟开始，鲁土司家族便广修道观，尤以明嘉靖年间最盛。在鲁土司衙门西北隅，是一座由六世土司鲁经及其子鲁东于明嘉靖三十四年（1555）所建的雷坛，雷坛是祭祀道教龙门派雷部尊神之所，是我国甘青地区修建年代较早的道教遗存之一。数百年来，雷坛为鲁土司和广大信众所供奉，香火旺盛。由此可见，鲁土司家族宗教信仰呈现出明显的多元化特征，这也是甘青土司家族文化多元的一个缩影。

　　自明以来，伴随着移民戍边政策的推行，大量汉族人口迁入甘青地区，儒家文化在当地文化中逐渐占据主导地位，"汉化"成为甘青土司家族文化发展的主要趋向。更重要的是，以儒家思想为核心的汉文化是历代封建王朝统治的精神支柱和思想基础，作为少数民族首领的甘青土司，要巩固地位，赢得中央王朝的信任和倚重，表明自己忠于朝廷的向化之心，必然要主动接受汉族文化。因此，甘青土司除取本民族的姓名外，皆取汉姓，甚至有多人的儒学造诣不下汉族士子。庄浪鲁土司家族五世土司鲁麟即善写文章，史载鲁麟"自幼质美而嗜学，善诗文，工书翰"。现存《敕赐感恩寺》碑文即为鲁麟亲自撰写，其子鲁经为此碑书丹，鲁瞻题写匾额。十三世土司鲁凤翥善书法，"闲则培松植桂，煮茗抚琴，雅尚清趣，且习书法，善书斗字，凡吾家园亭池馆之联额多亲自缮书，墨迹至今犹生动如新"[1]。甘青土司家族中并有金榜题名，高中魁元者，"如祁伯豸兄弟，已登科目，立功名，为国家大臣"[2]。而其中尤以西宁民和李土司家族为最，根据《西夏李氏世谱》将该家族考取功名的情况统计，李土司家族在明清两朝共有2人高中进士，1人考中举人，1人考中秀才，5人先后就读于国家最高学府——国子监，这即使是在士子辈出、文人云集的江浙地区也是不多见的，这说明甘青土司家族大多已逐渐发展成为一个以仁义治家、以诗书传家的书香门第。

　　综上所述，多元文化并存是甘青土司家族文化的显著特征，而"汉

---

① （嘉靖）肃王：《重修玄真观碑记》。
② （乾隆）杨应琚：《西宁府新志》卷24《官师》。

化"则成为甘青土司家族文化发展的主旋律,以致甘青土司"自明迄今(民国初),日渐溶化,竟至变夷为华","衣冠礼仪与汉族无少差异"①。

(四) 甘青土司家族忠君爱国之家风代代相传,长期雄踞西北地区

甘青土司家族世代承袭、绵延罔替,大多历经明、清、民国三朝,雄踞西北达五百余年,这在我国历史上是不多见的。例如,青海民和祁土司自明洪武六年(1373)受封至民国二十年(1931)被罢黜,传承23代,存在时间长达558年;甘肃岷州后土司自洪武二年(1369)投诚至民国二十年(1931)被废黜,传承24代,存在时间长达562年。实际上,早在明朝中后期,中央政府就已开始改土归流,尤其是清雍正年间,大力推行改土归流政策,大批土司被废除,但在这场"改革风暴"中,甘青土司却"幸免于难",一直保留了下来,当然甘青土司家族的长期存在有诸多原因,比如:甘青土司数量较多,实力较弱;甘青地区少数民族恋旧主、重血统;甘青土司家族自身的凝聚与团结等。但甘青土司家族忠君爱国之家风代代相传,为明清时期西北边疆的稳定立下赫赫战功,这应该是甘青土司家族能够稳定延续数百年的主要原因。正如史书所载,甘青土司有"捍卫之劳,而无悖逆之事","绝不类蜀黔诸土司桀骜难驯也"②。甘青土司英勇作战,率领土兵协助中央政府平定叛乱,甚至壮烈牺牲的记载,常常见诸史端。如临洮土司赵安于宣德二年(1427),"以左参将从总兵陈怀讨松潘叛番"。五年(1430)又"从史昭讨曲先,多斩获"。因多次立功,升为都督同知,右副总兵官,镇甘肃,封会宁伯。史称赵安"勇敢有将略,与(蒋)贵、(任)礼并称西边良将"③。清康熙十三年(1674),平凉提督王辅臣响应"三藩之乱",攻陷庆阳、兰州,占领巩昌府,在危急形势下,青海各家土司如青海湟中祁土司家族第十一世土司祁荆朴、青海民和李土司家族第十世土司李澍等率土兵由青海民和祁土司家族第十三世土司祁伯豸统领,在皋兰山大败叛军,祁伯豸"每先登陷阵,身负炮伤几死"④,最终收复兰州、巩昌、秦州(今甘肃天水),康熙帝闻

---

① (民国)徐兆潘修,黄陶安纂:《续修导河县志》卷二《民族门》。

② 《清史稿》卷524《土司传六》。

③ 张维:《甘肃人物志》卷8《臣工五(元、明)》。

④ (乾隆)杨应琚:《西宁府新志》卷28《人物》。

之大喜，予以嘉奖。

综上所述，明清时期甘青土司家族形成了独具特色的家族文化，这不仅有利于本家族的凝聚与延续，对于土司统治的稳定与巩固也起到了重要作用。同时，甘青土司世守边塞、忠君爱国，对中央政府稳定边疆、巩固政权以及促进当地经济发展和民族融合发挥了不可替代的作用。

参考文献

(一) 典籍

1. （后晋）刘昫：《旧唐书》，中华书局标点本。

2. （宋）欧阳修，宋祁纂：《新唐书》，中华书局标点本。

3. （元）脱脱等：《宋史》，中华书局标点本。

4. （元）马端临：《文献通考》，中华书局 1986 年版。

5. （宋）李焘：《续资治通鉴长编》，中华书局 1992 年版。

6. （宋）司马光：《资治通鉴》，中华书局标点本。

7. （明）宋濂：《元史》，中华书局标点本。

8. 《明实录》，台湾"中央"研究院历史语言研究所校印，影印本。

9. （明）王沂：《续文献通考》，万有文库本。

10. （明）吴桢：《河州志》。

11. （清）张廷玉：《明史》，中华书局标点本。

12. （清）谷应泰：《明史纪事本末》，中华书局 1977 年版。

13. （清）《续文献通考》，浙江古籍出版社 2000 年版。

14. （清）王全臣：《河州志》。

15. （清）张庭武：《河州探访事迹》。

16. （清）张彦笃修，包永昌纂：《洮州厅志》，中国西北文献丛书本。

17. （清）长庚、升允监修：《甘肃全省新通志》，甘肃省图书馆藏。

18. （清）龚景瀚：《循化志》。

19. （清）梁份：《秦边纪略》，青海人民出版社 1987 年版。

20. （清）顾祖禹：《读史方舆纪要》，国学文库本。

21. 《清实录》，中华书局影印版。

22. （民国）赵尔巽：《清史稿》，中华书局标点本。

23. （民国）张维：《甘肃人物志》，中国西北文献丛书本。

24. （民国）张维：《甘肃通志》，中国西北文献丛书本。

25. （民国）马凯祥修，王绍纂：《和政县志》。

26. （民国）徐兆潘修，王陶安纂：《续修导河县志》。

27. （民国）穆寿祺：《甘宁青史略》。

28. （民国）穆寿祺：《甘宁青史略副编》。

29. （民国）张维：《陇右金石录》。

30. （民国）张维：《陇右土司辑录》，甘肃省图书馆藏手抄本。

31. （民国）杨应琚：《西宁府新志》，台北文海出版社 1966 年版。

32. 岷县志编辑委员会办公室：《岷州志校注》，1988 年。

33. 临夏市地方志编纂委员会：《临夏市志》，甘肃人民出版社 1995 年版。

34. 智观巴·贡却乎丹巴绕吉：《安多政教史》，吴均、毛继祖、马世林译，甘肃民族出版社 1989 年版。

35. 达仓宗巴·班觉桑布：《汉藏史集》，陈庆英译，西藏人民出版社 1986 年版。

36. 巴卧·祖拉陈哇：《贤者喜宴》，黄颢译，连载于《西藏民族学院学报》1984—1985 年。

（二）专著

1. 龚荫：《中国土司制度》，云南民族出版社 1992 年版。

2. 高士荣：《西北土司制度研究》，民族出版社 1999 年版。

3. 谷苞：《西北通史》，兰州大学出版社 2005 年版。

4. 刘建丽：《宋代西北吐蕃研究》，甘肃文化出版社 1998 年版。

5. 杨建新：《中国西北少数民族史》，民族出版社 2003 年版。

6. 汤开建：《宋金时期安多吐蕃部落研究》，上海古籍出版社 2007 年版。

7. 尹伟先：《明代藏族史研究》，民族出版社 2001 年版。

8. 曾国庆：《清代藏史研究》，齐鲁书社 2000 年版。

9. 王希隆：《西北少数民族史研究》，民族出版社 2003 年版。

10. 王钟翰：《中国民族史》（增订本），中国社会科学出版社 1994 年版。

11. 马曼丽：《中国西北边疆发展史研究》，黑龙江教育出版社 2001 年版。

12. 马通：《中国伊斯兰教派与门宦史略》，宁夏人民出版社 2000 年版。

13. 井上彻：《中国的宗族与国家礼制》，钱杭译，上海书店出版社 2008

年版。

14. 林耀华：《义序的宗族研究》，生活·读书·新知三联书店 2000 年版。

15. 冯尔康、党建华：《中国宗族史》，上海人民出版社 2009 年版。

16. 蒲文成：《甘青藏传佛教寺院》，青海人民出版社 1990 年版。

17. 田继周等：《中国历代民族政策研究》，青海人民出版社 1993 年版。

18. 马大正：《中国古代边疆政策研究》，中国社会科学出版社 1990 年版。

19. 嘉木样协巴·九美旺布：《卓尼政教史》，杨士宏译，西北民族学院民族研究所编订。

20. 佘贻泽：《中国土司制度》，正中书局 1944 年版。

21. 吴永章：《中国土司制度渊源与发展史》，四川民族出版社 1988 年版。

22. 李世愉：《清代土司制度论考》，中国社会科学出版社 1998 年版。

23. 杨士宏：《卓尼杨土司传略》，四川民族出版社 1990 年版。

24. 黎宗华、李延恺：《安多藏族史略》，青海民族出版社 1992 年版。

25. 青海省社会科学院藏学研究所：《藏族部落制度研究》，中国藏学出版社 1995 年版。

26. 马汝晰、马大正：《清代的边疆政策》，中国社会科学出版社 1994 年版。

27. 甘肃省图书馆书目参考部编：《西北民族宗教史料文摘》（甘肃、青海、宁夏分册），《羌族地区土司资料汇辑》（油印本），1963 年。

28. 《甘肃文史资料选辑》，甘肃人民出版社 1985 年版。

29. 洲塔：《甘肃藏族部落的社会与历史研究》，甘肃民族出版社 1996 年版。

30. 洲塔、乔高才让：《甘肃藏族通史》，青海人民出版社 2004 年版。

31. 赵鹏蠡：《连城鲁土司》，甘肃人民出版社 1994 年版。

32. 胡小鹏：《元代西北历史与民族研究》，甘肃文化出版社 1999 年版。

33. 高士荣：《西北土司制度研究》，民族出版社 1999 年版。

34. 王继光：《安多藏区土司家族谱辑录研究》，民族出版社 2000 年版。

35. 陈光国：《青海藏族史》，青海民族出版社 1997 年版。

36. 郑志明：《台湾神庙的信仰文化初论——神庙发展的危机与转机》，寺庙与民间文化研讨论文集，台湾"行政院"文化建设委员会、汉学研究中心，1995 年。

37. 王明珂：《华夏边缘——历史记忆与族群认同》，社会科学文献出版社

2006 年版。

38. 王明珂:《羌在汉藏之间》,中华书局 2008 年版。

(三) 论文

1. 佘贻泽:《明代之土司制度》,《禹贡》1936 年 2 月,第 4 卷第 11 期。

2. 佘贻泽:《清代之土司制度》,《禹贡》1936 年 5 月,第 5 卷第 5 期。

3. 黄正清:《甘川青康边区土官分布概况》,《新西北》(半月刊) 1941 年第 4 卷第 6 期。

4. 谷苞:《卓尼番区的土司制度》,《西北论坛》1947 年 10 月,第 1 卷第 3 期。

5. 童秀清:《青海土司史略》,《西北通讯》1948 年第 2 卷第 1 期。

6. 郑独嵘辑:《西康各县司法实况》,《康导月刊》第 1 卷第 6 期。

7. 陈渠珍:《赵尔丰轶事》,《康导月刊》第 3 卷第 8、9 期合刊。

8. 江应樑:《明代云南境内的土官和土司》,《人文科学杂志》(云南) 1957 年第 1 期。

9. 杜玉亭:《元代云南的土官制度》,《学术研究》(云南) 1963 年第 7 期。

10. 江应樑:《略论云南土司制度》,《学术研究》(云南) 1963 年第 5 期。

11. 杜玉亭:《试论云南土司制度研究中的几个问题》,《学术研究》(云南) 1964 年第 1 期。

12. 张永国:《也淡土司制度研究中的几个问题》,《学术研究》(云南) 1964 年第 3 期。

13. 尤中:《简论"土司制度"》,《学术研究》(云南) 1964 年第 5 期。

14. 张维鸿汀遗稿,张令暄辑订:《甘肃青海土司志》,《甘肃民族研究》1983 年第 2 期。

15. 张维鸿汀遗稿,张令煊辑订:《甘肃青海土司志 (续)》,《甘肃民族研究》1983 年第 3 期。

16. 张维鸿汀遗稿,张令煊辑订:《甘肃青海著名土司略传》,《甘肃民族研究》1984 年第 3、4 期。

17. 无畏:《德格土司世传译记》,《康导月刊》1945 年 5 月第 6 卷第 5、6 期。

18. 黄明光:《明代壮族土官朝贡评述》,《民族研究》1987 年第 1 期。

19. 古永继：《明代云南土官朝贡评述》，《思想战线》1993 年第 2 期。

20. 顾诚：《明帝国的疆管理体制》，《历史研究》1989 年第 3 期。

21. 卓尼县政协文史资料编辑委员会：《卓尼土司制度》，《甘南文史资料》第 1 辑。

22. 庞琳：《明代入藏道路站点考释》，《西藏研究》1995 年第 4 期。

23. 张江华：《德格土司及其辖区的社会经济结构》，《民族学研究》第 7 辑。

24. 庄学本：《羌戎考察记》，《蒙藏旬刊》1936 年第 110 期。

25. 庄学本：《丹巴调查报告》，《康导月刊》1939 年第 1 卷第 7 期。

26. 马长寿：《嘉绒民族社会史》，《民族学研究辑刊》1944 年第 4 辑。

27. 李绍明：《四土嘉绒藏区社会形态》，《李绍明民族学文选》，成都出版社 1995 年版。

28. 格勒：《古代藏族同化、融合西山诸羌与嘉绒藏族的形成》，《西藏研究》1988 年第 2 期。

29. 举一之：《青海土司概述》，《青海社会科学》1980 年第 1 期。

30. 史继忠：《略论土司制度的演变》，《贵州文史丛刊》1987 年第 4 期。

31. 杜永彬：《论德格土司的特点》，《西藏研究》1991 年第 3 期。

32. 杜文彬：《德格土司辖区的政教关系及其特点》，《中国藏学》（汉文版）1989 年第 3 期。

33. 王希隆：《青海善后事宜十三条论述》，《中国史研究》1993 年第 3 期。

34. 刘先毅：《也谈康区的政教关系》，《西藏研究》1990 年第 3 期。

35. 王献军：《对"政教合一制"定义的再认识》，《西藏研究》2002 年第 2 期。

36. 宋伯撒：《明朝中央政权致西藏地方浩救》，《藏学研究文集》，民族出版社 1985 年版。

37. 黄承宗：《木里文物记》，《西藏研究》1984 年第 4 期。

38. 勒热·格尔玛：《格尔底寺与美桑土司》，《西南民族学院学报》（哲学社会版）1991 年第 4 期。

39. 冉光荣：《简论四川藏区土司与寺院的关系》，《四川藏学研究》（第四辑），四川民族出版社 1997 年版。

40. 《甘孜孔萨土司家族的由来、世系及其兴衰经过》，《甘孜州文史资料选辑》第 2 辑。

41. 雀丹:《瓦寺土司历史沿革简介》,《中国藏学》1994 年第 4 期。

42. 幸存文:《民和土族东伯府李土司世系考察》,《青海民族学院学报》1981 年第 3 期。

43. 郎加、邓俊康:《霍尔章谷土司历史概况》,《甘孜州文史资料选辑》第 7 辑。

44. 来作中等整理:《德格土司家族的由来发展及社会制度》,《甘孜州文史资料选辑》第 1 辑。

45. 陈世松:《试论蒙古取蜀时间长达半个世纪的原因》,四川省社会科学院编《学术文集》,1978—1982 年。

46. 黄柏权:《鄂西土家族地区改土归流的必然性和进步性》,《湖北少数民族》1985 年第 2 期。

47. 都淦:《四川藏族地区土司制度概述》,《西藏研究》1981 年创刊号。

48. 王继光:《试论甘青土司的形成及其历史背景》,《社会科学》(兰州)1985 年第 4 期。

49. 李玉成:《青海土司制度兴衰史略》,《中央民院学报》1987 年第 4 期。

50. 王树民:《明代以来甘肃青海间的土司和僧纲及其与古史研究》,《河北师院学报》(哲学社会学版)1987 年第 2 期。

51. 杜玉亭:《明四川行都司土司制度未因元制说》,《内蒙古社会科学》1987 年第 6 期。

52. 张维光:《明代河湟地区"土流参治"浅述》,《青海师范大学学报》1988 年第 3 期。

53. 高永久:《卓尼土司制度》,《西北史地》1988 年第 4 期。

54. 桑吉:《卓尼土司制度的特点及其历史作用》,《甘肃民族研究》1989 年第 4 期。

55. 多杰:《卓尼卓逊杨土司赖以维系的社会基础》,《西北民院学报》1992 年第 4 期。

56. 林荃:《云南土司制度的历史特点及分期》,《云南民院学报》1993 年第 1 期。

57. 李世愉:《明朝土司制度述略》,《中国边疆史地研究》1994 年第 1 期。

58. 李向德：《明清时期土族地区的宗教僧纲制度》，《青海民院学报》1996 年第 1 期。

59. 于玲：《土司制度新论》，《中南民族学院学报》1997 年第 4 期。

60. 曾国庆：《当议清代藏区土司制度》，《西藏研究》1997 年第 2 期。

61. 结古乃·桑杰：《试论卓尼土司政教合一制度》，《甘肃民族研究》1998 年第 4 期。

62. 张捷夫：《清代土司制度》，《清史论丛》第 3 辑。

63. 王继光：《明代安多藏区部族志》，《西北民族研究》1997 年第 1 期。

64. 王继光：《明代安多藏区部族志》，《西北民族研究》1997 年第 2 期。

65. 王继光：《明代安多藏区部族志（续前)》，《西北民族研究》1999 年第 2 期。

66. 王明珂：《历史事实、历史记忆与历史心性》，《历史研究》2001 年第 5 期。

67. 杨聪聪：《〈河州志〉所见藏事辑考》，中央民族大学 2007 年硕士学位论文。

68. 贾霄锋：《藏区土司制度研究》，兰州大学 2007 年博士学位论文。

69. 刘蕊：《明朝土司制度述论》，兰州大学 2008 年硕士学位论文。

70. 赵英：《李土司家族制度研究》，陕西师范大学 2007 年硕士学位论文。

71. 齐德舜：《从〈清史稿〉的一则错误考唃厮啰家族世系——"唃厮啰家族世系表"辨误与补遗》，《中国边疆史地》2009 年第 1 期。

72. 侣传振：《村落仪式：乡村社会的结构与反结构——一项来自村庄祭祀仪式解读基础上的分析尝试》，《内蒙古社会科学》2009 年第 1 期。

73. 贾霄锋：《二十多年来土司制度研究综述》，《中国边疆史地》2004 年第 4 期。

74. 易雪梅：《鲁土司家谱考》，《档案》2004 年第 2 期。

75. 郭永利：《试论甘肃永登连城鲁土司家族的联姻及汉化问题》，《青海民族研究》2003 年第 2 期。

76. 曾红兵：《鲁土司衙门》，《丝绸之路》2003 年第 10 期。

77. 郭永利：《甘肃永登连城鲁土司家族的始祖及其族属辨正》，《丝绸之路》2003 年第 1 期。

78. 郭永利：《试论甘肃永登连城蒙古族土司鲁氏家族的宗教信仰》，《青海民族研究》2002 年第 4 期。

79. 郭永利:《甘肃永登连城蒙古族土司鲁氏家族的衰落及其原因》,《青海民族研究》2004 年第 3 期。

80. 李向德:《连城鲁土司述略》,《青海民族研究》1995 年第 1 期

81. 王淑芳、王继光:《蒙古族鲁土司家族史料系年》,《西北民族学院学报》(哲学社会科学版) 1999 年第 1 期

82. 李清凌:《元明清时期甘青地区的土司制》,《云南社会科学》2003 年第 5 期。

83. 陈新海:《土司制度对青海社会的影响》,《华夏文化》1997 年第 3 期。

84. 铁进元:《西祁土司衙门及其文化遗迹研究》,《青海社会科学》1999 年第 2 期。

85. 何明:《中国少数民族农村的社会文化变迁综论》,《思想战线》2009 年第 1 期。

86. 张生寅、崔永红:《由〈西夏李氏世谱〉看李土司宗族内部的组织管理体制》,《青海社会科学》2006 年第 2 期。

87. 李克郁:《土族赵土司族系考》,《青海民族学院学报》2002 年第 1 期。

88. 李克郁:《土族土司研究——土族李土司家族史》,《青海民族学院学报》2002 年第 3 期。

89. 洲塔、贾霄锋:《试析明代藏区土司的朝贡制度》,《西藏大学学报》2006 年第 3 期。

90. 罗惠仙:《青海土族地区土司制度述略》,《甘肃社会科学 1999 年论文辑刊》。

91. 单菲菲:《青海土族地区的土司制度及其影响》,《青海民族研究》2004 年第 2 期。

92. 武沐、杨燕霞:《嘉靖〈河州志〉考述》,《西北第二民族学院学报》(哲学社会科学版) 2008 年第 3 期。

93. 贾霄锋、王力:《近百年来中国土司制度的史料整理及研究综述》,《青海民族研究》2003 年第 3 期。

94. 吕建福:《李土司先世辩正》,《西北民族研究》2005 年第 3 期。

95. 崔永红:《论青海土官、土司制度的历史变迁》,《青海民族学院学报》2004 年第 4 期。

96. 次旦扎西、次仁：《略述藏传佛教寺院组织制度》，《西藏大学学报》2005 年第 3 期。

97. 刘继华：《民国时期甘肃土司制度变迁研究——以卓尼杨土司、拉卜楞寺土司群为例》，《兰州教育学院学报》2003 年第 2 期。

98. 李文学：《明代安多藏区土司制度略论》，《西北第二民族学院学报》2005 年第 2 期。

99. 武沐、于彩贤：《明清之际河州基层社会变革对穆斯林社会的影响》，《世界宗教研究》2007 年第 3 期。

100. 贾霄锋、王希隆：《明清时期土司制度与藏区少数民族的文化变迁——以嘉绒藏区文化变迁为例》，《中国边疆史地研究》2007 年第 2 期。

101. 朱普选：《青海土司制度研究》，《西藏民族学院学报》2005 年第 3 期。

后 记

　　时间过得真快，自 2011 年我从兰州大学毕业，在河南大学工作已经四个春秋，这里文化积淀深厚，学术氛围浓郁，杰出人才辈出。自己虽已从马克思主义学院调入宣传部工作，行政事务繁忙，但在各位师友和同事的帮助下，经过不断地修改和完善，自己的博士论文终于得以出版。

　　首先要感谢我硕士阶段的导师武沐教授，是他带领我走上了学术研究的道路。武老师博大的胸怀，严谨的态度，对学生认真负责的教导和慈父一般的关怀，令我非常感动。我的每一篇论文武老师都会不厌其烦地逐字修改，即使是标点符号的错误，武老师也会一一给我指出。学生只能在这里再次向您表示感谢！

　　我尤其要感谢我博士阶段的导师洲塔教授，在他的悉心教导下，使我的学术水平迈上一个新的层次。洲塔老师对新史料的挖掘、研究历史独特的视角以及对科学问题独到的见解，着实令人佩服。"一日为师，终身为父"，洲塔老师总是给我一种父亲般的亲近感，能够成为他的弟子，我感到无比骄傲！

　　本书在写作、调查的过程中还得到了和政中学的李盛老师、临夏州志办副主任何中善老师、临夏水利局的何发俊老师、何土司的直系后裔何明女士、临夏报恩寺住持尹国敏喇嘛等人的极大帮助和热心支持，在这里一并表示衷心的感谢。

　　最后要感谢宣传部的各位领导和兄弟姐妹，你们的支持和帮助，使我感受到了家庭般的温暖与关怀，也让我能够继续坚持自己的学习与科研。

2014 年 10 月